A NOVA CIÊNCIA DO NARCISISMO

W. Keith Campbell, Ph.D.
Carolyn Crist

A NOVA CIÊNCIA DO NARCISISMO

Compreenda um dos Maiores
Desafios Psicológicos da Atualidade e
Descubra como Superá-lo

Tradução
Maria Silvia Mourão Netto

Editora Cultrix
SÃO PAULO

Título do original: *The New Science of Narcissism*.
Copyright © 2020 W. Keith Campbell and Carolyn Crist.
Esta tradução foi publicada mediante licença exclusiva da Sounds True, Inc.
Copyright da edição brasileira © 2024 Editora Pensamento-Cultrix Ltda.
1ª edição 2024.
Imagem da capa: Shutterstock #1445958041
Todos os direitos reservados. Nenhuma parte desta obra pode ser reproduzida ou usada de qualquer forma ou por qualquer meio, eletrônico ou mecânico, inclusive fotocópias, gravações ou sistema de armazenamento em banco de dados, sem permissão por escrito, exceto nos casos de trechos curtos citados em resenhas críticas ou artigos de revistas.

A Editora Cultrix não se responsabiliza por eventuais mudanças ocorridas nos endereços convencionais ou eletrônicos citados neste livro.

Editor: Adilson Silva Ramachandra
Gerente editorial: Roseli de S. Ferraz
Preparação de originais: Alessandra Miranda de Sá
Gerente de produção editorial: Indiara Faria Kayo
Editoração eletrônica: Join Bureau
Revisão: Ana Lúcia Gonçalves

Dados Internacionais de Catalogação na Publicação (CIP)
(Câmara Brasileira do Livro, SP, Brasil)

Campbell, W. Keith
  A nova ciência do narcisismo: compreenda um dos maiores desafios psicológicos da atualidade e descubra como superá-lo / W. Keith Campbell, Carolyn Crist; tradução Maria Silvia Mourão Netto. – São Paulo: Editora Cultrix, 2024.

  Título original: The new science of narcissism
  ISBN 978-65-5736-310-2

  1. Narcisismo 2. Psicologia social 3. Transtorno de personalidade – Tratamento I. Crist, Carolyn. II. Título.

24-196747
CDD-155.2

Índices para catálogo sistemático:
1. Narcisismo: Transtorno de personalidade: Psicologia 155.2
Eliane de Freitas Leite – Bibliotecária – CRB 8/8415

Direitos de tradução para o Brasil adquiridos com exclusividade pela EDITORA PENSAMENTO-CULTRIX LTDA., que se reserva a propriedade literária desta tradução.
Rua Dr. Mário Vicente, 368 — 04270-000 — São Paulo, SP – Fone: (11) 2066-9000
http://www.editoracultrix.com.br
E-mail: atendimento@editoracultrix.com.br
Foi feito o depósito legal.

Aos que, por algum motivo,
vêm tentando entender
o narcisismo,

e também para Murphy

Sumário

PREFÁCIO: Por que você precisa deste livro 9

PARTE I.
DEFINIÇÃO ATUAL DE NARCISISMO

CAPÍTULO 1: Definição de narcisismo 19
CAPÍTULO 2: Medidas do narcisismo 41
CAPÍTULO 3: Traços básicos e receita do narcisismo 67
CAPÍTULO 4: Metas e motivos dos narcisistas 87
CAPÍTULO 5: Transtorno de personalidade narcisista 105
CAPÍTULO 6: Primos do narcisismo: as quatro tríades 127

PARTE II.
O NARCISISMO OBSERVADO NO MUNDO À NOSSA VOLTA

CAPÍTULO 7: Relacionamentos e narcisismo 143
CAPÍTULO 8: Liderança e narcisismo 167

CAPÍTULO 9: Mídia social e narcisismo 187
CAPÍTULO 10: Cultura *geek* e a migração da grande fantasia 207

PARTE III.
COMO LIDAR COM O NARCISISMO HOJE E NO FUTURO

CAPÍTULO 11: Como usar o narcisismo estrategicamente 223
CAPÍTULO 12: Como reduzir o narcisismo do outro 237
CAPÍTULO 13: Como reduzir o próprio narcisismo 253
CAPÍTULO 14: Psicoterapia para o narcisismo 267
CAPÍTULO 15: O futuro da ciência do narcisismo 283

EPÍLOGO: O futuro visto com esperança 301
BREVE GLOSSÁRIO 305
NOTAS 307
LEITURAS RECOMENDADAS 317
ÍNDICE REMISSIVO 329

Prefácio

POR QUE VOCÊ PRECISA DESTE LIVRO

Não é preciso ir longe para dar de cara com o narcisismo. Ele aparece em manchetes sobre líderes políticos, comentários a respeito de influenciadores das mídias sociais, fóruns *on-line* sobre relações de manipulação envolvendo amigos, família, namorados, colegas de trabalho, organizações. O termo "narcisista" – em geral definido como alguém que manifesta admiração ou interesse excessivo por si próprio – surge em torno de um milhão de buscas *on-line* por mês. Há milhares de pessoas atrás de informações sobre "traços narcisistas", "comportamento narcisista" e "sinais de narcisismo". Algumas centenas de curiosos querem saber em mais detalhes se estão "casados com um narcisista" e como "lidar com um narcisista". Atualmente, "narcisismo" é um termo recorrente, e queremos saber o que ele significa em nossa vida. A boa notícia é que, no mundo da pesquisa, sabemos muito mais sobre o narcisismo do que vinte, dez ou mesmo cinco anos atrás.

Ao mesmo tempo, quando falo com as pessoas sobre narcisismo e como ele afeta a vida de todos nós, vejo que há uma grande distância entre o que pensamos sobre narcisismo, o modo como é feita a pesquisa científica desse tema e a maneira como o termo costuma ser usado. O narcisismo é mais complexo e repleto de nuances do que se poderia esperar, e o modo como falamos a esse respeito em conversas diárias e artigos jornalísticos pode ser bastante confuso. O termo "narcisismo" pode significar coisas diferentes, por exemplo, em sua acepção como traço básico de personalidade, que a maioria das pessoas exibe em alguma medida, ou como um transtorno de personalidade flagrante e grave, capaz de ser diagnosticado e devendo ser tratado. Quando misturamos definições como essas, ninguém que participa de uma conversa sobre o assunto tem certeza do que o outro está dizendo com exatidão, o que pode causar desentendimentos. Minha esperança é que este livro ajude a compreender o narcisismo em suas múltiplas manifestações. Você saberá como o narcisismo funciona na prática e como se aplica à sua vida. Quero melhorar seu entendimento do narcisismo e lhe dar ferramentas para lidar com ele no mundo atual, usando os dados de pesquisa mais avançados que eu puder compartilhar aqui.

Na realidade, o debate sobre narcisismo tornou-se confuso e cheio de detalhes porque a ciência a respeito desse tema também se tornou confusa e cheia de detalhes. Usei de modo proposital a expressão "nova ciência" no título deste livro porque a pesquisa sobre o narcisismo cresceu sobremaneira na última década, e os psicólogos em universidades espalhadas pelos Estados Unidos – e no mundo todo – sabem agora muito mais a respeito dele, tanto como traço de personalidade quanto como condição de um transtorno. E você merece conhecer as ideias mais recentes sobre narcisismo que vêm sendo divulgadas. A fim de descrever o que há de mais avançado no conhecimento científico sobre o assunto, também incluí informações acerca de estudos da personalidade e de transtornos psicológicos, portanto me desculpo desde já caso o leitor esteja se perguntando por que vai ter primeiro uma aula de "Introdução à Personalidade".

Neste livro, falarei do narcisismo sob vários aspectos, mas, na maioria das vezes, como traço de personalidade, e não como transtorno, embora o Capítulo 5 aborde em detalhes o transtorno de personalidade narcisista. Talvez você se surpreenda com o fato de o início deste livro falar tanto de personalidade, mas isso é intencional: a maior parte dos conhecimentos atuais considera o narcisismo um traço de personalidade que ocorre como espectro, o que, em si, não é inteiramente nem bom, nem mau. Por fim, penso que precisamos estudar o narcisismo para melhor compreendê-lo em nós e nos outros, bem como entender os motivos pelos quais ele pode ser útil ou prejudicial. Às vezes, as pessoas temem o narcisismo e querem eliminá-lo. Compreendo esse sentimento, sobretudo se foram prejudicadas. Mas a verdade é que o narcisismo existe e podemos aceitá-lo e conviver com ele (ou lutar contra ele, conforme o caso). Com a ajuda deste livro, você poderá entender essas nuances e aprender estratégias para lidar com o narcisismo.

Meu interesse pessoal pelo narcisismo expõe algumas dessas complexidades. Não cresci querendo ser pesquisador do narcisismo. Queria estudar o eu e o ego, e filosofar sobre quem somos e o que nos motiva. Quando entrei na faculdade, estava interessado em ideias budistas e no "não eu", ou no que existe além de nós e da alma. Na sociedade ocidental, não é comum nos ensinarem a pensar desse modo, e eu queria saber mais. No entanto, no laboratório de psicologia é difícil estudar e mensurar a ideia do não eu. Em vez disso, estuda-se o ego, e foi o que eu fiz. Conforme ia avançando nas pesquisas, mudei o foco do meu estudo para algo além da autoestima e da identidade, e me aproximei cada vez mais do narcisismo: o que ele significa? Como as pessoas se valem dele? Quais são seus efeitos sociais?

Agora, estou estudando o narcisismo há mais de trinta anos e, como o leitor pode imaginar, o que se sabe a respeito mudou de maneira extraordinária. Comecei em uma época em que a psicologia social – que tradicionalmente estudava o eu e o ego – praticamente ignorava a personalidade. Hoje, isso parece uma maluquice, mas estamos falando dos anos 1990. Os psicólogos sociais, como eu, costumavam pensar que, no geral, as pessoas se ocupavam de se aprimorar e se promover, o que em certa medida era verdade. Mas, quando comecei a estudar o narcisismo, dei-me conta de que esse não é sempre o caso. A maior parte do tempo, as pessoas são bastante generosas e cordiais, em particular na vida individual. Por outro lado, quando deparamos com alguém que tem tendências narcisistas, a composição é outra. Como traço de personalidade, o narcisismo não é nem bom, nem mau, mas, como transtorno psicológico, pode ser horrível. E eu queria saber mais.

Na época em que iniciei o estudo sobre o assunto, alguns acontecimentos recentes tinham começado a modificar o que se entendia como narcisismo e como se apresentava nas pessoas. Em primeiro lugar, durante minha pesquisa para o pós-doutorado com o psicólogo Roy Baumeister, na Universidade Case Western Reserve, havia ocorrido o tiroteio em Columbine (Colorado, EUA). Nessa altura, minha colega no programa de pós-doutorado, Jean Twenge, e eu estávamos estudando a rejeição social e passamos a analisar esse caso. O que percebemos então, para nosso espanto, foi que os atiradores estavam usando uma linguagem narcisista. Queriam que fosse feito um filme sobre eles e, além disso, que ele fosse produzido por Steven Spielberg. Esse acontecimento nos estimulou a estudar o narcisismo e a agressividade em grupo.

Alguns anos depois, a mídia social se apropriou de nossa vida. Lembro-me de estar no laboratório com Laura Buffardi, uma aluna, enquanto ela me mostrava o Facebook no computador. Eu sabia que aquela era a maior mudança cultural que já havia presenciado (a título de ilustração, Woodstock se tornou um ano diante do Facebook) e que estava profundamente vinculada ao narcisismo. Disse para Laura que achasse um jeito de estudar aquilo e ela realizou um maravilhoso estudo preliminar sobre o Facebook, publicado em 2008, mostrando que o narcisismo estava relacionado a postar mais conteúdos de autopromoção.

Depois disso, as pessoas passaram a se interessar por mudanças culturais, um tema que Jean e eu já vínhamos analisando há anos, consideradas sob vários ângulos – desde mudanças no nome de crianças até o uso de pronomes –, em particular sua relação com o individualismo. Em 2009, escrevemos um livro intitulado *The Narcissism Epidemic*, que discutia o início do uso de *smartphones* nos anos 2000, bem como os fatores financeiros, educacionais e sociais que influenciavam o narcisismo cultural. Em termos gerais, parecia que nossa cultura (pelo menos nos Estados Unidos) encaminhava-se para uma mentalidade mais narcisista e concentrada no indivíduo. O YouTube incitava as pessoas a se autopromoverem, e a Netflix passou a criar sugestões customizadas só para o assinante. A impressão era que as gerações mais jovens estavam se interessando por atitudes e perspectivas mais narcisistas (embora isso esteja começando a mudar, como pretendo explicar mais no fim do livro).

Nos últimos trinta anos, em especial ao longo da década passada, os conhecimentos sobre narcisismo progrediram com rapidez. Quando comecei, tínhamos uma ferramenta básica chamada "Inventário da Personalidade Narcisista", que mensurava traços narcisistas. Para a dimensão desse perfil, funcionava muito bem, mas deixava completamente de fora o lado vulnerável do narcisismo, e também não era uma escala bem-feita. Conforme crescia o interesse pela pesquisa em narcisismo, enfrentamos várias contendas acadêmicas, mas, com o passar do tempo, os psicólogos sociais que estudavam a personalidade, como eu, começaram a se reunir com psicólogos clínicos e organizacionais, com estudiosos de mensuração e avaliação, e com especialistas de várias outras áreas. Juntos, passamos a trabalhar para compreender as nuances do narcisismo que apareciam em terapia e também na vida diária. Meus conhecimentos sobre o assunto foram bastante beneficiados pelo trabalho que tenho feito com o colega Josh Miller e seu laboratório na Universidade da Geórgia. Ao longo do livro, falarei dessas novas descobertas e do que significam para o entendimento de como o narcisismo atua em muitas dimensões da vida.

Como o leitor verá, começo o livro com uma conversa sobre personalidade, traços de personalidade e a receita do que constitui o narcisismo. É claro que é possível ler os capítulos na ordem que se desejar, mas considero importante saber quais são os aspectos fundamentais do narcisismo para poder entender como ele se apresenta; os capítulos sobre "vida real", que vêm a seguir, tratam de liderança, mídia social e relacionamentos. Assim que souber quais são os ingredientes, o leitor poderá aprender a mudar as próprias tendências ou ajudar nesse sentido outras pessoas que fazem parte de sua vida. Conhecer a receita do narcisismo também o ajudará a aproveitar as pesquisas futuras que forem divulgadas para o grande público.

Além disso, há pouco tempo, os psicólogos que pesquisam a personalidade e os que estudam a área clínica enfim chegaram a um consenso sobre os ingredientes básicos de personalidade no narcisismo dos últimos anos. Antes disso, prevalecia uma discussão sobre o que é narcisismo, como mensurá-lo, o que fazer a respeito. O que se viu foi que os dois grupos tinham razão, cada qual à sua maneira, e agora conseguimos chegar a uma visão coesa do narcisismo. Isso vai nos preparar para grandes debates pelos próximos vinte anos, e escrevi este livro para convidar o leitor a fazer parte dessa discussão.

No entanto, como não quis que o debate se fragmentasse em um excesso de vertentes, no final da maioria dos capítulos, o leitor vai encontrar duas seções extras: "Bando de *Nerds*" e "Informação Privilegiada". Se você é um *nerd* como eu, vai gostar de saber quais são os elementos mais sutis implícitos nos conceitos científicos; portanto, a seção "Bando de *Nerds*" oferece uma visão aprofundada das pesquisas. Nesse mesmo sentido, a seção "Informação Privilegiada" apresenta o que penso dos bastidores das pesquisas disponíveis, incluindo alguns estudos que eu mesmo realizei com alunos e colegas, assim como mais discussões do universo da pesquisa atual em psicologia.

Antes que você mergulhe na leitura, quero salientar um ponto importante: o objetivo aqui não é me estender sobre os horrores do narcisismo, em particular em suas manifestações extremas, patológicas e mais malignas. Meu propósito é a compreensão do narcisismo em si; isso significa dar um passo para trás e observá-lo de uma perspectiva psicológica. Essa distância não pretende desrespeitar nenhuma experiência pessoal, nenhum sentimento que seja, mas almeja prover um pouco de espaço psicológico para compreender o narcisismo e seguir em frente.

Por último, espero que você saia desta leitura com mais clareza e força para lidar com o narcisismo em sua vida. Em uma recente viagem de pescaria, conversei com vários amigos sobre o narcisismo na vida de seus clientes, na política de diversos países, nos conselhos de diretoria de empresas, em centros cirúrgicos e em plataformas emergentes de mídia social. À medida que avançarem essas conversas e o entendimento desse assunto em nossa sociedade, conseguiremos ver onde o narcisismo funciona ou não, e o que fazer a respeito. Sinto esperança e avisto um horizonte positivo para a próxima geração, e espero que você também se sinta assim.

W. Keith Campbell
Athens, Georgia
janeiro de 2020

PARTE I

Definição Atual de Narcisismo

CAPÍTULO 1

Definição de Narcisismo

O narcisismo pode variar desde atos do cotidiano até comportamentos mais extremos. Quero propositalmente dar logo de início um exemplo radical, que se tornou conhecido de todos: tiroteios em massa motivados pelo narcisismo. Além de extremos e angustiantes, esses casos servem de ponto de partida para falarmos dos elementos do narcisismo que inspiram certos comportamentos. Esses exemplos são parecidos com o atentado a tiros em Columbine, em 1999, que incorporei à minha pesquisa sobre rejeição social, mas o tiroteio em massa é uma ilustração mais recente que se relaciona ao contexto cultural das mídias sociais. Embora esse seja um caso radical e patológico, todos podemos entender o que é se sentir rejeitado. E esse sentimento de se achar no direito de agir de determinada maneira pode parecer normal em pequenas doses, em si ou nos amigos.

Este exemplo específico tem a ver com Elliot Rodger, um rapaz de 22 anos, filho de um cineasta de Hollywood, que matou seis estudantes e feriu outros catorze na cidade universitária de Isla Vista, na Califórnia (EUA), em maio de 2014. Perto do *campus* da Universidade da Califórnia em Santa Bárbara, Rodger esfaqueou três homens – seus dois colegas de quarto e um amigo deles – no apartamento em que vivia. Três horas depois, foi de carro até a casa da sociedade Alpha Phi para universitárias e atirou em três mulheres que estavam do lado de fora. Em seguida, passou na frente de uma rotisseria e atirou em um estudante. Depois cruzou a cidade de poucos habitantes, atirando nas pessoas e ferindo vários pedestres, além de atropelar outros. Durante a perseguição de que foi alvo, Rodger trocou tiros com a polícia duas vezes e foi alvejado no quadril com um tiro não fatal. Por fim, bateu em um veículo estacionado. Quando a polícia o encontrou, ainda dentro do carro, estava morto, vitimado por um tiro na cabeça que ele mesmo disparou.

Posteriormente, as autoridades encontraram no YouTube um vídeo que ele tinha postado, intitulado *Elliot Rodger's Retribution* [A Vingança de Elliot Rodger], no qual falava de seu atentado iminente e dos motivos para tal. Ali, Rodger dizia que queria punir as mulheres por rejeitarem-no e também os homens que haviam conseguido ser bem-sucedidos ao arranjar uma mulher. Além disso, enviou um manuscrito intitulado "My Twisted World: The Story of Elliot Rodger" [Meu Mundo Perverso: a História de Elliot Rodger] para quase trinta pessoas, entre elas, seu terapeuta e alguns familiares. Nesse texto, que ficou conhecido como seu "manifesto", Elliot fala de sua infância em uma família de posses, dos conflitos em casa, do ódio pelas mulheres, do desprezo por casais, da frustração por ser virgem e de seus planos para se vingar. No trecho final do documento, ele declara: "Sou a verdadeira vítima nisso tudo. Eu sou o mocinho".[1]

O caso de Rodger foi alvo da mídia de massa jornalística como um exemplo consumado do narcisismo que "deu errado", e vários psicólogos foram convidados a comentar as fantasias grandiosas do rapaz, sua motivação distorcida e os contínuos delírios no YouTube que talvez indicassem um transtorno passível de ser diagnosticado. Vamos recorrer a esse exemplo para desvendar o que é narcisismo, como ele motivou os atos de Rodger e como se manifesta em nossa sociedade. Em primeiro lugar, vamos definir o que é narcisismo e depois podemos nos distanciar do caso, no restante do capítulo, para enxergarmos melhor os detalhes.

Início de Conversa sobre Narcisismo

Narcisismo se tornou um termo bastante popular, mas em geral não temos uma ideia clara do que quer dizer. Tem a ver com ser arrogante ou vaidoso? É um traço normal de personalidade, um transtorno psiquiátrico ou algo entre um e outro? A verdade é que podemos responder "sim" a todas essas perguntas, embora o assunto seja um pouco mais complexo. O narcisismo tem variações e corresponde a uma espécie de espectro. Por exemplo, as três pessoas que descreveremos a seguir demonstram tipos diferentes de traços e condutas narcisistas:

- Sua blogueira favorita fala das celebridades que encontra e dos lugares badalados que frequenta. Fica citando nomes de famosos o tempo todo e você tem a impressão de que ela se acha superior a todo mundo. Tem a habilidade de sempre fazer a conversa convergir para ela e suas experiências, seja qual for o assunto. Porém, também é carismática e divertida, o que a torna agradável, apesar de fazer tudo girar em volta de si. Você acredita que poderiam até ser amigas.
- Você tem um conhecido tímido e inseguro. Parece deprimido, mas, ao mesmo tempo, é um pouco convencido. Quer que tudo aconteça conforme sua vontade, não mostra compaixão pelos outros e se queixa de que as pessoas não percebem como é inteligente. Você já mencionou que ele pode estar com depressão, porém ele não assume essa condição. Para ele, todos os problemas se resumem ao tratamento injusto que o mundo tem lhe dado. Se o mundo reconhecesse como ele é brilhante, tudo daria certo.
- Seu colega de trabalho fica no Twitter[*] contando vantagem sobre os resultados profissionais que alcança, embora para você não sejam tão significativos quanto são para ele. Ele faz pouco-caso dos colegas

---

[*] Desde julho de 2023, o nome Twitter foi alterado para X.

e é incapaz de demonstrar gratidão quando os outros o ajudam em suas tarefas. Espera receber tratamento especial e, quando isso não acontece, torna-se amargo e vingativo. Algumas pessoas dizem que ele é "irritável" porque sempre reage mal a críticas. Apesar de todos os defeitos, o chefe gosta dele. Dizem que é ambicioso e vai atrás do que quer, mas para você ele não passa de um puxa-saco.

Essas três pessoas parecem diferentes, mas todas exibem características narcisistas. A primeira é expansiva e carismática; a segunda é insegura e deprimida; e a terceira é uma combinação das duas primeiras: arrogante, mas também fica na defensiva.

Em essência, narcisismo tem a ver com autoimportância, antagonismo e o sentimento de que a pessoa tem certos direitos. O narcisista acredita que é mais importante do que os outros e merece ser tratado como tal. As três pessoas descritas acima têm em comum o egoísmo nuclear do narcisismo, mas também apresentam diferenças importantes que a ciência que estuda o assunto está começando a revelar agora.

A primeira pessoa é um exemplo do que chamamos de *narcisismo grandioso*. É ambiciosa, impetuosa e carismática. Tem elevada autoestima e em geral se sente bem a seu próprio respeito. Esse tipo de narcisista é o que você mais verá na vida: vai trabalhar para ele, sair com ele e se divertir na companhia dele. Muitas vezes, você é atraído pela audácia que ele exibe, mas depois vai se afastar por causa da falta de empatia e de seu egocentrismo. A maioria dos personagens heroicos da ficção são narcisistas grandiosos, como Tony Stark, de *Homem de Ferro*; Gilderoy Lockhart, da série *Harry Potter*; Gaston, de *A Bela e a Fera*; e Miranda Priestley, de *O Diabo Veste Prada*. Esses personagens podem ser engraçados, como Ron Burgundy em *O Âncora: A Lenda de Ron Burgundy*, ou maldosos, como o personagem de Nicole Kidman em *Um Sonho sem Limites*. Ao longo do tempo, foram usados diversos adjetivos para se referir aos narcisistas grandiosos, entre eles: "diretos", "exibicionistas", "crianças especiais".

Conforme for lendo este livro, talvez você se lembre outras vezes desse primeiro exemplo.

Por outro lado, você também pode começar a pensar no segundo exemplo: a pessoa considerada *narcisista vulnerável*. Esses indivíduos são introvertidos, deprimidos e se magoam com facilidade quando criticados. Dizem que têm baixa autoestima, mas, apesar disso, pensam que merecem tratamento especial. Os narcisistas vulneráveis serão mais difíceis de aparecer na sua vida, tanto que os psicólogos costumam dizer que são narcisistas "enrustidos". O narcisismo vulnerável é mais raro nas obras de ficção. Woody Allen faz papel de narcisista vulnerável em muitos de seus filmes – neurótico e absorvido em si mesmo; em *Noivo Neurótico, Noiva Nervosa*, com Alvy Singer, temos um bom exemplo. Outro personagem com esses atributos é George Costanza em *Seinfeld*. Entre os adjetivos que descrevem esse tipo temos "dissimulado", "fechado" e "criança envergonhada". A Tabela 1.1 traz a relação de termos usados historicamente para identificar narcisistas grandiosos e vulneráveis. Assim, você começará a entender esses narcisistas e também o que os motiva.

Tabela 1.1: Adjetivos historicamente relacionados ao narcisismo

NARCISISTA GRANDIOSO	NARCISISTA VULNERÁVEL
Manipulador	Carente
Direto	Dissimulado
Criança mimada e mal-educada	Criança mimada e infantilizada
Casca-grossa	Melindroso
Desinteressado	Hipervigilante
Abertamente grandioso	Abertamente vulnerável
Exibicionista	Enrustido
Criança especial	Criança envergonhada
Arrogante	Tímido
Sem princípios	Tenta uma compensação

A pessoa do terceiro exemplo é uma combinação dos dois tipos de narcisismo. Tem os atributos de ambição e extroversão do narcisismo grandioso e as características mais defensivas do narcisismo vulnerável. E, sim: para deixar as coisas ainda mais confusas, algumas pessoas podem ser ao mesmo tempo grandiosas e vulneráveis, vivendo em uma "zona intermediária" entre os dois tipos. Richard Nixon, ex-presidente dos Estados Unidos, é um bom exemplo de grandiosidade e vulnerabilidade combinadas. Outra figura mais recente que parece ter alto nível de grandiosidade e também de vulnerabilidade, pelo menos em sua imagem pública, é o ícone da cultura *pop* e *rapper* Kanye West, famoso por ter em alta conta o seu trabalho e por não aceitar bem as críticas. Embora em termos técnicos os tipos de narcisismo não sejam definidos como espectro, pode ser útil pensar desse modo. Talvez você consiga enxergar um pouco de grandiosidade e vulnerabilidade em si mesmo. Em geral, a maioria das pessoas exibe certa medida de narcisismo, que pode se manifestar de várias maneiras, tanto positivas como negativas.

Um ou Outro? Narcisismo Grandioso *Versus* Narcisismo Vulnerável

Até pouquíssimo tempo atrás, muitos psicólogos não separavam esses termos e era comum pesquisarem a vertente do narcisismo grandioso, de modo que os primeiros estudos a respeito do assunto concentraram-se nos atributos de extroversão e arrogância. Ao mesmo tempo, os psicoterapeutas atendiam pacientes que apresentavam o tipo vulnerável de narcisismo. Como se pode imaginar, a maioria das pessoas procura psicoterapia quando se sente mal – ansiosa ou deprimida – ou quando tem problemas na vida social. E não só mal, mas mal o suficiente para buscar um tratamento psicológico, apesar do custo e do possível estigma. Em geral, fazer psicoterapia não está no plano A de ninguém de como levar a vida.

Por conta disso, os psicoterapeutas não atendiam muitos narcisistas grandiosos, já que eles não pensam ter necessidade de ajuda, nem costumam ter dificuldades na vida social, tampouco se sentem deprimidos com sua situação de vida ou identificam condutas que lhes pareçam perturbadoras e precisem de tratamento terapêutico. Na realidade, em geral, exibem muita autoestima e são socialmente bem-sucedidos. Alguns narcisistas grandiosos procuram tratamento para questões não relacionadas à depressão ou à ansiedade, como uso de drogas, ou para fazer terapia de casal, mas, mesmo assim, não com tanta frequência quanto narcisistas vulneráveis. Em razão desse viés, o narcisista em tratamento mostra mais vulnerabilidade do que o narcisista grandioso comum. E como, em terapia, as pessoas são incentivadas a se expressar e se "abrir", os narcisistas grandiosos que de fato buscam tratamento terapêutico têm mais probabilidade de falar de suas fraquezas pessoais dentro da sessão do que fora dela. Basicamente, os terapeutas têm mais chance de perceber a vulnerabilidade dos narcisistas grandiosos do que as pessoas de fora, inclusive em pesquisas de psicologia feitas em laboratório.

É aqui que entra a nova ciência. Quando psicólogos e psiquiatras se reuniam nos últimos anos para definir e discutir o narcisismo, queriam incluir os dois lados daquilo com que pesquisadores e clínicos trabalhavam. Sabíamos que era um problema ter duas vertentes de narcisismo e que era estranho que um único termo descrevesse duas estruturas de personalidade diferentes.

No início, a distinção grandioso/vulnerável foi resolvida com a suposição de que, no fundo, os narcisistas grandiosos se sentem vulneráveis; têm uma essência vulnerável, que dissimulam com uma máscara de grandiosidade, às vezes chamada "modelo de máscara" do narcisismo. Segundo essa interpretação, portanto, quando Donald Trump vai para casa à noite e se olha no espelho, ele enxerga um Woody Allen. A ideia é até razoável, mas, como muitas ideias iguais a essa, não se sustenta quando analisada em detalhes. Os pesquisadores (inclusive eu) têm tentado

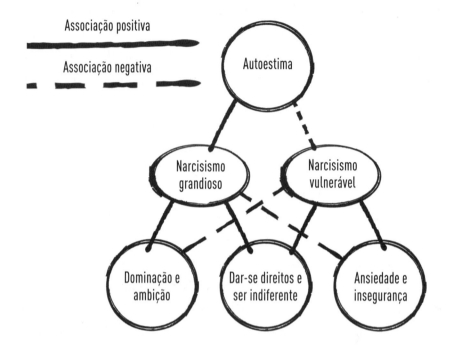

encontrar essa vulnerabilidade oculta nos narcisistas grandiosos usando as ferramentas disponíveis, entre elas, testes de associação de palavras, testes projetivos, neuroimagens e algo que é basicamente um teste para detectar mentiras, com o maravilhoso apelido de "funil da farsa". Há indícios de vulnerabilidade oculta nos narcisistas grandiosos, mas essa hipótese continua um pouco como a lenda do Pé Grande: difícil de localizar e provavelmente é só uma pessoa com uma fantasia de gorila. O que temos de fato é que os narcisistas grandiosos se mostram defensivos diante de uma ameaça. Além disso, não costumam se sentir tristes nem deprimidos, mas, ao contrário, agressivos e zangados. Atacam quem parece fazer críticas a eles ou tratá-los de maneira injusta.

Quando os psicólogos pesquisadores e os terapeutas clínicos reuniram suas teorias, ficou claro que os dois grupos tinham razão, cada qual ao próprio modo. Diante disso, desenvolvemos um modelo integrado que reúne tudo e cria bases sólidas para nossa discussão. Esse novo modelo, chamado Modelo Tríplice de Narcisismo, conecta o narcisismo grandioso e o narcisismo vulnerável como dois traços separados, mas inter-relacionados. Os atributos em comum são autoimportância, ser desagradável e dar-se direitos, mas, quanto aos outros traços presentes nesse núcleo, os dois tipos são bem diferentes. Nos narcisistas grandiosos, encontramos muita confiança, audácia e alta autoestima; nos vulneráveis, pouca confiança, ansiedade e baixa autoestima.

Retomando a história de Elliot Rodger, podemos perceber elementos do narcisismo vulnerável. Ele sentia rejeição social e escreveu um manifesto sobre suas frustrações e o que pensava merecer. Também é possível identificar aspectos de um narcisismo grandioso e autoimportância. Esses aspectos de certa forma relacionavam-se ao fato de ter crescido em um ambiente privilegiado e possuir uma situação financeira confortável. Ao longo deste livro, darei exemplos dessas duas formas de narcisismo para que o leitor possa ver como o novo modelo mudou nosso entendimento a respeito do tema. Quando esclarecemos e unimos os dois conceitos, de narcisismo grandioso e narcisismo vulnerável, houve um aumento expressivo na compreensão de como o narcisismo funciona em todos os níveis, desde a violência até *selfies*. Esse novo entendimento deverá modificar o discurso cultural sobre narcisismo em nossa sociedade.

Como os Psicólogos Começaram a Estudar o Narcisismo?

Já que o narcisismo é muitas vezes visto como transtorno ou como traço de personalidade (e sabemos agora que o termo se aplica aos dois casos), quero explicar em breves palavras como os psicólogos começaram a entender a sobreposição do contexto da personalidade com o dos transtornos de personalidade. Desse modo, teremos os elementos básicos para compreender o narcisismo e como ele se manifesta em nossa vida.

Em essência, os psicólogos da personalidade observam o mundo em amplas pinceladas, bastante influenciadas pelo modo como falamos de personalidade e de transtornos de personalidade em conversas cotidianas. Um dos modelos "antigos" mais abrangentes para se pensar sobre personalidade é o *modelo psicodinâmico*, que estuda as forças psicológicas subjacentes ao comportamento humano, em especial as conscientes e inconscientes. Sigmund Freud, conhecido com o fundador da psicanálise, falou desse modelo e dos principais impulsos psicológicos: sexo, agressão e busca pelo prazer. Segundo o modelo de Freud, a energia sexual e as experiências da infância – influenciadas com frequência por nossos pais – moldam o ego e a personalidade. Pesquisadores subsequentes, como o famoso psiquiatra Carl Jung, ampliaram as ideias de Freud e falaram de como os relacionamentos são representados no inconsciente e no inconsciente coletivo. Com esse modelo psicodinâmico, pode-se dizer que o narcisismo e os traços narcisistas decorrem das primeiras experiências de vida. Embora os psicólogos pesquisadores não usem mais esse modelo, ainda pensam bastante em Freud e Jung. A maioria das teorias modernas se baseia nessas ideias, e alguns clínicos ainda usam variantes modernas de métodos derivados dos modelos psicodinâmicos.

Outro modelo geral bastante comum é o *modelo humanista*, que enfatiza a empatia e a benevolência no comportamento humano. Segundo esse modelo, a personalidade se desenvolve a partir de necessidades básicas, como alimento, abrigo, amor, autoestima e autorrealização. Com base nesse conceito, os psicólogos priorizam as melhores maneiras de ajudar as pessoas a se aperfeiçoar e melhorar a autoimagem. Você talvez conheça essa teoria como Hierarquia de Necessidades, criada pelo psicólogo norte-americano Abraham Maslow. Segundo Maslow, primeiro precisamos cuidar de nossas necessidades fisiológicas (alimento, água e sono) e, em seguida, de nossa segurança, amizades, autoestima e autorrealização. Com relação ao narcisismo, pode-se falar de autoestima e de como o narcisista grandioso tem um conceito evidentemente elevado a seu próprio respeito, enquanto o narcisista vulnerável, um autoconceito negativo. Esse modelo é útil, mas, tal como o psicodinâmico, foi descartado ou absorvido por outras concepções.

Em tempos atuais, nos Estados Unidos, a cultura popular costuma usar o que chamo de "modelo psicológico padrão" para explicar a personalidade. Trata-se de uma mistura da visão psicodinâmica com a humanista. Basicamente, as pessoas pensam que seus problemas vêm da infância, mas também acreditam na possibilidade de se aprimorar e se sentir mais realizadas. Nem todos creem nisso, mas é uma noção comum na cultura ocidental. Pense nos problemas que os personagens da televisão enfrentam: em geral, são conflitos de infância que se resolvem ao se encarar algumas verdades difíceis. Esse confronto leva a um caminho de crescimento transcendente e a uma vida melhor, com mais amor, autenticidade e alegrias, equivalente à "jornada do herói" de que tanto falam certos roteiristas. Em outras palavras, esse tipo de enredo raramente gira em torno de personagens que se dão conta de que seus sintomas de depressão ou ansiedade têm em grande medida uma origem genética e bioquímica, ou que pedem aos pais que lhes forneçam histórias detalhadas de doença mental na família, e depois refazem sua psicobiologia com uma combinação de intervenções alimentares, físicas, sociais, cognitivas e farmacêuticas. Esse processo funciona, mas não se presta a programas de televisão de alta dramaticidade.

Apesar disso, o último exemplo está alinhado com o pensamento clínico de estudos sobre a psicologia da personalidade e campos afins. Áreas clínicas, como a medicina e a psicologia clínica, usam o *modelo biopsicossocial*, segundo o qual a biologia, a personalidade e a dinâmica social estão interligadas. É por isso que você concorda se sua amiga diz: "Preciso tomar alguma coisa. Meus filhos estão me deixando maluca e detesto meu trabalho". Assim como o narcisismo, a personalidade advém da biologia, da psicologia e da sociedade.

Como a maioria dos modelos é criada para entender as necessidades humanas, o foco costuma ser o tratamento de doenças, mais do que aumentar o potencial das pessoas. É por isso que, a princípio, os transtornos de personalidade foram mais estudados do que as forças da personalidade, e é também esse o motivo que nos leva a pensar no narcisismo em sua vertente mais negativa – o transtorno de personalidade narcisista –, que discutiremos no Capítulo 5. O campo da medicina queria saber os riscos que a personalidade representava para os seres humanos, por isso estabeleceu alguns recortes para definir os extremos e classificá-los como transtornos. Assim, poderia tratar os pacientes e devolvê-los aos "níveis normais", ou, ao contrário, isolá-los da população, confinando-os em instituições. Os mesmos vieses se aplicam a trabalhos sobre narcisismo e, na realidade, a toda a área da saúde mental. O Manual Diagnóstico e Estatístico de Transtornos Mentais [Diagnostic and Statistical Manual of Mental Disorders] (DSM) formalizou o diagnóstico do transtorno de personalidade narcisista em 1982, assim como os demais da seleção original de transtornos de personalidade. O interesse clínico pelo narcisismo como transtorno de personalidade surgiu antes do interesse pela pesquisa do narcisismo como um traço dela, que é o nosso foco na atualidade.

Como os Psicólogos Estudam o Narcisismo Atualmente?

Com a expansão dos conhecimentos sobre personalidade, os pesquisadores deixaram para trás os modelos gerais que mencionamos acima e passaram a outros, mais específicos, a fim de explicar como a personalidade funciona. Por exemplo, os modelos baseados em traços entendem a personalidade como uma parte normal da natureza humana, e as pessoas variam de fortes a fracas, o que não se configura como um problema clínico. Em geral, pensamos que a personalidade é uma rede gigantesca de correlações entre traços, conhecida formalmente como *rede nomológica*, que interliga diversas variáveis de personalidade. Por exemplo, quando estudam o narcisismo, os pesquisadores podem considerar a associação entre narcisismo e as taxas de autoestima e ansiedade de uma pessoa. Se ela tiver um índice alto em uma dessas escalas, poderá ter também em outra. A rede nomológica é importante para a ciência da personalidade porque é um sistema de navegação. Todos os aspectos da personalidade devem se relacionar (ou não) com cada um dos demais aspectos. Se eu medir o narcisismo em um grupo e descobrir que há uma correlação positiva entre gentileza e problemas de memória (o que não costuma acontecer), sei que existe algo errado com as minhas ideias sobre narcisismo ou a mensuração dos dados.

Outra referência que os pesquisadores da personalidade empregam é o *modelo autorregulador*, segundo o qual a personalidade está relacionada a metas e conquistas. Em essência, temos diferenças de personalidade porque nossa natureza está voltada para alcançar metas diferentes, como ser feliz, ter um relacionamento amoroso, evitar danos. Por exemplo, alguns se preocupam mais com as ameaças à sua vida. Consideram como as situações podem dar errado e tentam evitar esses riscos; assim, podem ter pavor de germes, ansiedade social, medo de lugares públicos. Outras não dão importância a esses medos e comem porções de alimentos poucos segundos depois de terem caído no chão, falam com desconhecidos sem medo e assistem a filmes de terror. Isso tudo influi no modo como as pessoas se autorregulam ou reagem a eventos na vida, o que pode explicar algumas das motivações implícitas nas ações de um narcisista.

Um terceiro modelo de personalidade, chamado *psicologia evolutiva*, afirma que a personalidade surgiu para lidar com os desafios comuns do meio ambiente, como achar alimento e abrigo, além de acasalar, combater e conviver em sociedade. Para quem tem uma personalidade temerosa ou ansiosa, há benefícios evolutivos evidentes. Os receosos podem saber melhor como evitar ameaças. Pense naquela vez em que viajou de avião e ocorreu uma forte turbulência, ou quando ficou preso em um elevador que parou entre dois andares. O que se vê nessas situações é que as pessoas começam a falar umas com as outras, movidas pelo desejo natural de se aproximar de alguém na iminência de um perigo. Como digo aos meus alunos, nossos ancestrais que fugiam da tribo quando os leões apareciam não sobreviveram para se reproduzir.

A título de complemento do modelo evolutivo, há ainda um quarto modelo que diz que a personalidade é moldada pela *cultura*. Muitas vezes, esses dois modelos de personalidade – o evolutivo e o cultural – parecem competir: as pessoas ou são produto da evolução ou da cultura. Na realidade, é provável que a cultura e a evolução atuem em conjunto para nos moldar.

Cada um dos quatro modelos ou abordagens tem sua utilidade na compreensão do narcisismo e, neste livro, usaremos os quatro. O modelo nomológico de traços é proveitoso quando temos perguntas sobre a estrutura do narcisismo, por exemplo: "Como o narcisismo se encaixa nos outros traços?". O modelo autorregulador é útil quando pensamos sobre como o narcisismo funciona, perguntando coisas como: "De que maneira essa pessoa consegue manter uma opinião tão elevada de si mesma?". Em certo nível, o narcisismo também é adaptativo em termos de evolução, e essa é uma perspectiva útil para se entender as semelhanças de narcisismo em várias partes do mundo, em especial quanto à formação de casais.

O narcisismo também está relacionado à cultura, e minha colega Jean Twenge e eu documentamos em *The Narcissism Epidemic*, há mais de uma década, algumas culturas que apoiam mais o narcisismo que outras. Na China, por exemplo, há duas importantes práticas agrícolas históricas: o trigo é cultivado no Norte e o arroz, no Sul. Nesse caso, as plantações de arroz exigem mais cooperação dos camponeses. A água precisa fluir de um lote a outro, de maneira sincronizada, para que todos se beneficiem. O cultivo do trigo precisa de menos cooperação. Os índices de narcisismo seguem o mesmo padrão: entre os agricultores de arroz no Sul são mais baixos e, no Norte, entre os que cultivam trigo, são mais altos.

A Tabela 1.2 mostra como cada um dos quatro modelos enxerga o narcisismo.

Tabela 1.2: Modelos psicológicos e narcisismo

MODELO	DESCRIÇÃO	EXEMPLO
Rede nomológica ou modelo de traços	O narcisismo é um traço estável que existe em uma rede com outros traços.	O narcisismo se relaciona a dar-se direitos, psicologicamente falando.
Modelo autorregulador	O narcisismo é um traço, mas precisa ser ativamente mantido pelo alcance de metas.	O narcisismo leva à formação de amizades, o que, por sua vez, leva à autoestima.
Modelo evolutivo	O narcisismo evoluiu para atingir metas de aptidão física.	No curto prazo, o narcisismo prevê êxito na formação de casais.
Modelo cultural	O narcisismo é criado, modificado e difundido por forças culturais.	O narcisismo foi formado e difundido por um foco mais amplo no individualismo.

Vamos Reunir esses Modelos: De Volta a Elliot Rodger

Agora que você já sabe quais são os quatro modelos, é possível pensar no caso de Rodger do ponto de vista de um estudioso da personalidade. Segundo a perspectiva geral da psicologia, o raciocínio de Rodger para matar é complexo e duvidoso, mas alguns elementos desse caso se destacam e são comuns a vários outros tiroteios em massa recentes nos Estados Unidos.

Em primeiro lugar, Rodger sentia uma ameaça ao seu ego, o que pode decorrer de gatilhos narcisistas como rejeição social, demissão do emprego, separação no casamento ou mau desempenho em uma tarefa acadêmica. Como ele mesmo escreveu: "todo o meu sofrimento neste mundo foi causado pela humanidade, em especial pelas mulheres". Um dos grandes problemas de Rodger parece ser que as mulheres não saíam com ele, mas saíam com seus colegas de quarto asiáticos. Ele era birracial e achava que seu lado branco seria uma vantagem. Também tinha boa aparência, dirigia um BMW e seus pais eram bem-sucedidos, o que pode ter inflado seu ego um pouco mais. No caso dele, o desafio é que Rodger parecia ser um narcisista vulnerável. Veja como exemplo o seguinte trecho, extraído de seu "manifesto":

> Tudo o que meu pai me ensinou se mostrou errado. Ele me criou para ser um cavalheiro educado e gentil. Seria o ideal em um mundo decente. Mas o cavalheiro educado e gentil não vence no mundo real. As garotas não correm para o cavalheiro. Elas correm para o macho alfa. Correm para os rapazes que parecem ter mais poder e *status*. E era uma batalha cruel alcançar tal patamar. Era demais para mim. Eu ainda era um garotinho com uma cabeça frágil.

Depois de ter compreendido tudo isso, Rodger resolveu mudar para Santa Bárbara e morar em Isla Vista, que ele achava ser um lugar de muitas festas, repleto de moças atraentes. Segundo seu documento, ele viu isto em um filme:

> Foi tudo porque assisti àquele filme, *Alpha Dog*. Ele mexeu muito comigo porque mostrava um monte de jovens bonitos, curtindo os prazeres do sexo. Fiquei pensando nisso durante vários meses, e li *on-line* o tempo todo coisas sobre essa história. Fiquei sabendo que

> tudo aconteceu em Santa Bárbara, então quis saber mais sobre a vida universitária lá. Li sobre Isla Vista, uma cidade pequena, vizinha da UCSB, onde os universitários moravam e faziam festas. Quando li isso tudo, senti a esperança desesperadora de que, se mudasse para lá, seria capaz de levar aquele tipo de vida também. Aquela era a vida que eu queria. Uma vida de prazer e sexo.

Porém, quando Rodger chegou a Isla Vista, não encontrou uma vida de prazer e sexo, nem mesmo uma namorada. Uma vez, ele até chegou a convidar uma garota para sair, mas ela não lhe deu a menor atenção. Em vez de encarar o fracasso com as moças, Rodger preferiu o plano B: o "Dia da Vingança". Como primeira providência, comprou uma pistola Glock 34. Essa arma lhe deu a injeção de ânimo de que precisava:

> Depois de comprar a pistola, voltei com a arma para o meu quarto e tive uma nova sensação de poder. Agora estava armado. Pensei: "Quem é o macho alfa agora, suas vadias?", imaginando que falava com todas as moças que tinham me desprezado antes. Senti admiração imediata pela minha nova pistola.

Sabemos o que aconteceu em seguida. Este caso é um exemplo radical, mas nos ajuda a pensar no narcisismo e nos quatro modelos. Segundo o modelo de traços, Rodger com certeza exibia os traços clássicos da personalidade narcisista: antagonismo, autoimportância e dar-se direitos. Seu comportamento e opiniões mostraram-se bastante consistentes ao longo do tempo. Ele falava do sentimento básico de se achar no direito de ter o que quisesse, e de sua falta de sucesso e do respeito que acreditava merecer desde criança. Rodger escreveu sobre tudo isso em um depoimento para que o mundo soubesse como tinha sido maltratado.

Segundo o modelo autorregulatório, Rodger também se dedicou a sustentar ativamente o ego, alcançando os objetivos da autoestima. Mudou-se para Isla Vista, na tentativa de levar uma vida de prazer e sexo. Comprou uma pistola para se sentir poderoso. Matou pessoas a fim de atingir o *status* de macho alfa. Esforçou-se para realizar seus sonhos grandiosos, mas fracassou.

Em termos do modelo evolutivo, o incidente envolvendo Rodger evidencia as mudanças na dinâmica do *status* social dos homens e o acesso sexual a mulheres nos Estados Unidos e em muitos países ocidentais, que inclui às vezes o sistema patriarcal de dominação e controle. Embora as normas sociais tenham mudado e continuem mudando, Rodger se sentia no direito de receber atenção e interesse, em particular das mulheres. Outra versão dessa história é o narcisista grandioso que se sente marginalizado e rejeitado, e busca *status* e vingança contra todos os que o prejudicaram.

Ao mesmo tempo, essa história mostra como os elementos culturais moldaram o narcisismo de Rodger. Em primeiro lugar, o estilo de vida de festas de Isla Vista foi o que o atraiu para lá. Ele conseguiu acesso a uma arma. As vítimas também simbolizavam um foco de interesse cultural. Nos casos mais comuns de homicídio, o homem (normalmente) se sente excluído ou rejeitado e depois ataca aquela pessoa específica. Em relação a Rodger, porém, o alvo eram as mulheres, simbolizando todas que o evitavam. Em certo sentido, foi um ato terrorista. Tratou-se mais de uma declaração cultural e política do que uma vendeta ou rancor pessoal.

Qual modelo é o correto para se interpretar os aspectos narcisistas do caso de Rodger? Todos contribuem com algumas peças para o quebra-cabeça de entendimento dessa situação. Os estudiosos da personalidade fazem a mesma coisa quando buscam compreender os narcisistas e como o narcisismo atua no mundo atual. No próximo capítulo, levaremos a discussão um passo adiante e verificaremos como esses cientistas mensuram o narcisismo na personalidade – e como sabem que as suas medidas são acuradas.

Bando de *Nerds*: Pense nos Modelos como Mapas

Quando os modelos psicológicos se tornam confusos, acho proveitoso pensar na ciência da personalidade mais como um mapa. Em outras palavras, assim como os mapas, os modelos de personalidade são guias de um território. Quando você dirige um carro, quer um mapa que aponte as ruas e o trânsito, mas é provável que não se importe muito com a altitude. Quando faz uma trilha, você quer um mapa que ignore o trânsito, mas mostre as subidas. Ao velejar, são necessárias cartas náuticas especiais, que incluam recifes e bancos de areia. Em perfurações, você precisa de mapas geológicos. Assim como nos modelos das ciências sociais, é possível usar muitos tipos de mapa, uns mais precisos do que outros, conforme a tarefa. O mapa que leva alguém à estação de esqui não é o mesmo que ajuda a escalar a montanha.

Igualmente importantes são os modelos preditivos. No caso dos mapas, isso é óbvio: eles precisam prever que o lugar aonde você está indo estará de fato lá. Mapas de ruas são bons nisso porque as ruas mudam em um ritmo lento, e os cartógrafos podem se manter atualizados. Mas, na ciência da personalidade, a predição também é importante. Se o meu modelo diz que os narcisistas ficam zangados quando são constrangidos em público, devo ser capaz de constranger um grupo de pessoas em um local público e depois mensurar a raiva delas. Os mais narcisistas nesse estudo deverão exibir as maiores taxas de raiva. O poder preditivo da psicologia da personalidade tem importância especial em áreas aplicadas, como a escolha de líderes ou uma avaliação clínica para o diagnóstico de um transtorno.

Assim como os mapas, os modelos científicos devem ser úteis e passar por melhorias constantes. Se você analisar um mapa-múndi antigo, verá que em geral ele é mais preciso em certas áreas, comumente as mais próximas da casa do cartógrafo, e bastante imprecisos quanto a outras. Em mapas mais antigos, as fronteiras parecem vagas e existem inclusive alguns onde se lê "Aqui existem dragões", ao lado de desenhos detalhados de dragões e animais selvagens. É importante salientar que os mapas evoluíram tanto quanto as mensurações e a comunicação. Quando eu era criança, era algo impressionante ter um livro com mapas que se podia folhear enquanto a pessoa dirigia. Agora, temos GPS em tempo real nos *smartphones*, o que é inacreditável. Os modelos de personalidade também melhoraram muito: de textos gregos sobre humores, passaram por modelos descritivos e agora existem modelos estatísticos complexos. É plausível imaginar que, no futuro, chegarão a ser modelos de dados obtidos em tempo real.

Informação Privilegiada: As Bonecas Russas do Narcisismo

Minha avó tinha um jogo de matriosca, aquelas bonecas russas que vêm umas dentro das outras. Quando a gente abre a primeira e puxa até a metade para fora, encontra ali dentro outra, similar mas menor. Então, abre essa e tem outra menor ainda, e a mesma coisa se repete várias vezes, camada após camada. No centro, há uma bonequinha em miniatura que não pode ser aberta. A personalidade é como essas matriocas. É possível vê-la em suas múltiplas camadas e, para os pesquisadores, essas camadas são consideradas *níveis de análise*: biológica, cultural e psicológica.

No nível biológico da personalidade, os traços são de natureza genética, exacerbados por certas moléculas e associados a padrões de ativação neuronal. No nível psicológico, os traços fazem parte de processos emocionais e cognitivos, sendo capazes de predizer tomadas de decisão, além de estarem integrados ao eu. Entre duas pessoas, em pequenos grupos e em equipes maiores, a personalidade é prognosticada e baseada segundo outras variáveis, entre elas, amor e liderança, assim como condicionada a elas. No nível organizacional, a personalidade também se relaciona com comportamentos no trabalho, como atuação em equipe e atendimento ao cliente. No nível cultural, padrões e tendências mais amplas fundamentam traços de personalidade, como o vício em trabalho ou o individualismo.

Os estudiosos da personalidade consideram o narcisismo da mesma maneira. No nível biológico, ele pode ser influenciado pela testosterona e por outras moléculas. No nível psicológico, como você já viu neste capítulo, o narcisismo se relaciona ao ego e a dar-se direitos. Em grupos e equipes, tendências narcisistas podem se evidenciar em certos líderes. No nível organizacional, o narcisismo está ligado a comportamentos sistêmicos, como assédio sexual. Do ponto de vista cultural, o narcisismo tem relação com o aumento de cirurgias plásticas e procedimentos cosméticos bem como com a obsessão por *selfies*, tendo sido esse o foco de meu livro anterior, *The Narcissism Epidemic*.

Na realidade, é trabalhoso compreender o narcisismo – ou qualquer outro traço de personalidade. Isso significa entendê-lo em todos esses níveis de análise e perceber como esses níveis funcionam juntos. Trata-se de um sistema complexo e interativo, e, na maioria das vezes, os pesquisadores se dedicam a descobrir conexões no nível psicológico, no qual o narcisismo prevê a personalidade, as atitudes ou as emoções. É menos comum estudarmos o narcisismo em níveis mais elementares de análise, como os circuitos cerebrais ou a genética. Quando se trata de obter fundos para pesquisa, porém, posso realizar um estudo completo de personalidade, com 250 participantes, usando mensurações de relatos pessoais, pelo mesmo custo de ter um único sujeito em um estudo de neuroimagem.

O que nos faltam são estudos que reúnam esses níveis. Como funcionam juntos no amor ou na liderança os traços narcisistas de personalidade, o autoconceito e a neuroquímica? Temos algumas informações de que os narcisistas parecem ver a liderança e o amor como opções para obter *status*. Alavancar o *status* poderia ter relação com a liberação de testosterona em homens narcisistas, o que poderia dar vitalidade às atitudes deles, ou com a dopamina e a necessidade de buscar gratificação. Com o passar do tempo, isso poderia formar um circuito de *feedbacks* que aumentaria o desejo pela liderança e pelo amor, mas não há como sabermos ainda. Essa é uma pesquisa possível, mas cara, e, portanto, vai demorar para acontecer.

Em geral, os níveis elementares – como o hormonal e a genética – são a causa dos níveis superiores, como a psicologia individual. No entanto, seus efeitos também podem tomar um rumo inverso, e um relacionamento difícil com o chefe pode surtir efeitos psicológicos negativos ou mesmo efeitos fisiológicos. Isso quer dizer que a intervenção pode se dar em muitos níveis, o que nos traz esperanças. No caso da ansiedade, por exemplo, a medicação pode ajudar em nível molecular; a terapia cognitivo-comportamental, em nível psicológico; e o yoga, em nível psicofisiológico. Esses tratamentos ainda não existem para o narcisismo, mas podem estar a caminho.

CAPÍTULO 2

Medidas do Narcisismo

Como você se identifica? Como se define? Tenho certeza de que já fez algum teste rápido de personalidade – quem não gosta disso? Segundo o Indicador do Tipo Myers-Brigg,* a pessoa pode ser um ENTJ (o líder natural, com sua extroversão, intuição e capacidade de pensar e julgar) ou um ISTF (um cuidador, por sua introversão, sensibilidade, sentimentos e modo de pensamento). No mundo de Harry Potter, essa pessoa se ajustaria bem na casa Grifinória ou na Sonserina. Se você gosta de Stranger Things, poderia ser parecido com Mike, Steve ou Onze.

Existem muitas variações desses testes de personalidade, e a maior probabilidade é que vários deles tenham pouca ou nenhuma base em evidências científicas, em particular quando se relacionam com a cultura *pop*, mas esses testes populares parecem funcionar por alguns motivos. Em primeiro lugar, fazem *um pouco* de sentido. Alguém faz o Teste do Namorado Ideal e lê esta pergunta: "Você prefere um companheiro que dance tango ou que leia livros?". Quem escolher "tango" vai ter mais

---

* O Indicador do Tipo Myers-Briggs (MBTI, na sigla em inglês) é um questionário psicométrico concebido para medir as preferências psicológicas na forma como as pessoas percebem o mundo e tomam decisões. (N. da T.)

chances com o Namorado Dançarino do que com o *Nerd* Intelectual. As perguntas costumam se associar a respostas óbvias.

Em segundo lugar, esses questionários costumam surtir o que os psicólogos chamam de Efeito Barnum, assim chamado em referência a P. T. Barnum, artista norte-americano do ramo do entretenimento e cofundador do Barnum and Bailey Circus, que teria dito – oficiosamente –: "Nasce um otário por minuto". O Efeito Barnum age oferecendo *feedbacks* ambíguos, vagos, que se aplicam a qualquer um. No caso do teste de namoro que mencionamos acima, por exemplo, uma resposta possível seria: "Você pode se comprometer com um relacionamento, mas às vezes sente que as coisas podem não dar certo no longo prazo". O Efeito Barnum alimenta o mercado de horóscopos e biscoitinhos da sorte há dezenas de anos.

No caso de testes e escalas de personalidade em psicologia, a boa notícia é que, ao longo do século XX, tivemos o desenvolvimento de toda uma ciência de avaliação e práticas correlatas. Com o passar do tempo e diante da alta demanda de se avaliar a personalidade das pessoas, essas escalas foram testadas e aperfeiçoadas. Para começar, falaremos da evolução dos testes básicos de personalidade e depois passaremos aos detalhes dos testes específicos de narcisismo em uso hoje em dia.

O Nascimento dos Testes de Personalidade

Os testes de personalidade já percorreram um longo caminho. A primeira avaliação formal de personalidade celebrou em 2020 seu centésimo aniversário de existência. O psicólogo norte-americano Robert S. Woodworth desenvolveu essa ferramenta para o Exército dos Estados Unidos durante a Primeira Guerra Mundial. O Formulário Woodworth de Dados Pessoais foi elaborado para testar a resiliência de recrutas do serviço militar a traumas pós-guerra, o que atualmente chamamos de Transtorno de Estresse Pós-traumático (TEPT). As 116 perguntas eram diretas e deviam ser respondidas com um simples "sim" ou "não". Entre elas, por exemplo, havia: "Você se abala com facilidade?", "Você costuma se sentir bem e forte?". O Departamento de Saúde Pública aceitou o teste e determinou um programa preliminar para a avaliação da ferramenta em um grupo de recrutas encaminhados para mais testes depois de terem obtido um índice inicial elevado na avaliação. Apesar de ter sido desenvolvido tarde demais para ser usado na guerra, ele teve grande influência na criação de outros testes de personalidade, em particular os que avaliam traços como ansiedade e depressão, que em geral agrupamos sob o rótulo *neuroticismo*.

Nos primeiros tempos que sucederam esse acontecimento, a maioria dos testes psicológicos apresentava revisões do trabalho de Woodworth, contendo muitas perguntas. Logo, os testes de personalidade começaram a aparecer por toda parte. Na indústria, queriam testes para escolher quem contratar; os psiquiatras queriam testes para diagnosticar transtornos mentais; pesquisadores acadêmicos de psicologia e de campos correlatos queriam entender a personalidade. Agora, passados cem anos, centenas ou talvez milhares de mensurações científicas de personalidade foram desenvolvidas para explicar diversos estilos de trabalho, situações sociais e traços de personalidade. Os criadores de cada um desses testes e medidas começaram tendo uma ideia do que queriam medir – fosse resiliência ao estresse pós-traumático, extroversão ou impulsividade –, o que é mais difícil do que pode parecer. No fundo, a definição de um construto psicológico e sua mensuração estão interligadas porque não podemos saber com exatidão do que estamos falando enquanto não o medirmos, mas também não podemos medi-lo até sabermos do que estamos falando, daí resultando que os testes de avaliação se desenvolvam em ciclos. Nesse mesmo sentido, os primeiros testes de narcisismo tinham de descobrir com precisão o que medir.

Como Definir o que Estou Medindo?

Quando descrevem uma personalidade, as pessoas em geral usam a "psicologia do senso comum", ou uma linguagem informal, para transmitir um significado. Por exemplo, para descrever o antagonismo nos outros, podemos chamá-los de "babacas". Nossa linguagem funciona razoavelmente bem no dia a dia, mas não tem precisão. Também usamos termos profissionais ou científicos de modo coloquial, por exemplo, quando dizemos que alguém é "narcisista", mas na verdade queremos dizer que é um "cretino" ou um "inútil", dependendo do contexto. "Você é um cretino narcisista e metido a besta" pode traduzir um sentimento forte, mas não reflete o uso do termo "narcisista" em suas nuances.

Contudo, a ciência da personalidade tem uma abordagem relativamente diferente para definir o narcisismo, que formaliza e integra ideias cotidianas. A ciência da personalidade tem três passos básicos para a mensuração de um traço: 1) definir o aspecto da personalidade que se quer medir; 2) construir boas ferramentas de mensuração; e 3) relacionar essa nova variável a outras pertinentes. Quando você ou alguém que lhe é importante faz um teste formal de psicologia para avaliar o narcisismo, você quer ter certeza de que esse traço já foi mensurado e testado diversas vezes antes de ser utilizado em larga escala.

Quero mostrar como isso funciona no caso de uma variável relativamente simples como a autoestima, em geral associada ao narcisismo. Se quero estudar a autoestima, preciso, em primeiro lugar, defini-la. Parece fácil, já que todos sabemos o que é autoestima, ou pelo menos o que esse termo quer dizer em nossa fala diária. De modo geral, as pessoas usam a palavra "autoestima" sem grandes problemas. No entanto, a literatura sobre autoestima, incluindo seu uso histórico, suas tradições filosóficas e pesquisas, mostra que nosso entendimento desse termo é uma grande confusão.

Do ponto de vista histórico, *self-esteem* ("autoestima") é um termo que surgiu no século XVII, quando o acréscimo de *self* ("auto") como prefixo de certas palavras revelou o surgimento do individualismo durante o Iluminismo. Entretanto, quando começou a ser usada, essa palavra tinha uma gama de significados, de acordo com o *Oxford English Dictionary*. O primeiro uso documentado de "autoestima" (o termo então era grafado *selfe esteeme*) está em um verbete de 1619: "Sua inteligência é muito baixa e a autoestima do próprio valor e de suas obras é muito alta...".* Não muito tempo depois, em 1667, John Milton, autor do poema épico *Paraíso Perdido*, usou *self-esteem* nessa obra como um traço positivo, "alicerçado no que é justo e certo". Ainda nos anos 1600, *self-esteem* assumiu uma vertente negativa e outra positiva, e a diferença entre elas dependia de a autoestima estar ou não baseada na realidade.

Na psicologia acadêmica, "autoestima" foi um termo adotado a princípio pelo renomado psicólogo norte-americano William James, em 1890, quando o descreveu de modo mais formal, usando a fórmula "autoestima = sucesso real/pretensões". O interessante dessa ideia é que a autoestima poderia aumentar tanto ao se ter mais sucesso quanto ao se diminuir as pretensões. James citava como exemplo um homem que tinha perdido tudo na Guerra Civil e tinha "literalmente rolado na terra, dizendo que nunca havia se sentido tão livre e tão feliz desde o dia em que nascera". A explicação dada por James expõe aqui uma concepção mais paradoxal de autoestima – a saber, a pessoa que tem a autoestima mais elevada é aquela que tem as mais altas conquistas e o menor sentimento de ter direito a essas conquistas.

Depois, a autoestima apareceu mais duas vezes na história. Os humanistas, Maslow em especial, apresentaram a autoestima como uma necessidade fundamental do crescimento humano. Em vez de uma

---

* No inglês: *"His wit being so shallow, and selfe esteeme of his owne worth and works so great […]"*. (N. da T.)

bênção polêmica ou de um conceito psicológico periférico, a autoestima se tornou uma necessidade essencial do desenvolvimento; na hierarquia das necessidades, estava bem ali, entre a necessidade de pertencimento e a autorrealização. Sendo assim, o desenvolvimento da autoestima é um assunto importante para quem tem uma postura humanista ou focada no crescimento, o que abrange muita gente que trabalha nas áreas de educação e aconselhamento. Na cultura atual, por exemplo, o campo do crescimento pessoal dá grande ênfase à construção da autoestima e à autorrealização de objetivos.

Mais tarde, o sentido de "autoestima" enveredou por outra direção, quando o psicólogo Nathaniel Brandon publicou, nos anos 1960, seu primeiro livro sobre o tema: *Autoestima e seus Seis Pilares*. Esse livro bastante popular amplificou a definição de autoestima e passou a incluir autorresponsabilização, assertividade na definição de limites e autoaceitação. Essa concepção da autoestima mescla a visão humanista com o objetivismo, um sistema filosófico desenvolvido pela escritora Ayn Rand segundo o qual nossa própria felicidade é um objetivo de vida, e as realizações produtivas são a atividade principal. O livro de Brandon tem uma perspectiva bastante voltada à ação, mas também integra muitas variáveis que os psicólogos de hoje em dia situariam além da autoestima, como autoeficiência e atenção plena (*mindfulness*).

No fim das contas, essa definição fica confusa, não fica? Parece fácil mensurar a autoestima ou algum outro aspecto da personalidade, mas as várias definições acabam se afastando do significado e da capacidade de explicar elementos específicos. Quando as coisas saem muito do controle, algum pesquisador pode criar um modelo minimalista ou a maneira mais simples de pensar sobre um conceito com o qual quase todos concordam. Neste caso, um pesquisador cognitivo-social definiu a autoestima como um elo entre o eu e a positividade. Alta autoestima é tão somente a força da relação "eu = bom".

Depois, os pesquisadores passaram a debater a estrutura da autoestima. Ela estaria baseada em uma fonte profunda de bem-estar ou seria mais uma questão de repetir experiências positivas? Existe uma única autoestima ou há várias, como a autoestima da aparência, a autoestima da inteligência, a autoestima da habilidade social? A autoestima é algo de que devemos ter consciência, ou nossa autoestima pode ser inconsciente? A "estima" na autoestima se refere a sentir afeto por si mesmo, a gostar de si mesmo ou a acreditar que se é competente e capaz? Ou todas essas coisas? Em vez de deixar essas indagações de lado ou escolher apenas um conceito, os cientistas observam o que acontece em termos empíricos, submetendo-se eles mesmos a essas perguntas. Não é nada bonito de se ver quando um pesquisador se apaixona pela própria medição, briga com os significados e às vezes trai as definições, mas esse é o melhor sistema que temos na ciência da personalidade. Como disse antes, os estudiosos da personalidade se debateram com a definição de narcisismo durante décadas, e chegamos a um acordo acerca de apenas dois aspectos – o grandioso e o vulnerável – dentro do Modelo Tríplice, embora sempre estejamos testando nossas teorias e aprimorando o que sabemos.

E Agora, como Meço o que Estou Medindo?

Em todos os campos científicos, a mensuração é uma questão séria. Mesmo as medidas mais elementares têm um longo histórico. O tempo é uma variável relevante em muitas áreas, mas a mensuração do tempo também teve de ser inventada. Entre as primeiras tentativas nesse sentido estavam relógios de água que usavam o fluxo da água como medida de tempo. Ainda hoje usamos uma versão desses relógios com areia. Na Idade Média, os relógios usavam molas e mecanismos para marcar as horas. Essa técnica ainda é adotada em relógios mecânicos de parede e de pulso, mas nem sempre ela funciona bem. Por exemplo, compare as horas entre um Rolex de 8 mil dólares e um Casio que custa 25. O Casio funciona melhor porque usa tecnologia à base de quartzo. No âmbito científico, porém, isso ainda não é suficiente, e engenheiros e físicos continuam fazendo relógios melhores. Alguns relógios de parede atômicos são tão precisos hoje em dia que podem ser usados para medir tanto a massa quanto o tempo. Se ainda usássemos relógios de parede mecânicos, não poderíamos realizar muitas coisas no campo da física, nem no da psicologia, em que as mensurações costumam ser feitas em milésimos de segundo.

Pense nos diferentes tipos de instrumentos de medida em um consultório médico: pressão sanguínea medida com uma braçadeira, termômetro para aferir a temperatura do corpo, exames de sangue de laboratório. Durante séculos, porém, as pessoas não acreditavam que fosse possível medir conteúdos mentais ou psicológicos. Embora fossem registrados grandes avanços em outras disciplinas, o conteúdo mental parecia oculto demais para ser bem medido. O médico e filósofo alemão Gustav Fechner testou a capacidade das pessoas para perceber diferenças de peso. Imagine, por exemplo, uma bola de boliche de 5 quilos e outra de 5,250 quilos. Você conseguiria sentir a diferença? Com isso, nascia a psicofísica em torno da noção de que era possível medir um conteúdo psicológico de maneira similar à física.

Depois, os pesquisadores notaram que, se a ideia funcionava para o peso, também poderia funcionar para outros elementos, como atitudes e capacidades mentais cognitivas. Louis Leon Thurstone, fundador do laboratório de psicometria na Universidade da Carolina do Norte em Chapel Hill, começou a elaborar, nos anos 1950, escalas capazes de detectar pequenas mudanças de atitude. Talvez o leitor tenha ouvido falar do psicólogo social norte-americano Rensis Likert, que desenvolveu uma escala de 5 pontos com seu nome, usada com frequência em pesquisas: as escalas Likert e Tipo Likert. Veja este exemplo:

GOSTO DE HONDA.
Concordo   1   2   3   4   5   Discordo

GOSTO DE TRUMP.
Concordo   1   2   3   4   5   Discordo

GOSTO DE MIM.
Concordo   1   2   3   4   5   Discordo

Hoje em dia, temos um vasto conjunto de medidas da personalidade, desde modelos amplos e abrangentes até traços básicos, passando por avaliações focadas e específicas de determinados tópicos, como autoestima e narcisismo. O que essas medidas da personalidade têm em comum (supondo que sejam aplicadas do modo correto) são validade e confiabilidade. *Validade* significa atingir o alvo certo, e *confiabilidade*, atingir o alvo com consistência. Pense em dois caçadores que entram no mato para caçar codornas. O Caçador 1 pega 2 das 5 codornas que vê e o Caçador 2 pega 5 dos 5 faisões que vê. O Caçador 1 tem validade porque atingiu o alvo certo, mas não tem confiabilidade, porque errou mais da metade das vezes. Por sua vez, o Caçador 2 tem confiabilidade porque atingiu o alvo todas as vezes, mas não tem validade, porque o alvo foi errado. Na ciência, o melhor caçador pegaria 5 codornas em 5, sendo válido e confiável. Quando testamos nossas avaliações de personalidade, buscamos validade e confiabilidade.

Para a ciência moderna da personalidade, a validade é o alvo mais desafiador. Como saber que você está medindo o que acha que está medindo? Se, por exemplo, eu criar um novo tipo de termômetro capaz de medir a temperatura na testa das pessoas, posso comparar o novo modelo com os termômetros já testados. Se o novo dá a mesma temperatura que os outros, posso supor que seja válido. As mensurações de personalidade são inspiradas pela mesma ideia, mas nem sempre existem medidas válidas e já testadas que sirvam de comparação. Diante disso, os pesquisadores da personalidade criam medidas que façam sentido. Por exemplo, uma medida do narcisismo pode indagar sobre se sentir superior aos outros, mas não sobre criatividade. Isso é o que se chama *validade aparente*: a escala parece boa à primeira vista. Os questionários de revistas populares sobre estilos de paquera e os levantamentos *on-line* sobre personagens de *Guerra nas Estrelas* não têm validade aparente. São divertidos, mas limitados.

A ciência da personalidade dá um segundo passo quando compara uma escala a outras, assim como o novo termômetro seria comparado aos outros. Por exemplo, uma nova escala do narcisismo grandioso teria uma correlação positiva com outras escalas de narcisismo, assim como com medidas relativas ao narcisismo, por exemplo, autoestima e necessidade de poder. A nova escala também deveria ter correlação negativa com medidas não comumente associadas ao narcisismo, como empatia emocional e gentileza.

Por fim, como as pessoas que respondem a questionários podem falar de maneira incorreta sobre a própria personalidade, a nova escala deve ser testada em relação à opinião que os outros têm delas. Isso se chama *processo de triangulação*. A personalidade de uma pessoa é medida em uma escala de autodescrição e depois é comparada a relatos sobre ela feitos por amigos próximos, familiares, pais, professores, e esses devem estar de acordo com o que ela disse de si mesma. No caso do narcisismo clínico, ou do tipo extremo e inflexível, que pode ser diagnosticado como transtorno de personalidade, a autodescrição pode ser comparada com uma entrevista clínica formal, conduzida por um profissional, ou com outros casos clínicos documentados. Nenhuma dessas é a medida "certa" da personalidade, mas todas convergem para a personalidade de alguma maneira. A boa notícia é que as medidas de autodescrição funcionam bem. Por exemplo, os psicopatas acreditam que suas noções predatórias e egocêntricas fazem sentido; portanto, eles se sentem à vontade para expressar essas opiniões em situações de baixo risco, como um estudo psicológico confidencial. O psicopata não se mostraria tão receptivo em um encontro ou durante um interrogatório policial, mas questionários de autodescrição em geral funcionam bem.

    Em comparação com a validade, a confiabilidade é mais direta e objetiva em termos de ciência da personalidade. Se uma escala de personalidade tem dez perguntas, por exemplo, as respostas devem ser consistentes. Há alguns anos, os primeiros testes de personalidade limitavam-se a dividir o questionário em duas partes e uma metade era para conferir se ambas tinham sido respondidas da mesma maneira. Hoje em dia, essas mensurações são mais sofisticadas, mas funcionam no mesmo sentido. Testar o mesmo grupo ao longo do tempo também é um teste de confiabilidade. Se a medida de personalidade se mantiver estável, os resultados também deverão ser estáveis.

    Por que estou me alongando para explicar tudo isso? A mensuração da personalidade é a questão mais importante na ciência da personalidade, e, no caso do narcisismo em particular, as medidas mudaram com o tempo. Antes de estudarmos um tema, devemos saber como medi-lo. No entanto, com o método científico, esse pode ser um processo circular. Os cientistas ficam usando certa medida durante anos antes de começarem a ver os defeitos dessa ferramenta; então, passam a revisá-la ou criam uma nova. Além disso, as mudanças e definições culturais se transformam, e foi isso que aconteceu no caso da autoestima. Os cientistas desenvolveram uma variedade de medidas de autoestima para captar essas ideias, e a mais conhecida é a Escala de Autoestima de Rosenberg (EAR), desenvolvida pelo sociólogo Morris Rosenberg como uma escala com dez itens que pede às pessoas que concordem ou discordem de afirmações objetivas, por exemplo: "Tenho uma atitude positiva a meu respeito" ou "Às vezes acho que não sirvo para nada". Essa escala tem resistido ao teste do tempo como medida da autoestima global, mas muitas outras formas de mensuração elaboradas pelos cientistas demonstraram interesse em tipos específicos de autoestima, entre eles, a opinião sobre a capacidade atlética ou a aparência física. Como se pode imaginar, assim como as medidas da autoestima mudaram, também mudaram as medidas do narcisismo, que é associado à autoestima.

Um desafio maior para os pesquisadores foi tentar elaborar medidas de autoestima que fossem inconscientes ou implícitas. Foram desenvolvidas algumas mensurações que não pareciam entrar em acordo entre si. Em um estudo levado a cabo em 2000, a equipe de pesquisadores liderada por Jennifer Bosson testou a autoestima implícita, medindo-a de três maneiras, e constatou pouca correlação entre elas. O estudo foi intitulado "Stalking the Perfect Measure of Implicit Self-Esteem: The Blind Men and the Elephant Revisited?" [Em busca da medida perfeita da autoestima implícita: mais uma vez, os homens cegos com o elefante?"] e cita como referência a história budista dos três homens cegos que tentam identificar um elefante tocando partes dele. Um pega a orelha, um pega a perna e o outro pega o rabo, de modo que os três chegam a conclusões diferentes. É nesse contexto que existem quase todas as teorias de traços. No final, o resultado é um leque de escalas construídas para realizar tarefas específicas. Um processo semelhante levou a diversas escalas do narcisismo, mas aqui a história é um pouco mais complexa, como explicarei a seguir. A Tabela 2.1 mostra a variedade de medidas da autoestima desenvolvidas ao longo do tempo.

Tabela 2.1: Medidas da autoestima

ASPECTO TESTADO DA AUTOESTIMA	EXEMPLO DE MEDIDA	TIPO DE MEDIDA
Autoestima global	Escala de Autoestima de Rosenberg (1968)	Medida global de autodescrição com dez itens
	Escala de Autoestima com Item Único (Robins et al., 2001)	Declaração de autodescrição de item único

ASPECTO TESTADO DA AUTOESTIMA	EXEMPLO DE MEDIDA	TIPO DE MEDIDA
Autoestima específica	Questionário de Autoatributos (Pelham e Swann, 1989)	Medida de autodescrição com dez itens (até sessenta)
Autoestima pública	Escala de Autoestima Pública (Heatherton e Polivy, 1991)	Medida de autodescrição com vinte itens (que abrangem desempenho, aparência e vida social)
Autoestima implícita	Teste de Associação Implícita (TAI; Greenwald et al., 1998)	Velocidade da associação de si mesmo com palavras positivas versus negativas
Autoestima indireta	Efeito das letras do nome (Nuttin, 1985)	Índice de aprovação e de comparação das letras do próprio nome com outros nomes

E as Escalas de Narcisismo?

Após observar o processo de criação de uma escala em torno de um conceito "simples" como autoestima, por exemplo, talvez você imagine a complexidade de se desenvolver escalas de narcisismo. Qualquer medida de narcisismo depende do que o psicólogo que elaborou essa escala pensa do narcisismo. Se é visto como grandioso, então a escala vai refletir grandiosidade; no mesmo sentido, se o narcisismo parece vulnerável, a escala vai refletir vulnerabilidade. O famosíssimo psicólogo Henry Murray desenvolveu a primeira escala do que chamou "narcisismo" na década de 1930, e esse instrumento trazia uma combinação dos tipos grandioso e vulnerável. As escalas mais recentes são mais específicas quanto ao tipo de narcisismo que está sendo medido. Vamos analisar algumas delas agora.

As medidas do narcisismo grandioso são voltadas a captar a vertente audaciosa, dominante e antagonista do narcisismo. Os psicólogos que elaboram escalas do narcisismo grandioso costumam incluir perguntas sobre liderança, poder, busca de atenção, vaidade e o senso de se dar direitos, assim como a propensão a se aproveitar dos outros ou explorá-los, por exemplo: "Você gosta de ser o centro das atenções?" ou "Você acha fácil fazer as pessoas acreditarem no que diz a elas?".

Hoje em dia, o Inventário da Personalidade Narcisista (IPN) [Narcissistic Personality Inventory (NPI)] é a medida mais popular do narcisismo grandioso. Robert Raskin e seus colegas começaram a trabalhar nessa forma de mensuração no final da década de 1970, mas a escala IPN se tornou de fato conhecida em 1988, quando uma versão com quarenta itens foi publicada no *Journal of Personality and Social Psychology*. Foi essa ferramenta que tornou possível a maior parte das pesquisas modernas sobre narcisismo, apesar de várias melhorias significativas terem sido introduzidas no decorrer do tempo. O leitor pode achar o IPN e outros instrumentos similares, em inglês, em nosso site: narcissismlab.com. Se você mesmo quiser fazer um teste, consulte o final deste capítulo.

Apesar do poder de longevidade, o IPN é um tanto excêntrico. Em primeiro lugar, os itens foram inspirados em uma descrição prévia do transtorno de personalidade narcisista, discutido em detalhes no Capítulo 5, mas esses traços nem sempre "andam juntos", como se observa nos dias de hoje. O IPN capta pelo menos dois aspectos importantes do narcisismo: ser audacioso e expansivo, e também manipulador e se dar direitos. No caso da primeira associação, o IPN pede que a pessoa concorde com afirmações como "Gosto de ser o centro das atenções" e "Gosto de ter autoridade". No da segunda, as pessoas devem concordar com "Normalmente, consigo me safar de qualquer situação apenas na conversa" e "Se eu mandasse em todo mundo, seria muito melhor". Essas afirmações podem revelar um idiota charmoso ou um chefe egocêntrico e dominador, mas são aspectos diferentes do narcisismo grandioso.

O IPN também é estranho porque usa o formato de uma escolha forçada entre duas sentenças, por exemplo:

A. Não gosto muito de exibir meu corpo.
B. Gosto de exibir meu corpo.

A ideia é que as duas opções sejam igualmente desejáveis, então o resultado do IPN mede o número de vezes que a pessoa prefere a resposta narcisista no questionário. Este é outro item bastante conhecido do IPN:

A. A ideia de mandar em todo mundo me apavora.
B. Se eu mandasse em todo mundo, seria bem melhor. (Em algumas versões, temos "muito" melhor.)

Antes da internet, passávamos cópias das escalas para outros pesquisadores e elas iam mudando, conforme cada laboratório as redigitava ou trocava uma palavra e depois distribuía sua versão. (Você pode saber mais sobre o IPN na seção "Bando de *Nerds*" deste capítulo.)

No caso do item acima, escolhi B como resposta. Será que eu realmente acho que, se mandasse em todo mundo, seria bem melhor? Agora que os eventos atuais estão em um caos total, talvez sim, mas a chance maior é que seria um completo desastre. Por outro lado, mandar em todo mundo não me assusta. Aliás, me parece ser um desafio enorme, empolgante e divertido... que provavelmente terminaria em desastre. Portanto, com essas duas opções, prefiro B.

Agora, pense se a pergunta do teste fosse feita desta maneira:

Verdadeiro ou falso: Se eu mandasse em todo mundo, seria bem melhor.

Eu respondo "falso", porque não confio nas minhas habilidades para mandar em todo mundo. Apesar dessa possível fraqueza, o IPN ainda funciona bem para os itens narcisistas usados na escala de 5 pontos de Likert. Aliás, existem versões mais curtas (entre as quais as opções com 13 ou 16 itens são as mais populares) e inúmeras traduções em outros países que funcionam bem. O IPN é uma ferramenta confiável entre as medidas do narcisismo grandioso. Algumas opções de mensuração existentes no mercado atual podem ser melhores em alguns aspectos, mas o IPN resistiu ao teste do tempo.

Outra maneira de medir o narcisismo grandioso privilegiando determinados alvos recorre a adjetivos. A Escala da Grandiosidade Narcísica (EGN), desenvolvida pelo especialista em psicopatologia Seth Rosenthal, da Universidade Yale, usou essa abordagem. Os participantes se avaliavam segundo 16 adjetivos narcisistas em uma escala de 9 pontos, em que 1 indica que aquele adjetivo não os representa de maneira nenhuma, e 9 significa que os descreve muito bem. Depois as notas são somadas para se chegar a um escore final.

Em 2016, Michael Crowe, pós-graduando da Universidade da Geórgia, validou essa escala e obteve as seguintes seis palavras-chave para traços narcisistas:

| Glorioso | Aclamado | *Status* elevado |
| Prestigiado | Proeminente | Poderoso |

Quem se achava glorioso, aclamado e poderoso também relatava altos índices de medidas narcisistas mais complexas. O bom da EGN e de outras escalas de traços é que são breves e podem ser aplicadas pelo *smartphone* da pessoa durante vários dias, ou várias vezes ao dia, a fim de se entender e medir mudanças no narcisismo.

Do outro lado do Modelo Tríplice, as medidas do narcisismo vulnerável captam a vertente neurótica, desconfiada, hostil e que se dá direitos. Os psicólogos que criam escalas do narcisismo vulnerável incluem perguntas sobre suscetibilidade a golpes ao ego, ou o que o pessoal da psicodinâmica chama de "feridas narcísicas". Ao mesmo tempo, essas escalas tentam captar os atributos egocêntricos e de quem se dá direitos, como ocorre no narcisismo grandioso.

A Escala do Narcisismo Hipersensível (ENHS) é a medida mais popular do narcisismo vulnerável. A ENHS foi criada com base no conteúdo vulnerável da escala original de Murray, dos anos 1930, e atualizada para torná-la uma medida moderna. Além dela, a Escala de Vulnerabilidade Narcísica (EVN) mede seis palavras para traços associados ao narcisismo vulnerável:

| Desvalorizado | Inseguro | Envergonhado |
| Invejoso | Ressentido | Egocêntrico |

Várias medidas mais recentes do narcisismo captam tanto a vertente grandiosa como a vulnerável. Todas elas têm um diferencial (o leitor poderá ver um resumo das avaliações mais populares na Tabela 2.2), mas, neste livro, vou falar do grandioso e do vulnerável em separado. Se o leitor veio comigo até este ponto, já tem uma boa base de conhecimentos sobre como os estudiosos da personalidade chegaram ao entendimento atual do narcisismo, e como as definições mudaram ao longo do tempo, com a inclusão das vertentes "grandioso" e "vulnerável". Com essas escalas em mente, é provável que você entenda por que existe tanta confusão a respeito do narcisismo, de como falamos sobre ele em sociedade e de como as diversas definições poderiam se aplicar a você, a seus conhecidos e a líderes que podem exibir traços mais extremos de narcisismo do que você e eu provavelmente jamais conseguiríamos. Agora que já lidamos com o básico, podemos falar das "coisas divertidas" no próximo capítulo: os traços específicos do narcisismo e do que chamo de "receita de narcisismo".

Tabela 2.2: Medidas do narcisismo

MEDIDA DO NARCISISMO	ALVO	EXEMPLO	DIFERENCIAL
Inventário da Personalidade Narcisista (IPN) (*Narcissistic –Personality Inventory – NPI*)	Grandioso	Se eu mandasse em todo mundo, seria bem melhor.	Iniciativa e extroversão com grandiosidade
Escala de Narcisismo Hipersensível (ENHS) (*Hypersensitive Narcissism Scale – HSNS*)	Vulnerável	Fico facilmente magoado ao ser ridicularizado ou ser alvo de comentários indelicados.	Neuroticismo egocêntrico
Escala da Grandiosidade Narcísica (EGN) (*Narcissistic Grandiosity Scale – NGS*)	Grandioso		Seis principais traços como adjetivos
Escala da Vulnerabilidade Narcísica (EVN) (*Narcissistic Vulnerability Scale – NVS*)	Vulnerável		Seis principais traços como adjetivos
Inventário do Narcisismo Patológico (INP) (*Pathological Narcissism Inventory – PNI*)	Grandioso + vulnerável	Quando os outros não reparam em mim, começo a sentir que não valho nada. Costumo fantasiar que tenho um grande impacto no mundo à minha volta.	Foco maior na vulnerabilidade do que na grandiosidade

MEDIDA DO NARCISISMO	ALVO	EXEMPLO	DIFERENCIAL
Questionário da Admiração e da Rivalidade no Narcisismo (QARN) (*Narcissism Admiration and Rivalry Questionnaire – NARQ*)	Grandioso + vulnerável	Mereço ser visto como uma grande personalidade. A maioria das pessoas é de fracassados.	Foco na admiração e na rivalidade.
Inventário de Cinco Fatores do Narcisismo (ICFN) (*Five-Factor Narcissism Inventory – FFNI*)	Grandioso + vulnerável	É comum eu sentir que preciso de elogios alheios para me assegurar de mim mesmo. Sou extremamente ambicioso.	Foco no antagonismo, na extroversão e no neuroticismo

Uma Palavra de Advertência: Limites das Escalas de Personalidade

As escalas de personalidade são ferramentas fantásticas, mas também contêm limites quanto ao que significam. Em primeiro lugar, as conclusões se baseiam bastante em padrões de correlação, fundados, em essência, no que combina ou não com outros elementos. Assim como o modelo de "rede", ou a rede nomológica que mencionamos no capítulo anterior, os psicólogos costumam pensar em traços de personalidade que "andam juntos", como humildade e gentileza. Não me entenda mal: há toda uma ciência por trás disso. Os modelos estatísticos podem parecer malucos, mas a ideia básica de "andar junto" está no centro dos estudos da personalidade. O que esse conceito quer dizer em termos de poder preditivo da personalidade? Quer dizer que os traços de personalidade, em média, se organizam de determinada maneira. Esse é um ponto interessante e importante, além de preditivo; é como dizer "se existe um pé de noz-pecã no quintal, aposto que há esquilos".

Em segundo lugar, as personalidades têm mais diferenças quantitativas do que qualitativas. São poucos os "tipos" puros de personalidade, se é que existe algum. Ao contrário, os traços ocorrem em um espectro. Por exemplo, seu nível de narcisismo existe na mesma escala de narcisismo de Donald Trump, assim como sua altura em centímetros existe na mesma escala da de Shaquille O'Neal. É o que acontece com todos os traços: Madre Teresa e o Dalai Lama não representam um "tipo" de gentileza; eles são exemplos de níveis notavelmente elevados de gentileza.

Além disso, as pessoas costumam se situar na curva de distribuição de quase todas as escalas de personalidade, que tem o formato de um sino: a maioria das pessoas fica no meio e poucas estão nas pontas, ou extremos. Uma escala de liderança narcisista poderia colocar Donald Trump no ponto extremo mais alto e o Dalai Lama no ponto extremo mais baixo, mas todos os líderes se situariam em algum ponto da curva, cuja média ficaria um pouco mais próxima do lado de Trump. Lembremos que o meio da curva em formato de sino depende do traço de personalidade que está sendo medido. Quando é a autoestima, por exemplo, o índice médio se aproxima do topo da escala. Muitas pessoas mostram uma autoestima de fato muito alta e, felizmente, um grupo bem menor expressa uma autoestima de fato muito baixa. O narcisismo exibe um padrão oposto, mas menos extremo, em que poucas pessoas se descrevem como altamente narcisistas.

Em suma, uma grande parte da ciência da personalidade baseia-se em determinar a variação de certa medida de personalidade entre grupos de pessoas. É muito menor o número de iniciativas voltadas para a definição da personalidade de um indivíduo sem se ancorar na personalidade de grupos grandes. Foi esse o campo de atuação da psicanálise e da psicologia profunda, que, por bem ou por mal, ainda não resultou em uma ciência moderna no tocante a avaliações.

Bando de *Nerds*: A Evolução do IPN

O Inventário da Personalidade Narcisista tem uma história incomum e que faz desse instrumento uma escala desorganizada, mas que tem resistido ao teste do tempo. O IPN começou como uma escala de 223 itens elaborados para avaliar o transtorno de personalidade narcisista de acordo com a terceira edição do *Manual Diagnóstico e Estatístico de Transtornos Mentais (DSM-III)*. Depois de lapidados com cuidado, os itens foram anunciados no final da década de 1970 pelos psicólogos Robert Raskin e Calvin Hall. Quando foi reduzido a 80 itens, desconfio de que a avaliação das formas mais vulneráveis do narcisismo foi deixada de lado.

Além disso, o IPN foi montado como uma escala de escolhas forçadas. A ideia era que as duas respostas fossem consideradas igualmente desejáveis, e o participante deveria escolher uma. No entanto, há um motivo pelo qual não é comum ver esse tipo de escala: elas geram estatísticas desagradáveis. Por outro lado, escalas de 5 pontos como a de Likert captam melhor o leque de resultados, além de serem comuns hoje em dia. Pouco depois, o psicólogo Robert Emmons, estudioso da personalidade, publicou várias versões mais curtas, que não tiveram grande aceitação, mas serviram para inspirar Raskin a revisar o próprio trabalho e publicar a ferramenta que, em 1988, tornou-se de fato o IPN-40.

Nos anos 1980 e 1990, essas escalas eram datilografadas e distribuídas. A versão original que eu vi era uma cópia mimeografada, obtida pelo orientador da minha tese de doutorado, Constantine Sedikides, na Universidade da Carolina do Norte em Chapel Hill. Como já mencionei antes, alguns laboratórios de pesquisa dessa época modificavam um item ou descartavam algumas questões, enquanto outros transformavam os itens positivos em sentenças de "verdadeiro/falso", ou criavam perguntas com respostas em uma escala de 1 a 5. Essas ferramentas eram passadas a outros estudiosos, e esse foi o percurso padrão do IPN com o passar do tempo. Em última análise, esse inventário ainda é útil depois de todos esses anos, mas não é suficiente para captar toda a amplitude e todas as complexidades do narcisismo, em especial a vertente vulnerável. Como o leitor já sabe a esta altura, neste livro estou falando do narcisismo mais como traço do que como transtorno, portanto o IPN ainda é válido, porém complicado, dado seu histórico na mensuração de um transtorno.

Informação Privilegiada: Os Bastidores da EGN

Quando Seth Rosenthal, da Universidade Yale, criou a Escala da Grandiosidade Narcísica, há mais ou menos uma década, os psicólogos que estudavam a personalidade acharam tudo muito incrível e ficaram empolgados. Adjetivos narcisistas pareciam ser uma ótima maneira de avaliar o que os participantes pensavam de si mesmos e aquela escala de 9 pontos gerava diferenciação suficiente para uma análise estatística robusta.

Na época, Seth não publicou nada sobre a escala, mas em 2016 Michael Crowe, então pós-graduando na Universidade da Geórgia sob a supervisão do meu colega Josh Miller, ficou intrigado com as possibilidades daquela escala e quis validá-la. Criamos um grupo para analisar a estrutura de fatores da EGN e criar uma versão abreviada dessa escala para uso em pesquisas. Estudamos várias escalas breves que se relacionavam a medidas do narcisismo grandioso e do narcisismo vulnerável, aos Cinco Traços Principais de personalidade (que serão analisados no próximo capítulo), à autoestima e ao Inventário da Personalidade do *DSM*. Também correlacionamos nossa ferramenta com classificações de casos típicos do transtorno de personalidade narcisista, feitas por especialistas. No geral, a EGN foi considerada uma medida válida da grandiosidade narcisista. Sua versão abreviada também se mostrou confiável e consistente com a versão completa, e Crowe delineou os seis traços elencados antes neste capítulo.

Em julho de 2019, Seth publicou um artigo oficial de avaliação afirmando que a EGN é uma medida capaz de distinguir entre uma autoestima elevada e a grandiosidade narcisista.[1] Ao testar a validade dessa ferramenta, ele e seus colegas de outras universidades nos Estados Unidos e no Reino Unido descobriram que os escores da EGN tinham forte correlação com fenômenos ligados à grandiosidade, tais como competitividade, noção exagerada da própria atratividade e falta de vergonha, enquanto os escores da autoestima relacionavam-se mais com o bem-estar pessoal, tais como altos níveis de otimismo e satisfação com a vida, e com baixos níveis de depressão, hostilidade e falta de valor próprio. Os pesquisadores concluíram que a EGN poderia ser usada em estudos voltados ao esclarecimento das distinções entre a grandiosidade narcisista e uma autoestima elevada, bem como outros aspectos do narcisismo.

Basicamente, o leitor encontrará publicações como essa pesquisa na maioria dos campos científicos. As pessoas começam projetos, que são retomados por outros interessados no tema, e então a equipe de pesquisa original refaz o ciclo para apresentar uma atualização. Esse é um lado fascinante e divertido da pesquisa acadêmica.

Faça o Próprio Teste com o IPN-13

Se quiser testar com rapidez seu próprio nível de narcisismo, ou o de outra pessoa, tente esta versão com 13 itens que usamos na Universidade da Geórgia. Como você já sabe, ela não é definitiva, mas vem sendo testada e validada há vários anos. Portanto, é um bom lugar para começar. Em cada um dos próximos pares de atributos, escolha aquele com o qual você *mais concorda*:

____ 1.
    A. Acho fácil manipular as pessoas.
    B. Não gosto quando me percebo manipulando as pessoas.

____ 2.
    A. Quando as pessoas me elogiam, fico embaraçado.
    B. Sei que sou uma boa pessoa porque todo mundo me diz isso.

____ 3.
    A. Gosto de ter autoridade sobre as pessoas.
    B. Não me importo de seguir ordens.

____ 4.
    A. Insisto em receber o respeito que mereço.
    B. Normalmente, recebo o respeito que mereço.

____ 5.
    A. Não gosto muito de exibir meu corpo.
    B. Gosto de exibir meu corpo.

____ 6.
    A. Sinto muita vontade de ter poder.
    B. O poder em si não me interessa.

____ 7.
    A. Espero muito das pessoas.
    B. Gosto de fazer coisas pelos outros.

____ 8.
    A. Meu corpo não tem nada de especial.
    B. Gosto de olhar para o meu corpo.

____ 9.
   A. Ter autoridade não me importa muito.
   B. As pessoas sempre parecem reconhecer minha autoridade.

____ 10.
   A. Só fico satisfeito quando tenho tudo o que mereço.
   B. Fico satisfeito com o que me acontecer.

____ 11.
   A. Tento não ser exibido.
   B. Se tiver chance, em geral sou exibido.

____ 12.
   A. Sou um líder nato.
   B. Liderança é uma qualidade que leva muito tempo para ser desenvolvida.

____ 13.
   A. Gosto de me olhar no espelho.
   B. Não tenho muito interesse em me olhar no espelho.

Pontuação: Você recebe um ponto por questão com base no seguinte gabarito:

1. A = 1	6. A = 1	11. B = 1
2. B = 1	7. A = 1	12. A = 1
3. A = 1	8. B = 1	13. A = 1
4. A = 1	9. B = 1	
5. B = 1	10. A = 1	

Agora, some o total. Se tiver chegado a 7 ou mais, você pode exibir mais tendências narcisistas; quanto mais alto o número, mais narcisista. Lembre-se: um número alto não é necessariamente negativo e não indica um transtorno passível de diagnóstico, mas lhe dá uma ideia de sua personalidade e seus comportamentos, que você pode monitorar a partir de agora.

CAPÍTULO 3

Traços Básicos e Receita do Narcisismo

A ntes de irmos para a minha metáfora favorita – a receita do narcisismo – e falarmos dos elementos que compõem o narcisismo, vale a pena darmos uma olhada nos traços de personalidade em geral e em como funcionam juntos. Se você vai preparar um prato baseado em uma receita, precisa saber quais ingredientes misturar (neste caso, os traços). Como qualquer *chef*, assim que souber as diferentes maneiras de cozinhar e misturar gorduras, sais e carboidratos, poderá fazer quase qualquer prato com sucesso, além de experimentos durante esse processo. Nesse mesmo sentido, é preciso conhecer os traços de personalidade para criar sua receita.

Para tanto, vamos começar imaginando uma entrevista de emprego. Aposto como já ouviu esta sugestão: "Use três adjetivos para se descrever". O que lhe vem à mente? "Dedicado, motivado, voltado para o trabalho em equipe." Se for ainda mais sincero a seu respeito, também pode pensar em "inseguro, instável, sem foco". Mas nunca dirá uma coisa dessas a um possível patrão. Quando as pessoas pensam em adjetivos para se descrever, o mais comum é pensar em "traços" de personalidade.

Uma maneira poderosa de pensar na personalidade, com base em um ponto de vista científico, é entendê-la como um conjunto de traços que servem de elementos básicos para essa composição. Pense que os traços da personalidade são como ingredientes culinários ou elementos químicos dos quais se pode falar em separado ou em combinações, formando estruturas mais complexas.

Um grande número de traços pode ser usado para se entender a personalidade, então pode parecer difícil identificar os traços específicos que melhor reflitam a personalidade, segundo uma perspectiva científica. Em um dicionário comum ou de sinônimos, há cerca de quatro mil adjetivos para descrever o que chamamos de personalidade: agradável, excêntrica, cruel, curiosa, dedicada, criativa, diligente, tola, respeitosa – e ainda sobra um número suficiente para fazer parte de milhares de poemas.

Na verdade, a linguagem é um bom ponto de partida para se estudar a personalidade. Há mais de cem anos, o extraordinário matemático *Sir* Francis Galton fez uma observação crucial: a linguagem evoluiu para captar traços de personalidade. Se as pessoas precisavam de um modo específico para descrever alguém, digamos, falando que era humilde ou excêntrico, descobriam um modo de fazer isso.[1]

Galton também considerou que, se era necessário usar essa descrição com frequência, a linguagem criava uma *única* palavra para isso. Em vez de dizer "Ele é o tipo de pessoa que gosta de guardar dinheiro e não gastar com os outros", a linguagem evoluiu até podermos dizer apenas "Ele é um pão-duro". Com essa ideia simples, mas brilhante, conhecida pelos estudiosos da personalidade como "hipótese léxica", Galton lançou o modelo de traços de personalidade. Hoje, os adjetivos para a personalidade são chamados de "traços", e também "traços de personalidade" ou "traços de caráter".

Traços de Personalidade Vistos como Ingredientes

Para entender melhor personalidades complexas, vamos pensar nelas como receitas com ingredientes que compõem um prato, assim como farinha de trigo, fermento e água juntos formam uma massa. Os traços podem ser misturados, tais quais os ingredientes de uma receita, para criar uma descrição completa da personalidade. Talvez você tenha um amigo gentil, sossegado, excêntrico e dedicado no trabalho. Juntando esses ingredientes, você tem a receita de um *nerd* gente fina. Nesse mesmo sentido, aquele amigo que é gentil, falante, entusiasmado e cheio de energia pode ser um baladeiro gente fina.

Claro que seria complicado demais fazer um livro de receitas de personalidade com base em milhares de ingredientes, ou traços, independentes. Nós, seres humanos, só conseguimos processar alguns itens por vez. Os psicólogos fizeram estimativas variadas a esse respeito e os resultados podem estar entre um máximo de sete, como os números antigos de telefone, sem o código de área, e um mínimo de quatro, quando olhamos para objetos. Para resumir, quando os seres humanos querem entender as coisas, gostam de dividir as ideias e os objetos em "porções" assimiláveis. Quando essas porções são grandes demais para serem lembradas, criamos porções menores e mais precisas. Felizmente, os ingredientes se agrupam para formar grupos maiores. O termo "macarrão" descreve centenas de tipos específicos, como cabelo de anjo, espaguete e *ziti*. Outra categoria abrange os tipos conchinha, *tagliatelle* e outros com sêmola, além de nhoque, que não tem tanto trigo. Ademais, o macarrão em si faz parte de um grupo maior de alimentos, chamados "grãos" nos Estados Unidos e "pães, cereais, arroz e macarrão" em outros lugares. Neste capítulo, falaremos de como os psicólogos dispõem os traços em categorias para descrever a personalidade e também de quais desses traços mais importam quando pesquisamos e mensuramos o narcisismo.

Compreensão dos Cinco Traços Principais

Assim como existem os "três principais" ingredientes na cozinha – proteínas, carboidratos e gorduras –, que estão em todas as receitas, os Cinco

Traços Principais da personalidade fazem parte de todos os traços complexos de personalidade e de seus transtornos. Quando compreender esses Cinco Traços Principais, você poderá entender o narcisismo, dos ingredientes em diante.

Em termos do senso comum, os traços de personalidade podem ser agrupados com facilidade: *agradável*, *gentil* e *cuidadoso* ficam juntos, enquanto *maldoso*, *insensível* e *desagradável* também ficam juntos. Ao mesmo tempo, essas seis palavras descrevem pontos extremos de um mesmo traço mais abrangente, que os psicólogos chamam de *amabilidade*. Outro exemplo: *calmo*, *sossegado* e *feliz* ficam juntos, enquanto *ansioso*, *deprimido* e *instável* também ficam juntos. Esses termos descrevem igualmente pontos extremos de um traço maior e mais abrangente, chamado *neuroticismo*.

Quando os estudiosos da personalidade usam essa técnica de agrupamento com palavras conhecidas para traços de personalidade, chegam a cinco grandes traços, conhecidos nessa área como os Cinco Traços Principais. Eles são traços significativos nos dois extremos, em que *gentil* e *desagradável* fazem parte do mesmo espectro, porém o mais comum é que sejam descritos por apenas um dos extremos. Os Cinco Traços Principais (e o polo oposto de cada um) são os seguintes:

Abertura a experiências (*versus* pouca abertura)

Escrupulosidade (*versus* pouca escrupulosidade)

Extroversão (*versus* introversão)

Amabilidade (*versus* hostilidade ou antagonismo)

Neuroticismo (*versus* estabilidade emocional)

Eles são fáceis de memorizar pela técnica mnemônica porque as primeiras letras dos Cinco Traços Principais formam um acrônimo: AEEAN ou AENEA (em inglês, OCEAN ou CANOE)".Os Cinco Traços Principais são os ingredientes presentes em quase todos os mais traços de personalidade. Ao mesmo tempo, a receita de personalidade perde precisão quando usamos os Cinco Traços Principais, algo semelhante ao que ocorre com a lista de ingredientes que inclui "carne", mas não especifica se ela é de vaca, porco ou frango. A receita é simples e direta, mas vaga. Na parte final deste capítulo, detalharemos os Cinco Traços Principais para ter uma ideia mais nítida da receita de narcisismo.

Extroversão é um termo que usamos em geral para falar de alguém expansivo, amistoso e cheio de energia. Nos estudos sobre personalidade, extroversão também tem como elementos a impetuosidade, a ambição e a busca de recompensas. A extroversão é como acrescentar tempero à personalidade: ela ganha energia. Entre os muito extrovertidos estão o apresentador de TV Jimmy Kimmel e políticos como Bill Clinton. Na outra ponta do espectro da extroversão, temos menos sociabilidade e menos ímpeto. A introversão, ou pouca extroversão, é um traço visto em celebridades mais reservadas, como J. K. Rowling, ou em empresários como Bill Gates.

Abertura a experiências – em geral, dizemos apenas *abertura* – é um misto de curiosidade intelectual com apetite por aventuras, entre elas, apreciar novas ideias e ter interesse por artes, fantasia e imaginação. Artistas e empreendedores demonstram muita abertura, a exemplo de Steve Jobs, Andy Warhol e John e Alice Coltrane. Para ver exemplos na mídia de uma dose alta de abertura, assista no YouTube aos vídeos de Joe Rogan e Elon Musk falando sobre o mundo, de Ellen e seu excêntrico senso de humor, ou de Oprah com seu diversificado império na mídia. Pessoas com menos grau de abertura são em geral menos curiosas e menos receptivas do ponto de vista estético. Penso no vice-presidente Mike Pense como alguém que parece pouco aberto; pelo menos, essa é a sua marca registrada: devagar e estável.

Amabilidade é um traço que abrange gentileza, moralidade e confiança. Pessoas amáveis interagem bem com os outros. O outro extremo da amabilidade, em geral chamado de *antagonismo* ou *hostilidade*, é especialmente importante para entendermos o narcisismo. O antagonismo contém o sentimento de superioridade em relação aos outros, ou seja, a pessoa sente que suas necessidades são mais importantes do que as dos outros. O antagonismo também está associado a desconfiar dos demais. Os egoístas enxergam esse traço nos outros. Entre pessoas muito agradáveis, temos Branca de Neve e Janet, de *The Good Place*. No outro extremo, personagens como Bart Simpson e a treinadora Sue Sylvester, de *Glee*, não são nada agradáveis.

Escrupulosidade é um dos Cinco Traços Principais que compreende ética profissional, apreço pela ordem, cautela e autodisciplina. A maioria dos testes que os empregadores usam para selecionar funcionários mira a escrupulosidade. Ter garra e disposição para seguir adiante na busca de metas, vencendo desafios, é um dos ingredientes da escrupulosidade. Em seu nível mais elevado, situam-se gestores e administradores de alta especialização (e os assistentes que os mantêm na linha). São os funcionários dedicados que obedecem às regras. Hermione Granger em *Harry Potter* é muito escrupulosa, assim como Leslie Knope em *Parks and Recreation*. Um baixo nível de escrupulosidade é representado por Jeff Bridges no papel de "O Cara", em *O Grande Lebowski*.

O último traço é o *neuroticismo*, associado com ansiedade, temor, inibição e defensividade emocional – um jeito mais sofisticado de falar do neurótico, que costuma ficar zangado ou se mostrar agressivo quando ameaçado. Às vezes, ajuda pensar no neuroticismo como uma espécie de detector de ameaças. Pessoas com alto grau de neuroticismo enxergam várias ameaças por toda parte, enquanto os emocionalmente estáveis enxergam menos ameaças. Há uma infinidade de personagens neuróticos retratados no cinema e na televisão. Woody Allen fez carreira em cima do neuroticismo, assim como Callista Flockhart em seu programa de TV *Ally McBeal: Minha Vida de Solteira*. No outro extremo, temos personagens ultracalmos e pouco neuróticos, como a professora Minerva McGonagall, da série *Harry Potter*, em uma versão mais maternal desse traço, e personagens mais do que legais de filmes de ação interpretados por Tom Cruise ou Denzel Washington.

Decifrando as Trinta Facetas do Traço Principal

Os Cinco Traços Principais em si não obedecem ao mesmo princípio do átomo, quer dizer, não são os elementos básicos fundamentais à constituição da personalidade. Esses traços poderão sempre ser reunidos em unidades maiores ou subdivididos em unidades menores. De uma perspectiva objetiva, mas de grande alcance, um traço importante de personalidade – na realidade, um "metametatraço" – é chamado de Principal. O Principal é a combinação de altos níveis de extroversão, abertura, amabilidade, escrupulosidade e pouco neuroticismo. De certo ponto de vista, o Principal representa o que, nos Estados Unidos, costumamos chamar de pessoa positiva, produtiva, expansiva, curiosa, gentil, trabalhadora e calma. Embora minha tendência seja pensar que todos os traços são de fato uma solução de compromisso, se me perguntarem se quero que minhas filhas tenham em alto grau o Principal, minha resposta será "sim!".

Chegando mais perto para enxergar alguns detalhes, percebemos dois metatraços. Amabilidade, escrupulosidade e pouco neuroticismo se unem em um único metatraço, chamado *estabilidade* ou *alfa*. Juntas, a extroversão e a abertura constituem um segundo metatraço: *plasticidade* ou *beta*. É útil subdividir esses Dois Principais quando pensamos sobre mudanças. A plasticidade é energizante e criativa. Está associada ao sistema de gratificações do cérebro. Pessoas com alto índice de plasticidade constroem redes sociais e sistemas de ideias, criam arte, fantasiam e montam organizações. A plasticidade impulsiona mudanças, e mudanças representam a desestabilização ou mesmo a destruição de velhas realidades. Quando o pessoal do Vale do Silício fala em acelerar o ritmo e romper com as coisas, ou mandar 500 motonetas para uma cidadezinha e ver o que acontece, isso é fruto de alta plasticidade.

Por outro lado, a estabilidade consolida e desacelera o ritmo das mudanças. As pessoas chegam a altos índices de estabilidade dando-se bem com os outros, seguindo regras e tradições bem como mantendo a calma. Por exemplo, Elon Musk representa alguém com alto índice de plasticidade, tão alto que a SEC* e alguns acionistas querem que ele seja cercado de indivíduos estabilizadores. Muitos empreendedores são descartados depois de terem tido êxito na criação de uma organização porque são indivíduos que se alimentam da plasticidade, mas grandes estruturas precisam de estabilidade em forma de regras, políticas regulamentadoras, sistemas definidos. A estabilidade entra em ação quando o conselho diretor de uma empresa descarta o fundador e o substitui por um gestor, que torna o trabalho monótono. Esse é o conflito: a plasticidade quer criar e construir, enquanto a estabilidade quer formalizar e preservar. Esse equilíbrio é tão central à dinâmica da vida que muitos povos antigos chegaram a desenvolver termos para designar os polos, por exemplo, *yin* e *yang*, Shakti e Shiva, amor e luta.

Em outra direção, os Cinco Traços Principais se dividem em dois *aspectos* cada. Eu os considero os Dez Aspectos Médios. Neste livro, não vamos nos deter muito nos aspectos, mas alguns são relevantes para o narcisismo. O mais importante é que a extroversão se divide em *entusiasmo* e *assertividade*. As pessoas se sentem atraídas pelo entusiasmo, por uma personalidade alto-astral, como a do *coach* de desenvolvimento pessoal Tony Robbins ou a de Hoda Kotb, coâncora do noticiário *Today*. Além disso, as pessoas são mobilizadas pela assertividade, pela ideia de se empenhar, de ter metas ou um projeto. Às vezes, respeitamos a assertividade;

---

* Securities and Exchange Commission, o equivalente à Comissão de Valores Mobiliários no Brasil. (N. da T.)

outras vezes, a repelimos. O narcisismo se correlaciona com esses dois aspectos da extroversão, mas em especial com o lado assertivo.

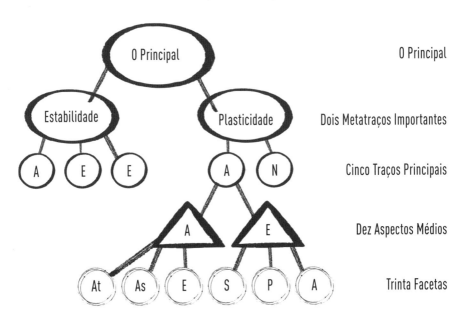

Nos níveis mais específicos dos traços de personalidade, os estudiosos costumam trabalhar com *facetas* da personalidade, também conhecidas como as Trinta Facetas. Facetas únicas só são usadas para responder a perguntas específicas sobre personalidade, de modo que não é muito comum serem usadas sozinhas. As facetas se destacam mais na construção de perfis de personalidade. Perfil de personalidade é a classificação de uma pessoa com base em cada uma das facetas dos Cinco Traços Principais. Você verá na próxima seção que os perfis baseados em facetas podem ser muito úteis para se entender o narcisismo e sua receita específica. A Tabela 3.1 traz uma visão geral dos níveis dos traços de personalidade, desde os metatraços mais abrangentes até as menores facetas.

Tabela 3.1: Níveis dos traços de personalidade

NÍVEL DO TRAÇO	NOME	DESCRIÇÃO	COMENTÁRIO
Metatraço	O Principal	E + A + A + E − N	Polos "positivos" dos Cinco Traços Principais
Metatraço	Dois Principais	A + E − N E + A	Estabilidade (também alfa) Plasticidade (também beta)
Traço	Cinco Principais	E, A, A, E, N	Muito útil em geral, mas perde em precisão e questões mais gerais
Aspecto	Dez Médios	E, dividido em entusiasmo e assertividade	Útil para questões mais específicas
Faceta	Trinta Facetas	E, dividido em atividade, assertividade, busca de excitação, sociabilidade, emoções positivas e afetividade	Útil para construir perfis complexos

Como Montar a Receita do Narcisismo

Um traço complexo de personalidade como o narcisismo é constituído de numerosos traços específicos e padrões de comportamento que, às vezes, podem parecer não ter nenhuma relação uns com os outros. Por exemplo, querer mandar em todo mundo e desejar estar bem na frente do espelho podem parecer ações muito diferentes a princípio. Algumas pessoas querem mandar em todo mundo e outras querem ter boa aparência. No narcisismo, porém, esses traços aparecem juntos. Ao longo da história, os poderosos não só se vestem com grande elegância como também encomendavam quadros, estátuas e fotografias que documentassem seu poder e sucesso. Cidades antigas como Roma e Gizé são exemplos de histórias de um regente suplantando outro.

Em termos dos Cinco Traços Principais, o ingrediente considerado necessário à constituição dessa personalidade e que forma o cerne do narcisismo é a pouca amabilidade ou um alto grau de antagonismo. Antagonismo é onde se encontra a noção do narcisista de se dar direitos, sua falta de empatia, a capacidade de manipular as pessoas e sua crença na própria superioridade. Esse antagonismo básico tem sido chamado de *autoimportância arrogante* ou *escuridão*. Alguns adeptos da teoria psicodinâmica usam a expressão *narcisismo maligno* para descrever os casos em que o teor de antagonismo é especialmente elevado na receita de narcisismo.

No caso do narcisismo grandioso, um segundo ingrediente crucial é a extroversão, que abrange sociabilidade, audácia e impetuosidade. Com a extroversão, um indivíduo de alto nível de funcionamento compensa o antagonismo com sucessos ou sua capacidade de ser agradável. Se o sujeito poderoso ou atraente também é cheio de energia e tem capacidade para ser agradável, ainda que seja relativamente maldoso, ele pode sair impune. Essa extroversão também é o fator que permite ao narcisismo se espalhar nas mídias sociais e ascender socialmente a posições de poder.

Por outro lado, o narcisismo vulnerável tem uma receita em que o ingrediente nuclear do antagonismo se mistura com altos níveis de neuroticismo, provocando insegurança, ansiedade, depressão e hipersensibilidade. Desse ponto de vista, o narcisista vulnerável é, em essência, alguém que se acha importante, é egocêntrico e se dá direitos, mas também é inseguro, deprimido e inibido. O narcisista vulnerável às vezes é considerado melindroso, pois espera receber tratamento especial e é hipersensível a críticas e ao que percebe como "insultos", mostrando-se "humilhado e ofendido" em situações que, para a maioria das pessoas, não são nada de mais, como o vizinho que está pintando a própria casa sem tê-lo avisado antes, não ter sido convidado para o casamento de um conhecido, ou apenas não receber de imediato uma resposta à mensagem de texto que enviou.

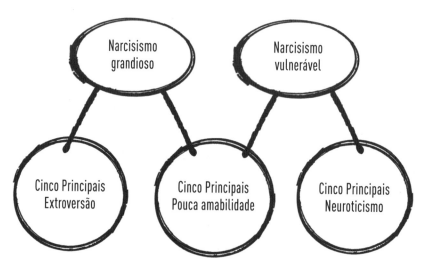

É evidente que, se a receita combina pouca amabilidade com extroversão e neuroticismo, o resultado é uma mistura de narcisismo grandioso com narcisismo vulnerável. Essas pessoas são expansivas e têm bastante energia, mas também são melindrosas na vida privada ou quando baixam a guarda perto dos outros. Como explicaremos no Capítulo 5, essa mistura resulta no transtorno de personalidade narcisista.

Apesar de a receita dos traços básicos do narcisismo ser simples, existem muitas variações. Pense no *cheeseburger* e seus três ingredientes básicos: carne, queijo e pão. Mesmo levando só esses três ingredientes, podem existir inúmeros sanduíches, com variações do tipo de carne, de queijo e pão, além da adição de molhos e temperos. É a mesma situação do narcisismo. Os narcisistas têm em comum os mesmos ingredientes básicos, mas eles podem se manifestar de diversas maneiras. Os narcisistas não são todos iguais, razão pela qual o narcisismo pode ser semelhante a muitos outros traços, do mesmo modo que um *sloppy joe* (aquele sanduíche de carne desfiada com molho de tomate) pode ter uma aparência suspeita, pretendendo se passar por um hambúrguer. (Embora, no caso do narcisismo, o *sloppy joe* seria outro transtorno, como a psicopatia, por exemplo – algo que discutiremos no Capítulo 6.)

Há outra coisa importante a se lembrar: a receita não é a mesma coisa que o prato. A receita pode dar resultados variados, dependendo da matéria-prima dos ingredientes e de quem a prepara. Além disso, cada pessoa gosta de um tipo de receita. Algumas apreciam sabores amargos, e outras detestam isso. Do mesmo modo, os traços ou o perfil de traços de alguém não é a mesma coisa que a pessoa, mas sim recursos úteis para se pensar em como ela é estruturada. Nesse sentido, a pessoa pode ter tendências narcisistas, mas não ser necessariamente classificada como narcisista.

Enganchando os Traços uns nos outros: Mais sobre a Rede Nomológica

Quando elaboram uma receita, os estudiosos da personalidade trabalham com a ideia de que os traços andam juntos. Se eu fizesse mil pessoas passarem por cem testes de personalidade, é provável que obtivesse as seguintes correlações: quem teve alto índice de extroversão terá um índice alto de narcisismo grandioso e autoestima. Quem teve alto índice de autoestima irá declarar altos níveis de felicidade e baixos níveis de depressão. Quem teve alto índice de neuroticismo também terá alto índice de narcisismo vulnerável e baixa autoestima. Os pesquisadores têm observado essas correlações com consistência porque os construtos de personalidade andam juntos, segundo padrões regulares ou legítimos. Às vezes, é mais fácil visualizar isso por meio de um gráfico, como o da figura a seguir.

Exemplo de Rede Nomológica

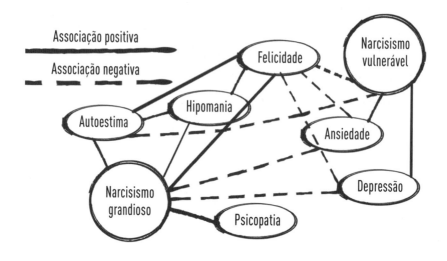

Como mencionamos rapidamente antes, essa ampla rede de correlações ou relacionamentos entre traços é chamada de *rede nomológica*. É um nome complexo, mas relevante, porque é o nosso mapa de todos os traços. Se não houvesse relações relativamente estáveis entre os traços, os estudiosos da personalidade não teriam os conhecimentos necessários para explicar suas observações. Pelo contrário, o narcisismo teria correlação com pouca amabilidade um dia e, no outro, com alto índice de amabilidade. Seria um caso perdido.

Graças à rede nomológica, os pesquisadores podem fazer previsões ou, pelo menos, suposições razoáveis. Por exemplo, se alguém relata baixa autoestima e depressão, é mais provável que seja um narcisista vulnerável, e não grandioso. Se a pessoa é feliz, tem menos chances de ser ansiosa. Ao mesmo tempo, uma correlação talvez não nos diga nada: muitos construtos não têm nenhuma ligação, ou apenas uma pequena relação instável. Os cientistas podem se empolgar quando observam eventuais diferenças e pensar que estão diante de novos dados, mas em geral eles são o que o grande estudioso da personalidade, o psicólogo

Paul Meehl, chamou de "meleca", uma junção confusa de traços que, de vez em quando, ocorrem juntos.[2] Além disso, a rede nomológica é uma ideia consagrada no meio acadêmico ocidental, mas não tanto em outras áreas. A verdade é que a maior parte de nossas pesquisas tem sido feita com alunos que cursam a faculdade de Psicologia e, nos últimos tempos, por meio de levantamentos *on-line*. Em estudos de outras culturas e populações, a rede nomológica completa pode se mostrar distorcida.

Por fim, diremos que a rede nomológica nos permite compreender o que significam os traços. Basicamente, eles são definidos pelo relacionamento com outros traços. Algumas pessoas ficam incomodadas com isso. Seria ótimo termos um calombo na cabeça que servisse de medida objetiva da autoestima, como pensavam os antigos frenologistas, mas a personalidade não funciona assim. É nesse ponto que a metáfora da comida se desmembra, porque, de fato, temos sistemas genéticos específicos e outros sistemas descritivos para identificar o que comemos. No entanto, trabalhar com a personalidade humana é algo vago e complexo. Os pesquisadores agora têm capacidade para discernir padrões confiáveis na personalidade de grandes grupos de pessoas, e essa habilidade vai melhorando conforme mais estudos vão sendo realizados, mas os estudiosos da personalidade também precisam de uma boa dose de humildade, em especial quando se trata de prever comportamentos com base na personalidade. É como se diz nesta máxima popular: "O que melhor prognostica um comportamento futuro é o comportamento passado". Para ter uma ideia do que a pessoa fará, dê uma olhada no que ela fez antes. Se eu tiver de prever qual de duas pessoas será infiel no futuro, vou apostar em quem já foi infiel no passado. Uma variação dessa regra é que, se alguém faz algo, é provável que não seja a primeira vez. Se você flagrar alguém traindo, roubando ou fazendo qualquer outra coisa indevida, é raro que essa seja a primeira vez que a pessoa age assim.

Mas eis aqui outra ideia: as pessoas mudam, buscam novas experiências e novos relacionamentos. Crescem e aprendem. O mundo muda.

Mesmo as máximas populares não têm um grau suficiente de certeza para se sustentar. Os modelos de traços não captam esse movimento, essa dinâmica. Nos próximos capítulos, vamos falar de como as pessoas, os narcisistas, inclusive, podem mudar.

Breve Estudo de Caso: Os Ingredientes da Receita de Donald Trump

Donald Trump tem uma *grande* personalidade. Ele exibe isso logo de cara, sem ser preciso nenhum tipo de investigação. Não estou dizendo que seja verdade nem mentira o que ele afirma sobre a própria personalidade; digo apenas que há décadas ele tem sido uma figura pública por vontade própria. Sua marca é ele mesmo. Trump é um bom candidato para classificações de personalidade por parte dos leigos. Centenas de milhões de pessoas já viram muitas coisas sobre ele.

Trump também é uma figura polarizadora. Alguns o apoiam com veemência, enquanto outros lhe fazem oposição com igual ardor, de modo que é preciso levar a política em conta quando se apoia a visão que alguém tem da personalidade dele. Em termos de senso comum, é fácil pensar que os apoiadores de Trump têm uma visão mais favorável sobre a personalidade dele.

Em 2018, realizamos um estudo a esse respeito na Universidade da Geórgia, liderado pelo pós-graduando Courtland Hyatt. Os resultados podem ser visualizados no gráfico a seguir, em que se destacam as facetas da amabilidade e da escrupulosidade. Pedimos a apoiadores de Trump e de Hillary Clinton que classificassem Trump segundo as Trinta Facetas e os Cinco Traços Principais, e que usassem as classificações das facetas para criar perfis de traços. Depois, comparamos entre si esses dois perfis da personalidade de Trump – um dos seus apoiadores e outro dos apoiadores de Hillary –, e também com a receita de baixa amabilidade e alta extroversão do narcisismo grandioso, e de baixa amabilidade e alto neuroticismo do narcisismo vulnerável.

O resultado foi que, para os dois grupos, Trump tem o perfil de traços do narcisista grandioso. Ambos mostraram estar completamente de acordo, por exemplo, com o fato de Donald Trump ter um grau máximo de assertividade e grandiosidade. No entanto, a maior diferença apareceu no modo como percebiam a honestidade, a retidão e o altruísmo do político. Os apoiadores de Trump acharam que ele trabalhava com integridade pelo bem-estar dos outros, mas os de Hillary o consideraram interesseiro, desonesto e, para apimentar um pouco mais o quadro, pensaram que ele era desprovido de qualquer outro traço de escrupulosidade além da busca dos próprios objetivos pessoais. Em ambos os perfis, Trump não pareceu especialmente vulnerável.

Dado o escopo deste livro, não tenho interesse em apresentar um posicionamento político sobre Donald Trump, mas creio que o narcisismo grandioso está na essência de sua estrutura de personalidade. O fascinante é que os perfis de facetas nos permitem enxergar o alcance do que é o narcisismo. Os apoiadores de Trump podem dizer que "sim, Trump pode ser um filho da mãe arrogante, mas é preciso um filho da mãe para dar conta do recado. Além disso, sabemos que ele se importa muitíssimo com o país". Por outro lado, os apoiadores de Hillary podem dizer que "Trump é muito ambicioso, interesseiro, não é digno de confiança, preguiçoso, além de um líder extravagante e incompetente, que está atrás apenas de fama e poder. É um destrambelhado que está destruindo o sistema democrático".

Se isso lhe parece interessante, vale a pena conferir o aprofundamento do tema "narcisismo e liderança", que constitui o Capítulo 8. Neste breve estudo de caso, o ponto principal é que estudar as facetas da personalidade às vezes pode esclarecer como as várias pessoas enxergam alguém. Neste caso, grupos diferentes pensam que o mesmo sujeito narcisista tem alguns lados – ou motivos – mais claros e outros mais obscuros, o que será o foco do próximo capítulo.

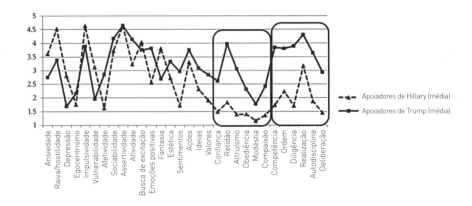

Bando de Nerds: Narcisismo Comunitário e Retribuição

Outra área fascinante de pesquisas estuda o narcisismo em situações que podem parecer mais altruístas do que egoístas. Mesmo estando envolvidos em ações de amizade, filantropia e retribuição, os narcisistas estão nisso pelo apreço e *status* de que são alvo com seus bons atos. Isso se chama *narcisismo comunitário*, e a ideia é que as pessoas podem ser egocêntricas quanto a traços comunitários, pensando que são o melhor amigo que já existiu ou o melhor voluntário do mundo.

Esse tipo de narcisismo às vezes desponta em grupos religiosos ou filantrópicos, quando a pessoa fala com orgulho de quanto já doou, de todo o tempo que dedica a essas atividades, quem conhece e de quem é próxima no mundo dos bailes beneficentes ou na turma da Associação de Pais e Mestres. Olham os outros de cima para baixo porque têm uma causa ou uma missão, e costumam fofocar sobre quem não está indo tão bem na organização. Essas atitudes costumam instigar brigas internas e a formação de "panelinhas" em grupos beneficentes. Uma referência cultural pode ser a personagem Tahani, representada por Jameela Jamil, no seriado *The Good Place*. A vida inteira ela fez doações para entidades de caridade e realizou eventos de grande escala, mas sempre tendo em mente exibir sua natureza caritativa e se aproximar de celebridades, e não apoiar ou prestigiar as organizações que ajudou.

Jochen Gebauer e seus colegas da Universidade Humboldt de Berlim, na Alemanha, desenvolveu o Inventário do Narcisismo Comunitário (INC) para medir esse tipo de narcisismo. A ferramenta foi validada em 2012, e espero que essa área de pesquisa prospere. O INC pede que o participante concorde ou discorde, em uma escala de 7 pontos, de afirmações como "Sou a pessoa mais prestativa que conheço", "Sou excelente ouvinte" e "Exerço uma influência muito positiva nas pessoas". Embora todos gostem de pensar que são prestativos e bons ouvintes, os narcisistas agem assim por amor-próprio, e não por amizade ou senso de comunidade.

Esse tipo de narcisismo também é enganoso porque líderes que são pilares da comunidade podem se encaixar nessa categoria. Apesar de dedicados à causa pública e de, em geral, se mostrarem positivos em suas interações oficiais, seu antagonismo e índole focada em si próprios magoam as pessoas nos relacionamentos privados, e é doloroso para cônjuges, filhos e outros parentes aceitarem a realidade da personalidade de alguém que amam. Contudo, Gebauer aponta que os narcisistas comunitários tendem a perder seus privilégios com o passar do tempo, assim como os narcisistas grandiosos típicos, motivados pela busca do poder e da fama, acabam se tornando menos populares com o tempo.[3] Atraindo padrões destrutivos e dramáticos para seus relacionamentos e atos públicos, esses narcisistas acabam sendo expostos e perdem o que conquistaram, quando as pessoas enxergam os motivos hipócritas que os haviam inspirado.

Informação Privilegiada: Discordâncias sobre os Cinco Traços Principais

Se você está a par do básico em termos de psicologia e personalidade, provavelmente já sabe que os Cinco Traços Principais são um tema de ampla envergadura, muito estudado em pesquisas. Além disso, os Cinco Traços Principais são apresentados como se não existissem discordâncias nesse campo, mas afirmo que existem. Aliás, um grupo de pesquisadores do narcisismo gosta de usar Seis Traços Principais, cuja abreviatura é HEXACO (sigla em inglês para o conjunto de traços estudados por Ashton e Lee, como lemos a seguir), uma vez que subdivide a amabilidade e tenta captar mais nuances desse aspecto do que os Cinco Principais.

Em 2005, os pesquisadores canadenses Michael Ashton e Kibeom Lee escreveram sobre o sexto fator: honestidade-humildade.[4] Embora a retidão e a modéstia associem amabilidade a esse sexto fator, eles disseram em seu trabalho que separar esses aspectos permitia fazer previsões melhores de questões que envolvessem o logro sem hostilidade, como astúcia social e automonitoramento. Ashton e Lee concluíram que era importante avaliar a honestidade-humildade em separado. Inclusive, usam o Inventário de Personalidade HEXACO para dimensionar as seis principais dimensões da personalidade: honestidade-humildade, afetividade (*emotionality*), extroversão (*extraversion*), amabilidade (*agreeableness*), escrupulosidade (*conscientiousness*) e abertura (*openness*).

Uma década depois, pesquisadores de várias universidades em Ontário, no Canadá, liderados por Angela Book, analisaram como o modelo HEXACO explicava traços "obscuros", como o narcisismo. De modo semelhante ao modelo dos Cinco Traços Principais, eles descobriram que os traços mais obscuros se alinhavam com baixa honestidade-humildade, baixa afetividade, baixa amabilidade e baixa escrupulosidade, e que baixa honestidade-humildade era o que tinha maior impacto.[5]

CAPÍTULO 4

Metas e Motivos dos Narcisistas

Pense no que o motiva, leitor. Quais são seus objetivos? O que você espera ser, fazer, ter, possuir? As pesquisas das duas últimas décadas mostram que nossas tendências narcisistas podem estar relacionadas a muitas decisões que tomamos, desde quem escolhemos para namorar até como escolhemos investir nosso dinheiro, passando por nossos hábitos de compra. Quando damos ouvido ao ego, é comum preferirmos a escolha mais sofisticada, porque melhora nossa imagem. Queremos sentir o luxo, possuir o que é exclusivo e fazer cabeças se virarem para nos ver passar, daí o termo *espetacular* para os grandes anéis de diamante, os colares volumosos e as bolsas de marca que ostentam um logo. Isso costuma ser efeito do ego à espreita, esperando validar uma autoimagem grandiosa enquanto expandimos a vaidade e exibimos aos outros nossa coleção de itens cobiçados. Ao mesmo tempo, o desejo de possuir um carrão da Mercedes é incentivado por sistemas constantes de motivação.

Assim que as criaturas de qualquer espécie começam a se movimentar, desenvolvem objetivos e motivações. Basicamente, a ideia da vida é conseguir coisas boas e evitar as más. O bolor unicelular pode ser treinado a superar uma substância amarga como o quinino, um composto encontrado na água tônica, para chegar a uma fonte de alimento. A capacidade de dirigir, controlar ou regular o comportamento para obter objetos ou ideias desejados e se distanciar de objetos ou ideias prejudiciais ou desagradáveis está presente em toda parte na natureza. As plantas estendem raízes para buscar fontes de água e apontam suas folhas na direção do sol para maximizar sua energia. Também produzem frutos para se reproduzir, frutos que são atrativos para outras espécies, que vêm comê-los e espalham as sementes.

Nós, humanos, compartilhamos com outras espécies esses mesmos sistemas básicos de objetivos a serem alcançados. Como seres vivos, somos atraídos para perto das fontes de nutrição e para longe de estímulos nocivos ou tóxicos. Como espécie sexualmente dimórfica, somos positiva e negativamente motivados em meio às complexidades do mundo do acasalamento. Sendo mamíferos, sentimos apego e desejo de prestar cuidados, em especial quanto temos crias. Como uma espécie altamente social, somos motivados a garantir e aprimorar nosso lugar na comunidade e na hierarquia de comando. Os psicólogos sociais costumam chamar isso de necessidade de pertencimento ou conexão e de poder ou *status*. Como seres humanos modernos, o eu que construímos e defendemos é bastante complexo. Preocupamo-nos com nossa imagem e autoestima, mas também nos sentimos mais sozinhos do que nunca.

Os objetivos e os motivos dos narcisistas baseiam-se nesse mesmo sistema. Quer dizer, nenhum objetivo, nenhum motivo é demonstrado apenas por esse pequeno grupo de indivíduos. Ao contrário, os motivos e os objetivos dos narcisistas são muito voltados para si mesmos. No caso do narcisismo grandioso, as pessoas se voltam para o próprio crescimento e valorização, enquanto os narcisistas vulneráveis são pessoas que se protegem. Nos dois casos, os narcisistas dão prioridade a si, não aos outros.

Motivos Básicos do Narcisista: Aproximação e Evitação

O eu narcísico sempre está em risco e pode ganhar ou perder *status* a qualquer momento. A glória da vitória narcisista e a agonia da derrota narcisista estão fundadas nos mesmos motivos que fazem o rato correr na direção do queijo e fugir da ratoeira. Somos feitos de dois sistemas motivacionais básicos, aproximação e evitação, que têm calibragem diferente, conforme a pessoa. Você pode ser mais motivado a buscar sucesso ou mais ligado em evitar punições. Assim como os filhotes de cachorro, alguns de nós são tímidos e temerosos, e outros são animados e desinibidos. É importante ter em mente que as tendências de aproximação e evitação não são narcisismo. Em vez disso, são os ímpetos de "empurrar" e "puxar" que motivam os comportamentos. No caso do narcisismo, ambas as tendências são canalizadas por meio do eu. Por exemplo, o narcisista pode querer obter *status* pessoal ou acumular bens e poder. Não é uma questão de participar do jogo por amar o esporte ou pelo bem da comunidade; é para satisfazer a si mesmo.

A título de exemplificação, o narcisista grandioso prioriza parecer bem, então está sempre atrás de oportunidades para se destacar. O narcisista vulnerável prioriza não parecer mal, por isso rastreia o ambiente, tentando detectar possíveis ameaças ao seu ego. Em ambos os casos, o resultado é uma vida repleta de ajustes de percurso. O narcisista está sempre buscando oportunidades de curto prazo para passar uma boa impressão ou evitar se sentir mal.

Essas duas motivações são inclusive fáceis de se identificar em diversas espécies. Predadores como águias e leões têm olhos virados para a frente e perseguem suas presas com um foco intenso. Quando esses predadores entram em ação, vão com tudo em busca de seu objetivo e, embora muitas vezes possam não alcançá-lo, nunca param de caçar. A motivação deles é considerada uma tática de *aproximação*.

Os animais que são presas são diferentes. Têm os olhos na lateral da cabeça e, com isso, seu campo de visão é maior. Costumam ser assustadiços e entendem uma sombra que passa ou um galho que quebra como sinais de um possível predador. Sua motivação é considerada uma tática de *evitação*.

Quando viajei por Botsuana, um bosquímano do deserto do Kalahari fez um comentário singelo sobre a caça do órix que calou fundo em mim. Ele disse: "Nós [as pessoas] somos predadores. Vamos atrás da caça, assim como os leões". Claro que isso está certo. Os humanos quase liquidaram com a fauna de grande porte antes de se voltar para a agricultura e a criação de animais. Também somos estruturados como os predadores, com olhos na frente da cabeça, e temos a capacidade de focar, planejar e caçar em grupo. Ao mesmo tempo, também somos presas. Não tão pequenos e arredios como um esquilo, mas muitas outras espécies podem nos fazer mal, entre elas, ursos, aranhas e em particular outras pessoas. Como seres humanos, todos temos de equilibrar nossos objetivos de aproximação com os de evitação, a fim de nos manter regulados, e cada um de nós faz isso da própria maneira.

Os narcisistas grandiosos, em especial, norteiam-se pela aproximação e às vezes parecem predadores. Por exemplo, um narcisista grandioso pode convidar dez pessoas para sair até que uma diga "sim". No mundo natural, pode ser difícil esconder um fracasso. É por isso que os surfistas de ondas grandes costumam ser humildes. Já no mundo social é mais fácil. As pesquisas mostram que a motivação do narcisismo grandioso está relacionada a aprender por meio de gratificações do ego.

Por sua vez, os narcisistas vulneráveis são muito mais voltados para a evitação e costumam ser desconfiados, temerosos e céticos. Para eles, o mundo está repleto de predadores. O narcisista vulnerável se protege e luta para obter o reconhecimento que acha lhe ser devido. A maior parte de sua luta é mental e emocional, porque esse tipo de pessoa em geral tem muito medo de enfrentar os outros de modo direto. Nas pesquisas, esses narcisistas falam que sentem raiva, mas não são muito agressivos.

Aproximação *Versus* Evitação: O que Inspira a Motivação

O impulso básico da aproximação ou da evitação é um elemento primordial à autoimagem. Ninguém é completamente motivado pela aproximação ou pela evitação o tempo todo. Ocorre a todo momento uma tensão entre alto risco, muita recompensa e baixo risco, pouco sofrimento. O lado voltado para a aproximação quer ir para o Caribe nas férias, imaginando que será uma experiência maravilhosa, mas o lado da evitação acha que pode ser arriscado e se preocupa com os mosquitos, as algas venenosas e os transtornos na alfândega.

Essas abordagens costumam se distribuir ao longo de uma curva normal dos tipos de temperamento, e a maioria das pessoas nasce com um pouco mais de hesitação ou um pouco mais de excitabilidade. Do ponto de vista genético, alguns indivíduos são mais abertos a uma festa de arromba, enquanto outros sonham com tranquilidade e ficar sozinhos. Além disso, como o leitor pode imaginar, as experiências que vivenciamos no início da vida podem moldar nossa personalidade e, dependendo de nossos pais, desde cedo podemos ser motivados a cumprir com os deveres e ir em busca de sucesso ou aventuras. Conforme vamos nos desenvolvendo, situações traumáticas podem nos modificar e nos levar a ser mais ansiosos ou mais descarados. Com o avanço da idade, nossas prioridades e motivações também tendem a mudar e a amadurecer.

Como parte da experiência humana, acabamos desenvolvendo hábitos e rotinas que priorizam de várias maneiras mais a aproximação ou a evitação. Drogas que ativam o sistema de gratificações, como a cocaína, deixam a pessoa mais propensa à aproximação. Outras, como o álcool, reduzem o sistema de evitação. As pessoas fazem escolhas estúpidas quando estão embriagadas porque sua percepção das consequências negativas está minimizada, o que é especialmente verdadeiro se, para início de conversa, já não têm muita inibição. Na área clínica, é isso que fazem remédios como Ritalina e Adderall*. Esses estimulantes aumentam o ímpeto da aproximação em algumas pessoas. Em contrapartida, medicamentos que combatem a ansiedade – como Valium e Xanax –, chamados de *ansiolíticos* pelos médicos, reduzem o impulso da evitação.

As diferenças de aproximação e evitação entre as pessoas são medidas pelos psicólogos por meio de escalas de comportamentos de evitação e inibição, desenvolvidas em meados dos anos 1990, a fim de entender como as motivações fundamentam e afetam as ações. O sistema comportamental de aproximação – também chamado de SCA – é o mecanismo fisiológico que regula a motivação para satisfazer necessidades corporais, ou a tendência à aproximação de objetivos que se relacionem com o que é desejado. O sistema comportamental de inibição – também chamado de SCI – regula a motivação aversiva ou a tendência a evitar o que é desagradável e se distanciar disso. Essas motivações influenciam os traços de personalidade e a tomada de decisão.

A pessoa propensa à aproximação é otimista, cheia de energia e voltada para gratificações. Em termos de traços, é mais comum ser extrovertida e ter uma noção relativamente inflada de suas habilidades. As pessoas cujo foco é vencer costumam ser abertas e superestimam suas chances de vencer. Os propensos à evitação são mais pessimistas. São ansiosos e voltados a evitar ameaças. Em termos de traços, esse perfil tem mais ligação com o neuroticismo; essas pessoas têm baixa autoestima. Aqueles que se concentram em não perder costumam ter uma noção mais precisa de sua capacidade, mas superestimam suas chances de falhar.

---

* Medicamento não aprovado pela Anvisa; não é comercializado no Brasil. (N. da T.)

Se tiver curiosidade de saber se você tende mais para a aproximação ou para a evitação, veja estas sentenças das escalas SCA e SCI criadas por Carver e White:

Quando quero alguma coisa, costumo ir com tudo para conseguir.

Quando obtenho alguma coisa que desejo, fico empolgado e cheio de energia.

Fico preocupado com a ideia de cometer erros.

Fico preocupado quando penso que me saí mal fazendo algo importante.

Os dois primeiros itens se relacionam com a tendência de aproximação e os dois últimos medem a evitação. Como você já deve ter adivinhado, a tendência de aproximação está associada à extroversão, e a de evitação, ao neuroticismo.

Metas Extrínsecas *Versus* Metas Intrínsecas

Além de aproximação *versus* evitação, os pesquisadores que estudam a motivação também dividem os objetivos maiores em dois tipos principais: *extrínsecos*, quando vêm do mundo exterior, e *intrínsecos*, quando vêm do interior da pessoa. Os objetivos extrínsecos dizem respeito a poder e reconhecimento público e têm uma conexão mais forte com o narcisismo grandioso. Objetivos intrínsecos, como a motivação para sentir mais alegria, investir no próprio crescimento ou melhorar a empatia, não estão associados a narcisismo. Lembre-se de que o objetivo principal do narcisismo é valorizar o ego. Os objetivos extrínsecos de reconhecimento público, *status*, poder e conquistas sexuais – que eu chamo de os três elementos básicos: sexo, *status* e coisas – são ferramentas desenvolvidas para valorizar o ego narcisista.

Para o narcisista, *sexo* é uma questão de ser desejável e ter sucesso. Ele quer ser sexualmente atraente, tende a iniciar relacionamentos sexuais de curto prazo e, quando tem esposa, é para exibir. Para ele, sexo tem a ver com poder social, não com intimidade. Como o sexo é uma questão egocêntrica para o narcisista, rejeitar iniciativas sexuais feitas pelos outros também pode ser um objetivo. Nesse caso, o sexo em si não é o objetivo, mas sim o fato de o narcisista ser desejável.

Status também se refere à posição social. O narcisista quer ser admirado e dominar os outros. Quer ocupar o topo da hierarquia social, seja como líder de uma organização, um formador de opinião ou alguém com informações privilegiadas. Nesse caso, liderança tem a ver com *status*, influência e deter um título, não com ajudar a organização.

Por último, *coisas* têm a ver com possuir bens valiosos, como um carro de luxo, acessórios dispendiosos, roupas da moda. No entanto, os narcisistas não são acumuladores. Desejam coisas que enalteçam sua autoimagem e não dão valor à habilidade manual, nem ao aspecto artístico.

Nesse mesmo sentido, o narcisismo vulnerável envolve fatores extrínsecos de motivação, embora o objetivo principal seja proteger o ego mais do que promovê-lo. Por exemplo, a pessoa vulnerável não quer parecer estúpida, costuma dar alguma desculpa quando fracassa e acredita que os outros têm inveja dela ou querem lhe fazer mal. Vivem o tempo todo na própria cabeça, onde é fácil achar desculpas e esconder os erros. Em vez de agir para chegar a uma posição de liderança ou arrumar uma esposa para exibir, o narcisista vulnerável conta mais com suas fantasias de poder, agressão e desejabilidade.

Autorregulação: Como a Autoestima nos Impulsiona

A fim de compreender os motivos narcisistas, os pesquisadores da personalidade também devem pensar na autorregulação, que abrange o controle do comportamento bem como de emoções e pensamentos, em termos da busca por objetivos de longo prazo, inclusive impulsos e emoções disruptivas. Assim como os sistemas mecânicos de controle têm sua autorregulação, também os seres humanos o possuem. Pense em um termostato: se quiser que sua casa tenha uma temperatura aconchegante e prática durante todo o inverno, sempre em 20 graus, é só ajustar o termostato para esse número e não precisa mais pensar no assunto. Daí em diante, o termostato assume o controle da situação e regula a temperatura da casa; do ponto de vista da informação, isso é simples. A única coisa que o termostato precisa fazer é conferir a temperatura e tomar uma única decisão: desligar ou ligar o aquecedor com base nessa leitura.

Outro exemplo vem dos carros, que têm um sistema para autorregulagem do combustível. Embora isso seja ligeiramente mais complicado, também é uma medida objetiva. Um medidor indica o nível de combustível e o motorista enche o tanque antes que fique vazio. Os carros mais modernos também têm luzes de painel e outros sinais de alerta, que lembram o motorista de abastecer toda vez que ele liga o carro.

É o mesmo processo que existe nos sistemas psicológicos sociais (veja a Tabela 4.1). Um dos objetivos sociais mais importantes é a regulagem das relações sociais. Como disse Aristóteles em uma frase que entrou para a história, os seres humanos são animais sociais. Precisamos uns dos outros para sobreviver. Um importante objetivo do sistema social humano é pertencer a um grupo social. E o que nos diz que pertencemos a um?

Tabela 4.1: Sistemas regulatórios

	TESTE	OPERAÇÃO
TERMOSTATO	Temperatura	Ligar/desligar o aquecedor
TANQUE DE COMBUSTÍVEL	Nível de combustível	Encher o tanque
SOCIÔMETRO	Autoestima	Consertar a conexão
HIERÔMETRO	Hierarquia	Melhorar o *status* social

O medidor de combustível para o pertencimento social, pelo menos de acordo com o modelo chamado *teoria sociométrica*, é a autoestima. Autoestima elevada sinaliza que a pessoa pertence a um grupo; baixa autoestima sinaliza separação ou distância.

Com a autorregulação, a autoestima faz a maior parte do trabalho pesado, quer venha do sociômetro, que mede as conexões sociais, ou do hierômetro, que mede a hierarquia ou o *status* social e também a competência. A autoestima pode vir de muitos lugares. Por exemplo, a pessoa pode ter alta autoestima porque é uma enfermeira dedicada e delicada, um eletricista atento e competente, porque faz parte de uma família unida, de uma ótima organização ou venceu um torneio de xadrez. Nesse sentido, sentir-se bem se traduz em ter um sentimento positivo sobre suas ações e escolhas, o que reforça sentir-se bem.

Ao mesmo tempo, forças externas que tentam moldar o comportamento podem influenciar na regulação. Marqueteiros e políticos associam ativamente a autoestima a um produto, pessoa ou ideia. Quando alguém usa tal roupa, ela tem alta autoestima; se não usa aquele produto, deve ter baixa autoestima. Há pouco tempo vivenciei uma situação assim, quando comprei um par de sapatilhas para fazer yoga. As pessoas me elogiaram e eu me senti bem a meu respeito. No entanto, logo enxerguei a armadilha. Embora o tom verde-escuro fosse bem legal no começo, o azul-marinho logo se tornou o mais procurado. É claramente impossível acompanhar as novidades. A autorregulação baseada em modismos para conquistar autoestima é a mesma coisa que aquecer a casa e deixar as janelas abertas para arejar. Entretanto, é assim que os narcisistas querem melhorar sua autoestima.

Autorregulação Narcisista: O Processo de Inflar o Ego

Como a autorregulação narcisista diz respeito a manter a autoestima elevada e protegida, o narcisista mira em particular metas extrínsecas, que são uma espécie de xarope de bordo espiritual. Alcançar um objetivo ou *status* parece maravilhoso, mas não dura. Um exemplo é a conquista sexual em comparação ao amor emocional. A conquista sexual dura enquanto durar o encontro e instiga o desejo de realizar mais conquistas, mas o amor emocional ganha mais valor quanto mais tempo a pessoa passa com alguém. Nesse mesmo sentido, é ótimo ter fama e ser alvo de atenções, mas isso dura pouco em comparação com o respeito mútuo entre iguais. Além disso, comprar bens materiais é divertido e desencadeia uma rápida injeção de dopamina, mas o que permanece mais tempo na memória são as vivências.

Contudo, na cabeça do narcisista, sexo, *status* e coisas fornecem energia para manter em funcionamento a máquina da autorregulação focada em condições externas. Por exemplo, quando a mulher narcisista grandiosa é promovida no trabalho, ela sente grande autoestima, felicidade e orgulho, e também se sente assim em outras áreas de sua vida que provocam as mesmas emoções, como ter namorado e um carro novo. Mas, se se sentir ameaçada ou duvidar de si mesma por causa de fatores externos associados a uma emoção negativa, recuará de maneira ostensiva. Em essência, como dizem os estudiosos da personalidade, constrangimentos e fracassos representam uma ameaça ao ego ou à autoestima. Essas "ameaças" podem provir de muitas áreas e às vezes parecer pequenas, como um comentário negativo sobre como o narcisista se vestiu ou apenas alguém com melhor aparência que o narcisista, um fracasso no trabalho ou em alguma tarefa, uma crítica feita por um amigo ou pela pessoa amada. A fim de alcançar seus objetivos ou se desviar de ameaças, os narcisistas são agressivos, extrovertidos, encantadores e sedutores. Ou alcançam seu objetivo, ou serão extremamente defensivos.

Considere a imagem a seguir, em que oferecemos uma representação visual da autorregulação narcisista. À esquerda, os impulsos básicos de aproximação (para os narcisistas grandiosos) e evitação (para os narcisistas vulneráveis) alimentam o eu narcisista. A partir daí, os narcisistas usam a ambição e a sedução para alcançar seus objetivos de sexo, *status* e ter coisas, o que promove sua autoestima e seu orgulho. Se esses objetivos não forem alcançados, o indivíduo se defende de ameaças ao ego por meio de agressões.

Enquanto estuda essa imagem, pense neste exemplo: Chad Grandioso tem uma natureza cheia de energia e voltada para alcançar objetivos; ele também se acha muito especial. Vai no seu carro de luxo até um bar, onde conhece uma mulher atraente. Ele a convida para sair dali com ele e seu objetivo é alcançado. Quando Chad está saindo do recinto com ela, alguém o chama de idiota, o que causa uma ameaça ao seu ego. Chad dá um soco no sujeito e vai embora com sua nova conquista. Chad tem certeza de que está no controle da situação e que tomou a decisão certa. A autorregulação narcisista está funcionando.

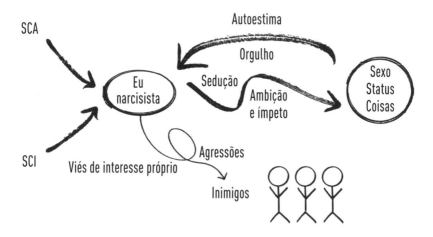

Não me entendam mal: ir em busca de sexo, *status* e coisas faz parte da condição humana. Não estou dizendo que esses objetivos são ruins ou malignos. No entanto, ir atrás de sexo, *status* e coisas a fim de construir o próprio ego implica dois outros problemas significativos. O primeiro é o *problema do objetivo perdido*. Alcançar um objetivo que é relativamente estável, como ter uma família unida, pode servir como fonte duradoura de autoestima e satisfação. Objetivos passageiros, como sexo, *status* e coisas, não são fontes de uma autoestima estável.

Ir atrás de fama é um exemplo perfeito da natureza passageira de um objetivo. Veja um exemplar da revista *People* de cinco anos atrás e tente lembrar quem são aquelas pessoas. Apesar de Andy Warhol ter dito para a posteridade que a fama dura quinze minutos, nos tempos atuais existe a "microfama", medida em microssegundos. *Status* é algo precário e alguém está sempre tentando puxar o tapete de outra pessoa. Além disso, assim que chegam a certo nível, as pessoas em geral querem subir mais. A riqueza pode durar e até aumentar, mas não costuma ser satisfatória porque o ser humano se acostuma com seu nível de conforto e bem-estar, e está sempre tentando ficar mais rico.

A beleza, evidentemente, é de longe o pior objetivo a se buscar em nome da autoestima. Uma porção imensa do mercado existe só para fazer as pessoas parecerem mais jovens. Mais de 1,8 milhão de cirurgias plásticas foram realizadas em 2018; as mais procuradas foram aumento de seios, lipoaspiração e rinoplastia. Além dessas, terapias hormonais vêm ganhando popularidade, e o hormônio do crescimento humano vem sendo tema de conversas em Hollywood e entre outras celebridades como estratégia para manter a juventude.

A segunda grande questão da autorregulação narcisista é o *problema do cúmplice voluntário*. Se a narcisista grandiosa quer acreditar que é melhor que todo mundo, ela tem de convencer outras pessoas para que a elogiem, encontrar um namorado e dominar os outros em público. Muitas vezes, é preciso a adesão de um grande número de pessoas para que o narcisismo dê certo, e os narcisistas conseguem esses adeptos combinando habilidades e blefe. Os narcisistas grandiosos, em especial, são extrovertidos, mas de pouca amabilidade, o que lhes facilita criar conexões sociais e ter um bom desempenho em situações sociais superficiais, como coquetéis, mas eles não se importam em magoar quem interferir em seus objetivos. Pouca amabilidade pode parecer um traço negativo, mas, para os narcisistas, traz benefícios em termos de sua autorregulação. A maioria das pessoas é limitada por seus relacionamentos próximos. Elas não traem o cônjuge com alguém de melhor aparência ou que pode ter mais sucesso porque não querem magoar o cônjuge e gostam de estar em um relacionamento de compromisso. Também não desistem do time do coração depois de algumas derrotas, porque têm lealdade. Não usurpam o crédito de colegas e amigos. Em geral, importam-se com os outros e não os manipulam. Por outro lado, os narcisistas "fingem até que vire realidade". Exageram a própria importância, falam de celebridades com intimidade, insistem em se promover e se vangloriar. Os outros acreditam neles e esse blefe acaba se tornando realidade.

A verdade é que alguns toleram as tendências narcisistas quando o narcisista tem poder suficiente ou tenta exibi-lo. Em antigos trabalhos psicanalíticos, há textos falando da associação do narcisismo com talentos peculiares, como os de artistas ou cientistas, e por certo há um narcisismo mais exacerbado em celebridades e presidentes, mas as pessoas também podem ser narcisistas sem traços óbvios de um *status* elevado. Elas só precisam ser mais hábeis para contar histórias.

Uma terceira questão é o *problema do princípio de realidade*. Segundo o princípio básico da congruência, a psique funciona melhor quando a percepção acompanha a realidade ou chega perto disso. Quando a percepção e a realidade estão em acentuado desacordo, as pessoas têm transtornos delirantes, como a esquizofrenia paranoide. Desenvolvem sistemas cognitivos complexos, mas incorretos. No âmbito das providências do dia a dia, distorções básicas para promover o ego podem nos fazer acreditar que somos ligeiramente mais atraentes do que somos de fato, ou que os professores são culpados por nossa nota baixa. Ao mesmo tempo, essa autopromoção tem um custo negativo. Sentir-se bem com a própria aparência toma o lugar de aumentar a própria atratividade. Culpar os outros por fracassos impede que se estude mais para a próxima prova. Para os narcisistas, os delírios de autopromoção funcionam bem no plano emocional, mas não promovem o autoaperfeiçoamento. As histórias que a pessoa conta continuam a aumentar sua importância, enquanto os outros – e a realidade – tolerarem. Essa manipulação e distorção da realidade infestam os relacionamentos, a liderança e as mídias sociais, como detalharei nos próximos capítulos.

Quando entendemos os objetivos, as motivações, os direcionamentos e o ego inflado, podemos nos compreender melhor e compreender como nos envolvemos com nossos parceiros, colegas de trabalho e o mundo em geral. Você pode perceber que seu cônjuge usa gratificações externas para construir a própria autoestima e se comporta um pouco como um narcisista, mas não quero deixar o leitor assustado neste momento. Como a sociedade se tornou mais materialista, individualista e tendo a própria pessoa como prioridade, essa conduta não é nenhuma surpresa. O que de fato nos preocupa é que a motivação leve a casos extremos e a um transtorno psiquiátrico diagnosticável, que apresentarei no próximo capítulo.

Bando de *Nerds*: Como Medir a Autorregulação

Quando penso nos sistemas da psicologia social, sempre gosto de voltar à metodologia científica que é o alicerce dessa ciência e desvenda o que sabemos ou não – e o que podemos ou não fazer. Na realidade, quando comparamos os sistemas psicológicos com o nível de precisão de um campo como a engenharia de sistemas, eles parecem quase metafóricos. Engenheiros e equipes técnicas podem definir a energia que trafega por um circuito, ou o fluxo de ar em deslocamento em um arranha-céu, mas em psicologia não temos um modo de medir a autorregulação. Por exemplo, não existe uma unidade geral de energia psíquica, e não temos um modelo específico de autorregulação que meça o que acontece.

Ao mesmo tempo, os cientistas têm registrado avanços na cibernética, que investiga os sistemas de regulação, ou como os seres humanos e os animais se comunicam entre si e controlam uns aos outros. Os pesquisadores realizaram progressos quanto a conceitos como circuitos de *feedback* e de auto-organização, e continuam descobrindo mais sobre cognição, adaptação, aprendizagem e conectividade. Na psicologia em particular, essa espécie de pesquisa tem rendido alguns frutos nas áreas da psicologia comportamental, da psicologia cognitiva e da neuropsicologia, que continuarão evoluindo com melhores ferramentas de medida. Um exemplo correlato em neurobiologia demonstra que agora os cientistas conseguem ter uma imagem completa do cérebro da *Drosophila*, o mosquitinho-das-frutas, inclusive suas sinapses e circuitos neurais, o que lhes permite entender o comportamento desses insetos. Em suma, esse é o objetivo com relação aos seres humanos. Embora o cérebro com cem mil neurônios da *Drosophila* seja muito menos complexo do que o de um humano, que tem centenas de bilhões de neurônios, os pesquisadores vêm descobrindo que alguns sistemas básicos têm em comum os mesmos processos presentes no cérebro mais sofisticado de seres humanos e animais.

Informação Privilegiada: A Pesquisa do Viés de Interesse Próprio

Quando estudei o narcisismo na faculdade, fiquei fascinado pelo efeito psicológico social clássico do viés de interesse próprio, ou seja, a propensão de alguém atribuir resultados positivos a seus atos, mas negativos a de outras pessoas ou fatores externos. Em nossos estudos, convidávamos dois alunos a virem ao laboratório de pesquisa para cooperar em uma tarefa e depois registrávamos a reação deles quando recebiam um *feedback* a respeito de seu êxito ou fracasso nessa execução. Ao longo dos experimentos, verificamos que os narcisistas tendiam a se autopromover ou se dar crédito, e que os não narcisistas mostravam mais flexibilidade em sua autovalorização. Não costumavam se comparar ao colega em termos favoráveis, quando obtinham êxito, nem o diminuíam se tivessem fracassado.

Como parte desse estudo, promovemos a proximidade entre os estudantes com a Tarefa de Indução de Relacionamento Próximo (TIRP), que incentivava os parceiros a passar mais ou menos dez minutos conversando de modo informal, enquanto respondiam a perguntas pessoais a seu respeito, baseadas em três listas que fornecemos. Como a proximidade em geral decorre de pessoas falando de si mesmas, estimulamos isso por meio de questões como "Se pudesse viajar para qualquer lugar do mundo, qual seria e por quê?" e "Cite uma experiência emocional que você teve com um bom amigo". Com respeito ao narcisismo em particular, queríamos saber se a proximidade seria capaz de neutralizar o viés de interesse próprio. Em alguns estudos, usamos até mesmo amigos reais. Nas duas condições, os relacionamentos serviram como amortecedor da autovalorização e, entre os não narcisistas, os amigos compartilhavam a responsabilidade pelos êxitos tanto quanto pelos fracassos. Como seria de esperar, os narcisistas continuaram a se autovalorizar e culpar os outros.

Se isso lhe soar familiar, você pode ler uma matéria sobre o mesmo conceito em um artigo bastante popular do *New York Times*, publicado na coluna Modern Love [Amor Moderno] sob o título "To Fall in Love with Anyone, Do This" [Para Se Apaixonar por Alguém, Faça Isto].[1] O artigo cita uma série de perguntas que podem ser usadas para incentivar a proximidade e saber mais sobre o outro. A matéria foi baseada na pesquisa de Art Aron, o "pesquisador do amor", da Universidade Estadual de Nova York em Stony Brook. Aron realizou sua pesquisa utilizando uma lista semelhante de perguntas e uma indução mais complexa de um relacionamento romântico com troca de olhares. Foi algo notável o fato de vários participantes dessas pesquisas acabarem se casando e fazendo parte do artigo do *NYT*. Como sabemos agora, é possível levar pessoas desconhecidas a se aproximarem de maneira psicologicamente significativa.

CAPÍTULO 5

Transtorno de Personalidade Narcisista

O uso contemporâneo do termo "narcisista" na fala cotidiana salienta o maior equívoco de todos, com todo o respeito a esse conceito: que "narcisismo" e "transtorno de personalidade narcisista" (TPN) são a mesma coisa. Hoje em dia, é comum perguntar a uma amiga como ela está e ela responder que está deprimida. O que se entende é que ela está se sentindo triste ou tendo problemas de autoestima e falta de ânimo, mas isso não quer dizer que esteja enfrentando um forte desequilíbrio depressivo, nem passando por um grave episódio depressivo. À medida que a discussão em torno de saúde mental se expandiu, as pessoas passaram a aceitar a ideia de que muitos de nós oscilam entre entrar e sair de estados depressivos, mas isso não significa que estejamos deprimidos do ponto de vista clínico.

O mesmo raciocínio vale para o narcisismo. Se você disser que seu namorado é narcisista, é provável que esteja descrevendo um sujeito egoísta, indiferente, egocêntrico, que quer atenção. Esses são os termos que usamos ao falar de modo informal. Por outro lado, se disser que seu marido é um narcisista e que vai pedir o divórcio, argumentando que ele tem comportamentos extremos e nocivos, isso pode indicar alguém com um nível clínico de narcisismo, ostensivo o suficiente para se recomendar uma intervenção terapêutica e se abrir um processo legal, alegando um transtorno de personalidade narcisista.

Para entendermos essa diferença, é importante verificar a revisão geral dos diversos transtornos de personalidade e saber como "narcisismo" se tornou parte do léxico. Em geral, pode-se diagnosticar um distúrbio de personalidade quando há alta frequência de ideias e comportamentos característicos que sejam claramente danosos. Em sua maioria, os transtornos de personalidade parecem ser formas extremas da personalidade normal, e não tanto uma configuração ou um traço incomum de personalidade. O mundo não é feito de lobos e cordeiros; só há nele uma profusão de seres humanos tentando conviver, alguns mais agressivos, outros mais pacatos.

Como parte desta conversa, quero deixar claro que o narcisismo existe ao longo de um contínuo e que não temos como traçar uma linha definitiva entre o que é "normal" e o que é "anormal". Muitas vezes, me fazem perguntas nesse sentido, por isso acho essa uma distinção importante a se fazer. Os transtornos clínicos não explicam se o comportamento é normal ou não. Em vez disso, o transtorno designa se o comportamento causa ou não um comprometimento. Verificamos que existe uma ampla variedade de personalidades, e não é que haja uma personalidade "anormal" por aí. Em outras palavras, o problema não é a personalidade, mas o nível de comprometimento. É por isso que você precisa de um especialista clínico, como um psicólogo ou um psiquiatra, para diagnosticar um transtorno de personalidade. Com base em estudos e na experiência clínica, esses profissionais podem chegar a uma conclusão sobre se o narcisismo está ou não causando tanto estrago a ponto de se recomendar um tratamento.

Por que a Personalidade dá Errado?

Os seres humanos se desenvolveram de modo que o desejável seria ter qualidades "normais" ou "na média". As pessoas querem ser um pouco mais altas do que a média, mas não altas demais. O rosto mais atraente tem traços simétricos e é um pouco diferente do comum, mas não muito diferente. Por exemplo, preferimos uma boca de tamanho médio e olhos não muito próximos nem muito afastados um do outro. Desejamos um sorriso ligeiramente mais largo do que a média e olhos um pouquinho maiores, mas não uma boca do tamanho da do badejo, nem olhos esbugalhados.

Em sentido amplo, o mundo é feito para o que é "comum", como carteiras projetadas para alunos destros, o tamanho dos assentos no avião, a velocidade dos cursos de matemática. O que é "mediano" beneficia a maioria das pessoas. Quando se encontra fora da zona média, a pessoa pode ter um ligeiro benefício ou uma pequena desvantagem. Por exemplo, ser pequeno pode dar trabalho na hora de comprar roupas, mas oferece conforto em uma viagem de avião.

Essa mesma verdade se aplica à personalidade. Os seres humanos esperam ser "normais" e gostam de pessoas cuja personalidade é mais próxima do "normal". Graças à cultuada concepção do individualismo, os ocidentais almejam ser ligeiramente fora do normal, um pouco acima da média em termos de extroversão, abertura, amabilidade e escrupulosidade, e um pouco abaixo da média em neuroticismo. Os extremos de personalidade podem causar problemas até mesmo para o que consideramos traços "positivos" de personalidade. Por exemplo, a extrema extroversão pode significar um excesso de atividades sociais que não encontra equilíbrio em períodos de introspecção. A ambição, como parte da extroversão, pode ser benéfica para o êxito material, mas cobra seu preço em termos de vida pessoal ou familiar. Até mesmo um neuroticismo baixíssimo pode ser um problema. Os seres humanos ficam ansiosos porque assim se protegem de perigos. Quem tem um nível baixíssimo de neuroticismo corre com certeza mais riscos, o que talvez resulte em uma morte precoce.

Nesse contexto, os seres humanos valorizam e entendem a flexibilidade da personalidade, sendo considerado normal ser ligeiramente flexível. As pessoas costumam ser mais extrovertidas em uma situação social, mas introvertidas em uma manhã de descanso no domingo. É esperado um comportamento neurótico em um ambiente novo ou perigoso, mas não em um lugar seguro. Ao mesmo tempo, a personalidade costuma ser estável, e não se considera normal moldar-se a cada situação que surge. O mais comum é que, dentro do leque de traços normais de personalidade, a pessoa aumente e ou diminua seu "volume" a fim de fazer as ocasiões e os sistemas darem certo para todos os envolvidos. Em ambientes profissionais ou formais, controlamos o que e como falamos mais do que quando conversamos com um amigo. Em particular, contamos certas piadas que não falaríamos em público. Em momentos solenes, como um funeral, temos uma atitude de respeito, mas somos festivos e expansivos em uma festa de formatura ou de aniversário. No mais das vezes, buscamos controlar ou regular a personalidade a fim de corresponder ao momento e não nos excedermos.

Esse mesmo equilíbrio se aplica a comportamentos e ações. Beber uma ou duas taças de vinho é considerado apropriado, mas beber em excesso a ponto de perder o controle é um problema. Ficar empolgado com uma ideia nova é uma motivação, mas ficar tão encantado com um projeto a ponto de perder o sono e atrasar o pagamento das contas pode dar dor de cabeça. É considerado positivo pensar bem de si mesmo, mas se achar uma pessoa fantástica, alguém que os demais devem elogiar sempre, até mesmo desvalorizando a si mesmos, é algo negativo.

Quando a personalidade não é normal nem flexível, podem surgir transtornos que se descrevem em termos clínicos como traços *extremos* ou *inflexíveis*. No caso do transtorno de personalidade narcisista (TPN), o narcisismo da pessoa tornou-se extremo e inflexível. Pense em um programa de entrevistas ao vivo cujo apresentador tem um estilo narcisista e falastrão. Essa postura pode dar certo para a emissora quando o programa está no ar, desde que o apresentador consiga baixar o tom do seu narcisismo fora dele. Mas, se o mesmo teor narcisista se mantém na vida pessoal ou em outras situações profissionais desse apresentador, podem surgir problemas significativos. As pessoas detestam trabalhar com gente egocêntrica, que chamam de "diva", "pavão" ou coisa pior. Os colegas de trabalho podem suportar o apresentador narcisista enquanto o dinheiro estiver entrando, mas é provável que não gostem dele e, assim que a verba encolher, se livrem dele o mais rápido possível.

Para receber o diagnóstico de transtorno de personalidade, a pessoa com traços extremos ou inflexíveis também deve sofrer consequências negativas substanciais em sua vida, o que os clínicos chamam de *comprometimentos*. Entre eles está a visão distorcida da realidade, que leva o narcisista a tomar decisões estúpidas ou arriscadas no trabalho; pode também ser o caso de o narcisista ter pouco autocontrole e repetidas vezes tomar decisões que chamam atenção, mas redundam em fracasso ou depressão. Além disso – o que é bem importante ter em mente no caso do TPN em particular –, o comprometimento pode ser definido como o sofrimento das pessoas *próximas* ao narcisista. Mesmo que se sinta bem a respeito de si mesmo, ele pode ser visto como portador de um transtorno de personalidade se prejudica a vida de outras pessoas devido a problemas causados por sua noção de que tem direitos, por sua necessidade de ser admirado e por não levar em conta os sentimentos dos demais. Essa maneira egocêntrica e exploradora de se relacionar costuma abranger não ter empatia, fazer joguinhos e ser infiel, como discutiremos no Capítulo 7. Em suma, o diagnóstico de TPN pode se justificar quando o narcisismo é um traço extremo, inflexível e causa comprometimentos.

Como o TPN é Diagnosticado

O diagnóstico oficial dos transtornos de personalidade consta do *Manual Diagnóstico e Estatístico de Transtornos Mentais (DSM)*, publicado pela Associação Americana de Psiquiatria (AAP). Nas últimas décadas, esse manual contou com diversas edições, e a versão atual é o *DSM-5*. A definição corrente de TPN foi mantida no *DSM-5* nos termos em que aparece no *DSM-IV.* Apesar dos grandes avanços nas pesquisas, os profissionais de psicologia e psiquiatria que formam a equipe de produção desse manual não chegaram a novas definições de transtornos de personalidade. Embora tenha sido feito um esforço considerável para a adoção de um novo modelo, essa transição fracassou. As novas propostas de modelo estão sendo testadas pelos pesquisadores e, neste capítulo, o leitor poderá se informar mais a respeito delas na seção "Informação privilegiada".

Neste livro, adoto a definição de transtorno de personalidade narcisista que consta do *DSM-5*. Não sei ao certo se as definições que estão surgindo serão acatadas e, sinceramente, não acho que isso vá acontecer em um futuro próximo. Mudar para um novo modelo de transtorno de personalidade é como migrar para um novo sistema de informática no trabalho. Os funcionários passam anos usando um sistema que funciona, mas tem suas falhas. O sistema novo promete funcionar bem assim que todos estiverem treinados para utilizá-lo, mas a implantação no curto prazo é trabalhosa, então as organizações seguem usando o antigo, apesar dos defeitos.

Quando o *DSM* descreve um transtorno como o TPN, começa com uma descrição desse distúrbio e depois detalha seus marcadores específicos. A narrativa do TPN começa com os *aspectos diagnósticos*, segundo esta descrição:

> O aspecto essencial do transtorno de personalidade narcisista é um padrão passivo de grandiosidade, necessidade de admiração e falta de empatia, que começa no início da idade adulta e se apresenta em uma variedade de contextos.[1]

Essa única sentença capta muito bem o narcisismo, mencionando os aspectos centrais, discutidos em capítulos precedentes. Grandiosidade e falta de empatia ao lado de extroversão e pouca amabilidade, aliadas à necessidade de admiração, são um exemplo de autorregulação. Essa descrição faz o TPN parecer mais grandioso do que vulnerável, e esse viés pró-grandiosidade é consistente na descrição do TPN no *DSM-IV* (e, portanto, no *DSM-5*), com exceção de um trecho da parte narrativa.

A seguir, o *DSM* apresenta uma descrição mais extensa dos distúrbios e dos aspectos associados ao TPN. Nessa seção, a discussão do narcisismo contém uma boa dose de vulnerabilidade. Os diagnosticados com TPN são descritos como pessoas com alta sensibilidade a ameaças ao ego e a danos emocionais. Em outras palavras, o narcisista é frágil e pode se magoar com facilidade por qualquer informação que coloque em dúvida sua autoimagem inflada. Essa descrição também explica que o narcisismo pode estar associado a aspectos vulneráveis, como retraimento social.

Na seção seguinte, a descrição do TPN no *DSM* fala sobre os aspectos predominantes e os relativos à idade. Em geral, o predomínio do TPN corresponde ao que poderia ser esperado de traços de narcisismo: é mais comum em homens do que em mulheres e a AAP estima que de 50% a 75% dos portadores de TPN sejam homens. Também é importante mencionar a estimativa de que o TPN se apresenta em menos de 1% da população geral, em qualquer momento. Embora seja uma estimativa provavelmente baixa, os pesquisadores não podem dizer ao certo sem uma amostra rigorosa e bem grande. Com base na maior amostra disponível no National Epidemiologic Survey on Alcohol and Related Conditions (Levantamento Nacional Epidemiológico de Alcoolismo e Problemas Afins), que estuda a ocorrência de mais de um transtorno psicológico ou problemas de uso de substâncias em uma mesma pessoa, o predomínio do TPN pode estar em torno de 2%. Esse índice mostra o *predomínio pontual* – ou seja, quantas pessoas apresentam o transtorno em certo ponto no tempo – *versus* o *predomínio de vida toda* – que considera quantas pessoas exibem o transtorno em *qualquer ponto* de sua vida. A prevalência de vida toda do TPN é mais alta, mas, dada a dificuldade de mensuração, é difícil dizer quão mais alta.

Em seguida, o *DSM* descreve o diagnóstico diferencial, ou o processo de desemaranhar um transtorno específico de outros similares. Por exemplo, quando o paciente consulta um médico com sintomas de dor de garganta e febre, ficam excluídos diversos outros males, como fascite plantar ou tumor cerebral, mas esse pode ser um caso de sinusite, gripe, alergia, garganta inflamada ou uma combinação de todos esses quadros. Os médicos recorrem a vários métodos para distinguir esses possíveis diagnósticos. Indagam se o paciente sente dores no corpo, o que poderia sugerir gripe, ou examinam a garganta em busca de sinais de inflamação. Também podem fazer exames rápidos para aumentar a eficiência de um diagnóstico diferencial, e depois até colher uma amostra do tecido da garganta para ver se há presença de bactérias. Com base nessas informações, o médico apresenta sua melhor hipótese e sugere um tratamento. No caso de algumas doenças, como gripe ou garganta inflamada, o diagnóstico precoce e o tratamento imediato podem ajudar.

No caso do TPN, a primeira diferenciação que o psicólogo pode fazer é entre esse transtorno e outros transtornos de personalidade possíveis. Sem a grandiosidade, o narcisismo parece mais um transtorno de personalidade antissocial; diante de um alto grau de vulnerabilidade, o quadro lembra o transtorno da personalidade *borderline*. É complicado dividir o mundo em tipos específicos de personalidade ou em tipos de transtorno. Uma vez que têm em comum traços fundamentais como o antagonismo, esses distúrbios "andam juntos" e se relacionam de algum modo. Neste caso, o diagnóstico diferencial entre o TPN e o transtorno de personalidade antissocial (ou o transtorno de personalidade psicopática) é a impulsividade ou a necessidade de agir movido por pensamentos e sentimentos impulsivos. O narcisismo não é comumente associado à impulsividade, mas o transtorno de personalidade antissocial é. No "mundo real", a impulsividade pode significar roubar o relógio de alguém ou trair o cônjuge. Em casos extremos, pessoas com condutas hostis e muito impulsivas acabam entrando e saindo da cadeia. Como cometem crimes impulsivos, são flagrados e, em geral, não têm recursos financeiros para se proteger de possíveis medidas legais. Se uma pessoa com TPN tivesse os mesmos traços antagonistas, exibiria menos impulsividade, daria mais importância a ter boa aparência e pensaria melhor antes de cometer crimes. Para causar uma boa impressão pública, precisaria evitar ser flagrada e direcionaria mais cuidado a essas questões, ou agiria de maneira dúbia.

É ainda mais complicado distinguir entre nuances vulneráveis do narcisismo e o transtorno da personalidade *borderline*. Alguns estudiosos da psicodinâmica de meados do século passado situaram o narcisismo e o transtorno da personalidade *borderline* em níveis diferentes de organização. Conforme essa métrica, a personalidade narcisista se mostra um pouco mais organizada e estruturada do que a *borderline*. Quanto aos traços, as pesquisas mais recentes mostram que esse padrão se sustenta. O *borderline* tem associação mais forte com a impulsividade do que o narcisista vulnerável e mais próxima com traumas de infância, mas os dois tipos têm relação similar em termos de amabilidade e neuroticismo. Do ponto de vista diagnóstico, a diferenciação perde clareza, mas o transtorno *borderline* pode ser mais bem entendido como um desequilíbrio na regulação das emoções, enquanto o narcisismo vulnerável é um transtorno antagonista.

Outro transtorno correlato é a fase grandiosa da mania, os chamados episódios de hipomania. O prefixo *hipo* costuma significar "baixos níveis de", e a hipomania é uma faceta de baixa intensidade do transtorno bipolar, com um humor exaltado ou hiperativo, como voltaremos a falar no próximo capítulo. Episódios maníacos podem criar a confiança, o vigor e a grandiosidade do narcisismo, mas, neste caso, não costumam ser instigados por antagonismo e busca de atenção. A pessoa com hipomania pode querer alcançar um objetivo formidável, como erguer o prédio mais alto do mundo, mas não quer dar seu nome a esse edifício. Além disso, episódios maníacos costumam ser cíclicos, indo e vindo entre os dois extremos do que antes se chamava depressão maníaca, mas hoje tais episódios são vistos como uma variação do transtorno bipolar. O narcisismo grandioso ou o transtorno de personalidade narcisista não passam por ciclos e dizem respeito à autovalorização. Quando diagnosticam um TPN, o psicólogo e o psiquiatra também precisam excluir o efeito de medicamentos e drogas que imitam aspectos do narcisismo. Por exemplo, a cocaína e outros estimulantes podem parecer narcisismo por um curto intervalo, mas, assim que passa o efeito da droga, o comportamento narcisista também deve desaparecer. É claro que pode haver pessoas com vários transtornos difíceis de se desemaranhar. As celebridades em geral apresentam características que podem parecer narcisismo, abuso de drogas ou um transtorno bipolar, e com isso torna-se difícil distinguir todas essas manifestações. Daí a grande importância de um bom diagnóstico.

Por último, tenho de dizer que sempre me causa riso ler isto: o *DSM* salienta que "muitos indivíduos altamente bem-sucedidos exibem traços de personalidade que podem ser considerados narcisistas". A AAP esclarece que esses traços só devem ser diagnosticados como transtorno de personalidade narcisista se causarem um comprometimento significativo. No fim das contas, se alguém tem *status* e poder suficientes para se safar com um alto índice de narcisismo, isso pode não ser um comprometimento em termos clínicos, mesmo que seja extremo. Ao mesmo tempo, eu poderia argumentar que há uma necessidade ética específica de se tratar o TPN em indivíduos com muito poder por causa do dano que eles podem causar ao ocupar postos com grandes privilégios.

Critérios para Diagnosticar o TPN

A pessoa deve preencher alguns critérios específicos para receber o diagnóstico de TPN. O limiar para ter o transtorno é apresentar 5 de 9 indicadores, ou a maioria desses critérios, como listados a seguir:

1. *Grandiosidade*. A pessoa faz uma ideia grandiosa de si mesma e espera ser reconhecida assim.
2. *Vida ativa de fantasia*. O narcisista tem fantasias de fama, poder e *status*.
3. *Noção de que é especial*. O narcisista se vê como alguém especial e singular, o que inclui se associar a pessoas especiais e singulares.
4. *Admiração*. O *DSM* diz que o narcisista "requer admiração excessiva". Essa é uma formulação um tanto estranha, porque implica a necessidade de ser admirado, mais do que a expectativa de sê-lo.
5. *Noção de ter direitos*. O narcisismo está associado a um padrão generalizado de se dar o direito de que seus desejos sejam atendidos, mesmo quando não apropriado.
6. *Exploração*. O narcisista está disposto a explorar os outros ou a tirar vantagem de pessoas a fim de satisfazer os próprios objetivos.
7. *Falta de empatia*. O *DSM* descreve o narcisista como alguém desprovido de empatia. Esse é um termo ardiloso porque poderia significar que o narcisista não tem capacidade para sentir empatia ou que não demonstra empatia suficiente. As últimas pesquisas sugerem que a segunda opção está mais perto da realidade e que o narcisista tem capacidade de sentir empatia.
8. *Inveja*. O narcisista tem inveja dos outros ou acha que eles sentem inveja de si, o que também é mencionado de um modo curioso. Desconfio que esse aspecto tenha sido redigido para captar a grandiosidade (os outros sentem inveja) e a vulnerabilidade (inveja dos outros), em termos de comparação social.
9. *Arrogância*. O narcisista exibe comportamentos de superioridade bem como é pretensioso e desdenhoso.

Para receber um diagnóstico verdadeiro de TPN, a pessoa deve exibir a maioria desses critérios em um nível que cause comprometimentos significativos no amor ou no trabalho. Em pesquisas, o narcisismo aparece mais associado ao sofrimento de entes queridos. Basicamente, o comportamento egoísta e manipulador do narcisista em geral deixa amigos, familiares e colegas de trabalho ressentidos ou se sentindo ameaçados; por sua vez, eles têm receio de interagir com o narcisista. Essas pessoas também dizem se sentir desvalorizadas e criticadas pelo narcisista. Todavia, é importante mencionar que pessoas arrogantes e grandiosas, que sejam razoavelmente funcionais e não magoam os outros à sua volta, não deveriam ser diagnosticadas como portadoras de um transtorno de personalidade. Além disso, os sinais devem se manter presentes por um longo intervalo de tempo no adulto para levar a um diagnóstico, em contraposição a uma mudança de personalidade de curta duração, que pode ser mais um indício de que ocorreu um fato de grande repercussão na

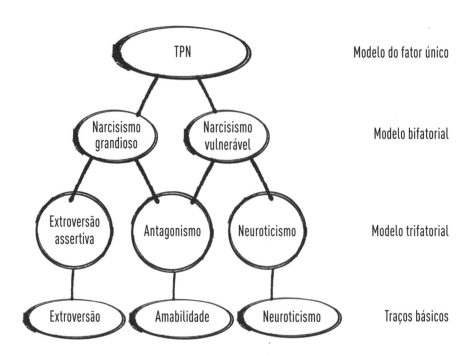

Modelo Tríplice de Narcisismo

vida da pessoa, ou um período em que ela usou drogas ou passou por uma condição clínica diagnosticável, como um derrame, do que se tratar de um transtorno de personalidade.

O debate atual na comunidade de pesquisadores gira em torno dos ângulos do Modelo Tríplice: como o TPN pode refletir tanto o narcisismo grandioso extremo como o vulnerável e, não obstante, conter critérios diagnósticos que privilegiam a versão grandiosa? Meus colegas e eu temos dito que a grandiosidade consistente com os critérios deveria ser mais essencial ao TPN do que a vulnerabilidade, e que qualquer diagnóstico de TPN com alto teor de vulnerabilidade deveria ser rotulado em específico como TPN com vulnerabilidade. Em sistemas psiquiátricos, isso seria chamado de *diferencial* que identifica a forma vulnerável do TPN. Por exemplo, a pessoa com TPN, que é primariamente grandiosa, seria rotulada apenas como portadora de TPN, mas a que tem TPN e uma grande dose de vulnerabilidade seria rotulada como portadora de TPN com vulnerabilidade.

Porém, essa ideia representa um desafio em certos casos. O que acontece com as pessoas com TPN que oscilam entre grandiosidade e vulnerabilidade? Pesquisas mais recentes ainda estudam essa questão. Como o leitor talvez se lembre, a ciência da personalidade analisa grandes amostras de pessoas normais – em geral, na casa de centenas ou milhares – e usa essas amostras para entender o transtorno da personalidade narcisista. Naturalmente, em qualquer uma dessas amostras apenas um pequeno número de pessoas tem TPN, de modo que essas pesquisas podem ignorar aspectos singulares do TPN que precisam ser estudados mais a fundo. Por outro lado, os psicólogos que trabalham com o TPN em geral mencionam que atendem pacientes que oscilam como um pêndulo entre grandiosidade e vulnerabilidade. A mesma pessoa tem a faceta grandiosa quando entra no escritório e se torna vulnerável quando fala de temas ameaçadores no âmbito emocional com o terapeuta. Não coloco esses comentários em dúvida, mas é difícil observar e medir tais condições, quando se fazem pesquisas para depois se apresentar recomendações baseadas em conhecimentos científicos sólidos.

Por exemplo, uma maneira de mensurar a oscilação da personalidade é rastrear muitas vezes a conduta da pessoa durante uma ou duas semanas. Agora, há aplicativos para *smartphones* que avisam o usuário várias vezes ao dia para pensar em suas emoções: se está feliz, ansioso, triste ou orgulhoso. Então, o aplicativo registra as circunstâncias relativas a esses sentimentos, como certas atividades de trabalho ou socialização, e pessoas que podem ser gatilhos de reações positivas ou negativas. Se esses aplicativos forem usados de modo consistente e com dados de base científica, os pesquisadores poderão medir o nível de estabilidade da personalidade de alguém e de seu narcisismo; se este variasse, seria possível encontrar a causa da variação.

A boa notícia é que os pesquisadores estão realizando essa espécie de trabalho graças ao uso disseminado de *smartphones* e a existência de uma sofisticada análise de dados. Mesmo assim, é difícil identificar oscilações específicas entre o narcisismo grandioso e o vulnerável. Aliás, o narcisismo grandioso parece bastante estável quando comparado a outros traços. Isso não significa que o debate sobre a vulnerabilidade do narcisismo grandioso está resolvido. Os pesquisadores estão sempre usando novas tecnologias para compreender a personalidade e o comportamento, e, em uma década, o campo da ciência da personalidade crescerá muito mais, com métodos novos e diversos que identifiquem e tratem o narcisismo.

Estranho, Rebelde e Preocupado: As Três Categorias de Transtornos de Personalidade

Para se ter uma ideia melhor de como funciona o diagnóstico de TPN, também é útil saber como os psicólogos e os psiquiatras organizam os transtornos de personalidade em *categorias*, ou supergrupos. Diferentemente dos Cinco Traços Principais de personalidade, hoje em dia os transtornos são classificados em três categorias. Do ponto de vista histórico, essas categorias são rotuladas com letras – Grupo A, Grupo B e Grupo C –, que não representam nada. Diante disso, os alunos de psicologia se lembram dessas categorias usando acrônimos, como PRE para "preocupado, rebelde e estranho", ou TRUM para "triste, ruim e mau"*. (Dica: o narcisismo pertence ao Grupo B, rebelde/mau).

O Grupo A inclui o estranho ou excêntrico, em que estão os transtornos de personalidade caracterizados por comportamentos estranhos e incomuns. Fazem parte do Grupo A dois transtornos que parecem muito similares – o transtorno de personalidade esquizotípico e o transtorno de personalidade esquizoide –, além do transtorno de personalidade paranoide. O termo "esquizoide" vem da raiz grega *skhizein*, que significa "cisão". Fazem parte do *transtorno de personalidade esquizotípico* pensamentos atípicos ou incomuns, semelhantes aos encontrados na esquizofrenia. Apesar de parecer similar, o *transtorno de personalidade esquizoide* tem mais a ver com distanciamento e embotamento emocional. O terceiro transtorno de personalidade desta categoria é o *transtorno de personalidade paranoide*, que reflete paranoia generalizada e talvez delírios de perseguição.

Os transtornos do Grupo B são caracterizados por aspectos emocionalmente erráticos, instáveis e dramáticos. Os traços do Grupo B (e não necessariamente o transtorno plenamente instalado) têm destaque em programas de televisão do tipo *reality show* porque rendem situações dramáticas de muito interesse: brigas, busca de atenção, relacionamentos instáveis de curta duração, uso de drogas. O *transtorno de personalidade narcisista* faz parte do Grupo B, ao lado do *transtorno de personalidade antissocial* – que contém um relativo antagonismo e altos níveis de impulsividade – e

---

* No original, "weird, wild, and worried" or "mad, bad, and sad". O acrônimo formado pela letra inicial de cada termo facilita a memorização. (N. da T.)

do *transtorno de personalidade histriônica*, que abrange diversos comportamentos dramáticos e de busca de atenção. A pessoa com personalidade histriônica costuma ser tão dramática, namoradeira e carente de atenção que acaba afastando os outros. E há o *transtorno da personalidade borderline*, caracterizado por desafios de regulação do apego a outras pessoas, em especial por causa do medo da rejeição, e de regulação da noção que o indivíduo faz de si mesmo diante da ansiedade. Seus problemas comuns giram em torno de lidar com a ansiedade, o que pode se manifestar de diversas maneiras, desde comportamentos suicidas até relações instáveis de amor e ódio.

Os transtornos do Grupo C estão associados sobretudo com ansiedade e preocupação. O *transtorno de personalidade esquiva*, como o nome sugere, é o nível clínico de evitação de interações ou de contato social com as pessoas. O *transtorno de personalidade dependente*, também como o nome sugere, diz respeito a um desejo extremo de ser cuidado ou ajudado pelos outros, e está ligado à depressão. O *transtorno de personalidade obsessivo-compulsiva* diz respeito ao grau clinicamente significativo de comprometimento causado pela manutenção da ordem ou por obediência a regras. (Este quadro não é o mesmo que o *transtorno obsessivo-compulsivo*, ou TOC, do qual fazem parte pensamentos obsessivos aliados a comportamentos compulsivos, como verificar trincos e fechaduras ou a carteira de uma maneira que atrapalha a vida da pessoa.)

Assim como os modelos de personalidade, esses três grupos e os transtornos específicos estão inter-relacionados. Ansiedade e preocupação, que são traços do neuroticismo, ocorrem na maioria dos transtornos de personalidade. Também são comuns o antagonismo e a impulsividade, além de elementos de pouca amabilidade e pouca escrupulosidade. Do ponto de vista teórico, isso faz todo o sentido, porque os transtornos se baseiam em traços de personalidade compartilhados que parecem similares, mas que também podem levar a problemas diagnosticáveis. Diagnósticos com *comorbidades*, ou a existência de dois transtornos ao mesmo tempo, ocorrem com bastante frequência. Por exemplo, o diagnóstico de um transtorno da personalidade *borderline* pode vir acompanhado pelo de transtorno de personalidade narcisista. Acrescente-se a isso que em torno de 30% a 40% dos pacientes nas amostras de pesquisa são diagnosticados com um transtorno de personalidade sem o nome do distúrbio. Em geral, são classificados como TP-NE, ou transtorno de personalidade não específico.

Em minha opinião, o sistema todo de transtornos de personalidade é um pouco confuso. É certo que algumas pessoas têm um distúrbio de personalidade porque, no longo prazo, apresentam problemas permanentes de personalidade que causam comprometimentos significativos. Além disso, alguns também se enquadram com perfeição na categoria de transtorno da personalidade *borderline*, esquizoide ou narcisista. No final das contas, porém, psicólogos e psiquiatras em geral atendem pacientes com quadros difusos ou ambíguos desse sistema. Um deles pode ser diagnosticado por um profissional como portador de TPN; outro considera que ele tem um transtorno de personalidade antissocial; e um terceiro entende que esse é um quadro bipolar. Em nossas pesquisas, verificamos que os transtornos de personalidade narcisista e paranoide andam juntos, mais do que se espera de transtornos de outras categorias. Em parte, essa associação vem do fato de pessoas paranoides, ou os que acham que os outros estão "atrás deles", também parecerem narcisistas. Essas associações continuarão a desafiar os diagnósticos, mas pesquisas futuras poderão esclarecer alguns aspectos.

O Transtorno de Personalidade Narcisista no Futuro

Assim como as definições e os diagnósticos médicos mudam no decorrer do tempo, conforme aumenta o conhecimento, também mudam as definições e os diagnósticos de transtornos de personalidade. Por exemplo, o diagnóstico de esquizofrenia entrou em cena pela primeira vez em 1887, quando o psiquiatra alemão Emil Kraepelin usou a expressão "demência precoce" (*dementia praecox*) para descrever pacientes com sintomas como pensamentos fragmentados. A esquizofrenia já existia antes, mas não havia sido reconhecida como um problema médico específico. Agora, o *DSM* tem várias categorias de esquizofrenia, e os pesquisadores continuam tentando classificar novos aspectos dos transtornos delirantes.

Lembremos que as pesquisas podem mudar o modo como a sociedade vê determinados transtornos, a exemplo do autismo. Originalmente, esse quadro era entendido com um transtorno de contorno único; depois, o autismo passou a ser considerado dois tipos de transtorno, e agora sabe-se que é um espectro. Nesse mesmo sentido, os estudiosos da personalidade fizeram esforços para situar a personalidade esquizotípica no espectro mais amplo da esquizofrenia, o que fica claro no *DSM-5*.

A sociedade também tem de enfrentar questões econômicas e medicamentosas. Se, por exemplo, existissem medicamentos para narcisismo capazes de reduzir o egocentrismo e outros traços narcísicos, é provável que os psicólogos e psiquiatras fariam o diagnóstico desse quadro dentro de um espectro. Se existe um tratamento, os médicos querem receitar o que ajuda e na medicina, por tradição, isso pode ir além das linhas segundo as quais a medicação foi criada a princípio para tratar de um problema. Os inibidores seletivos de recaptação de serotonina (SSRIs, na sigla em inglês) foram desenvolvidos para casos de depressão e ansiedade, mas agora são prescritos por não especialistas para tratar de quadros gerais de neuroticismo. Dizendo de um modo mais simples, se um comprimido pudesse tornar as pessoas menos idiotas, os médicos o dariam aos idiotas comuns, além de para aqueles com um diagnóstico de transtorno de personalidade.

Também é possível que toda a estrutura dos transtornos de personalidade venha a ser desafiada a refletir sobre os traços básicos da personalidade. Nesse caso, o transtorno de personalidade narcisista poderia ser diagnosticado como uma classe específica de "transtornos de antagonismo", ao lado da psicopatia e do transtorno de personalidade antissocial. Alguns pesquisadores na União Europeia estão testando um sistema diagnóstico baseado em traços e verificando que parece funcionar.

No futuro, seja como for que o TPN seja classificado ou de que maneira for chamado, a mesma combinação de traços e comportamentos – grandiosidade, falta de empatia e autovalorização – continuará causando problemas se tiver rédea solta. Os diagnósticos podem envolver custos-benefícios de peso nas decisões de tratamento, ao se recorrer a apólices de seguro, em termos de consequências legais e de rotulagem, e também podem resultar em mais complexidades e incertezas na vida real para pessoais reais, com um diagnóstico real.

Bando de *Nerds*: Transtornos de Personalidade e o Modelo Pentafatorial

A tensão entre as definições de *normal*, *anormal* e *patológico* é levada em diversas direções, conforme a época. Sigmund Freud e Carl Jung, considerados os fundadores da psicologia, estudaram sujeitos patológicos para se informar sobre a personalidade normal e, no decorrer do tempo, os dois se voltaram para a antropologia e campos correlatos. Pouco depois, psiquiatras como Emil Kraepelin precisaram contar com um sistema de diagnósticos médicos claros para saber quem tratar e como fazê-lo. Desse modo, a psiquiatria foi construída com base em um modelo médico segundo o qual as pessoas tinham ou não uma doença mental definida, e a psicologia seguiu tais passos.

No entanto, nos anos 1980, os pesquisadores que estudavam traços como o narcisismo deram início à transição desse modelo médico para um modelo de personalidade. Nessa época, os pesquisadores Paul Costa e Robert McCrae publicaram um trabalho sobre transtornos de personalidade e os Cinco Traços Principais. Com base em diversos estudos, compararam escalas de personalidade que usavam o modelo pentafatorial com escalas de transtorno de personalidade e descobriram que faziam parte desse modelo tanto a personalidade normal como a anormal. Os profissionais seguiram em frente e começaram a integrar modelos tradicionais de traços de personalidade com concepções psiquiátricas de transtorno. Adicione-se a isso o elemento econômico de que é muito menos dispendioso encontrar e pesquisar pessoas normais do que amostras clínicas de pessoas com traços anormais, e o resultado foi que a pesquisa com traços normais se tornou a abordagem universal.

Informação Privilegiada: Argumentos que Envolvem o *DSM*

Como você talvez saiba, psiquiatras são doutores em Medicina (M.D.) que estudam e tratam doenças mentais, e psicólogos são doutores com Ph.D., graduados em cursos de Psicologia. Os psiquiatras podem prescrever medicamentos e têm um treino clínico mais abrangente, ao passo que os psicólogos clínicos com especialização médica específica podem prescrever remédios em determinadas condições; os psicólogos pesquisadores têm uma licença mais abrangente para realizar avaliações e contam com mais horas de treino em pesquisa. Os psicólogos fazem um trabalho realmente bom no diagnóstico de problemas psicológicos, mas são necessários psiquiatras para o tratamento dos aspectos médicos complexos desses transtornos. As pessoas podem procurar um psicólogo para obter um diagnóstico, um psiquiatra para receber tratamento médico, e talvez outro psicólogo ou especialista em saúde mental para fazer psicoterapia.

Como parte da criação do *DSM*, psiquiatras e psicólogos se reuniram em um grupo de trabalho para discutir as últimas pesquisas sobre determinado tópico, entrevistaram profissionais inscritos na Associação

Americana de Psicologia e redigiram definições que deixaram todo mundo feliz, o que é de fato algo bem difícil de fazer. Para dar um exemplo, os seguidores das ideias de Carl Jung consideram a introversão um traço positivo; portanto, o uso de "introversão" com conotação negativa era uma difamação, do ponto de vista deles. Em seu lugar, o *DSM* incorporou o termo "distanciamento".

Em virtude desses debates internos, os modelos do *DSM* em uso neste momento ainda têm origem em conhecimentos de cerca de trinta anos atrás. Apesar dos significativos avanços da pesquisa, não se veem novas formulações dos transtornos de personalidade. Houve um esforço determinado para se fazer uma transição, mas não deu certo, e agora se fala de um modelo emergente que, até onde sei, não é usado no âmbito clínico, mas alguns aspectos do novo modelo estão sempre sendo testados por pesquisadores.

CAPÍTULO 6

Primos do Narcisismo: as Quatro Tríades

Um benefício do uso de traços básicos, como os Cinco Principais – extroversão, abertura, amabilidade, neuroticismo e escrupulosidade –, para descrever e definir traços complexos como o narcisismo é que podemos ver o que acontece quando há pequenas variações na receita ou no perfil dos traços básicos. Por exemplo, podemos pegar a receita dos traços do narcisismo grandioso – sobretudo extroversão assertiva e baixa amabilidade – e aprimorar um pouco. Adicionando pouca escrupulosidade ou impulsividade, ou diminuindo a extroversão e acrescentando neuroticismo, é possível explorar famílias de traços, também conhecidas como *traços primos*. Apesar de terem relação entre si, também exibem diferenças significativas. Os psicólogos desenvolveram vários grupos de traços primos para investigar os que são semelhantes ao narcisismo. Chamados com frequência de *tríades*, esses modelos vinculam um dado aspecto do narcisismo, como grandiosidade, a dois traços correlatos. No começo, os pesquisadores foram na direção do lado "obscuro", ou traços negativos, para compor a *Tríade Obscura*.

Tríade Obscura

A expressão "Tríade Obscura" pode sugerir algo "ruim" ou "maligno", mas, em psicologia, "obscuro" serve mais para descrever antagonismo. Claro que não é um termo ideal, mas "pegou", e é o que tem sido usado historicamente para descrever esse tipo de traço. Mais adiante neste capítulo, o leitor poderá ver que os psicólogos também têm trabalhado com o lado "claro".

O nome "Tríade Obscura" foi cunhado em 2002 pelo psicólogo Del Paulhus e sua equipe de pesquisadores na Columbia Britânica, no Canadá. Essa tríade contém três traços que compartilham a "essência obscura" de pouca amabilidade e falta de empatia: narcisismo grandioso, psicopatia e maquiavelismo. Você será capaz de ver como uma pitada a mais disto ou daquilo muda ligeiramente a personalidade e cria um "sabor" diferente do narcisismo de que estivemos falando até agora. O narcisismo grandioso ocupa o topo da tríade, e os traços primos se ramificam para os lados.

A *psicopatia* mistura pouca amabilidade com baixa escrupulosidade ou impulsividade. Imagine uma pessoa grandiosa, fria, indiferente e que também faz tudo o que quer. Os psicopatas costumam ser encontrados entre criminosos porque sua impulsividade os leva a entrar em apuros: roubam, furtam e até matam pessoas. Romances e filmes populares, assim como programas de televisão, no entanto, costumam retratar os psicopatas como pessoas de *muito* autocontrole. Hannibal Lecter, de *O Silêncio dos Inocentes*, por exemplo, é um assassino em série e canibal, mas também um psiquiatra forense experiente que costuma preparar refeições sofisticadas com pedaços de suas vítimas. Na realidade, criminosos exímios como esse não são comuns. Jeffrey Epstein parece um exemplo real de um psicopata bastante funcional. Ao contrário disso, o mais provável é que Epstein – e Lecter – seja tanto narcisista quanto psicopata. Na realidade, Lecter é tão inteligente e hábil socialmente que, se não matasse nem comesse pessoas, o tempo todo exibindo sua genialidade e brincando de gato e rato com os investigadores, teria continuado a ser um psiquiatra forense bem-sucedido, ocupando cargos elevados de liderança no topo de grupos sociais. O psicopata mais comum tem impulsos que causam problemas. Em *Game of Thrones*, Joffrey Baratheon é um psicopata impulsivo e sádico que foi morto para ficar longe do poder. Ramsay Bolton era outro personagem psicopata e, como é evidente, Cersei Lannister é extremamente narcisista e psicopata. Ela se mostra disposta a matar qualquer um para conseguir o que quer, mas é estável e astuta o suficiente para se manter no poder.

O outro primo dessa tríade é o *maquiavelismo*, assim chamado em referência a Nicolau Maquiavel, autor de *O Príncipe*, um manual para líderes do século XVI que trata de como manipular o poder com êxito. Essa obra costuma ser malfalada porque, de fato, é um guia de como manipular pessoas, mas essa manipulação no mais das vezes é feita em nome de um bem maior. Evitar guerras bem como aumentar o comércio e as alianças eram metas cruciais para os estados de pequeno porte da Idade Média, e alcançá-las significava ser altamente estratégico. O personagem Mindinho de *Game of Thrones* é uma versão perfeita desse traço. Os maquiavélicos costumam ser indiferentes e muito manipuladores, acreditando que a importância de seus objetivos justifica até mesmo meios imorais. Todavia, na vida real, é difícil encontrar maquiavélicos desse naipe. Talvez quem se ache maquiavélico pense que é capaz de grandes manipulações e que é muito astuto, mas na realidade parece e age como um psicopata impulsivo.

Um quarto traço associado a este grupo é o *sadismo*. Às vezes, as pessoas somam o sadismo à Tríade Obscura e ela se torna o Tetraedro Obscuro. Sadismo tem a ver com pouca amabilidade. Ao contrário dos narcisistas, que querem prejudicar as pessoas para enaltecer o próprio ego, mas fora isso não o fazem, os sádicos sentem prazer em ferir pessoas e outras criaturas. Em outro famoso estudo de Paulhus, por exemplo, universitários de Psicologia receberam três tatus-bola – Muffin, Ike e Tootsie – e um moedor de café modificado.[1] Depois, foram instruídos a jogar os crustáceos na "máquina de esmagar criaturas" e moer os bichos, começando por Muffin. Apesar de uma proteção impedir que os animais de fato chegassem às lâminas, o moedor fazia um barulho que imitava algo sendo esmagado. Os pesquisadores comprovaram que os alunos mais sádicos sentiam prazer em moer os bichos. Coitadinhos.

A boa notícia é que, apesar do sofrimento que existe no mundo, o sadismo é relativamente raro. Em geral, as pessoas não gostam de ver alguém sofrer. Mesmo em um esporte incrivelmente agressivo como o futebol americano, quando um atleta se lesiona, todos os jogadores batem palmas se o que se machucou consegue sair de campo andando – inclusive os do time adversário. Os espectadores, em geral, compram ingresso para torcer pela excelência e pela disputa, não pela humilhação e pelo sofrimento, embora algumas rivalidades possam dar medo.

Contudo, quando o sadismo se mistura com o narcisismo, combinando o egocentrismo com o desejo de causar dor a outra pessoa, surge uma combinação perigosa chamada *narcisismo maligno*. O psicólogo social

Erich Fromm usou essa expressão pela primeira vez em 1964, dizendo que era "a quintessência do mal".[2] Quarenta anos depois, Otto Kernberg a apresentou à literatura psicanalítica, mas, desde os anos 1980, não se tem escrito muito a respeito do tema. É interessante apontar que as características do narcisismo faziam parte da nossa cultura muito antes de receber essa designação específica. Em um estudo conduzido por Mila Goldner-Vukov e Laurie Jo Moore em 2010, na Universidade de Auckland, na Nova Zelandia,[3] as pesquisadoras constataram o narcisismo maligno em contos de fada como "Branca de Neve" e "Cinderela", ou seja, histórias com uma madrasta malvada que tenta atacar física e psicologicamente a enteada inocente. A madrasta é arrogante, fria, rica, preocupada com sua beleza e não sente remorso por suas ações. As pesquisadoras também analisaram a história familiar de três ditadores famosos – Adolf Hitler, Joseph Stalin e Mao Zedong – e encontraram como traços comuns comportamentos antissociais, paranoides e sádicos. A boa-nova é que os casos de narcisismo maligno são tão poucos e distantes no tempo uns dos outros que as neozelandesas só puderam usar poucos estudos de caso a título de exemplo.

Os psicólogos ficaram fascinados com a Tríade Obscura porque, como Paulhus mencionou em algumas entrevistas, "as personalidades sombrias são mais fascinantes do que as pessoas luminosas e felizes".[4] Nesse mesmo sentido, meu colega Josh Miller tem dito que a atração pela psicopatia é semelhante à que se sente pelo leão que pode abrir a porta do quarto com a pata. Essa imagem é assustadora e merece ser estudada. Há outros estudiosos que concordam. Desde a publicação do primeiro artigo sobre a Tríade Obscura, as pesquisas aumentam a cada ano e muitos trabalhos foram divulgados nos últimos tempos, alcançando a marca de quase dois mil artigos em 2018. Entre outras coisas, os pesquisadores concluíram que os traços da Tríade Obscura são atraentes a mulheres, têm relação com insônia e podem estar ligados a sucesso.

Entretanto, o aumento expressivo das pesquisas – e a subsequente cobertura por parte de veículos de imprensa populares, que ostentam títulos como "Por que um pouco de mal faz bem" – redundou em retaliações.[5] Até mesmo alguns colegas meus da Universidade da Geórgia se pronunciaram contra essa literatura ao publicar uma avaliação crítica da Tríade Obscura em fevereiro de 2019, na qual indicam modos de se dar continuidade a pesquisas mais complexas e detalhadas em lugar de usar métodos que simplificam os traços correlatos de personalidade.[6] Por exemplo, é importante reconhecer a complexidade do comportamento criminoso e os muitos fatores que convergem para ele. O narcisismo nem sempre está relacionado a atos criminais, assim como nem todos os atos criminais contêm narcisismo. Há muitas razões pelas quais as pessoas cometem crimes, e os que estão associados ao narcisismo tendem a ser egoístas. Crimes do colarinho-branco relacionados a narcisismo, por exemplo, parecem resultar com frequência da necessidade de se promover e manter um estilo de vida que o narcisista deseja sustentar. A complexidade dessas interações continua a incentivar novos debates sobre a Tríade Obscura, entre outros, inclusive o que passaremos a discutir em seguida.

A Tríade Obscura Vulnerável

Quando as pesquisas sobre a Tríade Obscura começaram a se tornar mais comuns, Josh Miller e eu percebemos que havia uma outra versão desse quadro que mesclava traços sombrios com o lado emocionalmente vulnerável do narcisismo. É interessante salientar que Josh é um dos coautores da avaliação crítica mencionada agora há pouco, de modo que ele estava sentindo bem o pulso desse campo de pesquisas e queria conhecer melhor outras interações complexas. Em um estudo que publicamos no *Journal of Personality* em 2010, falamos de como, de fato, há uma *Tríade Obscura Vulnerável*, com traços associados a neuroticismo e antagonismo, entre eles, o narcisismo vulnerável, a personalidade *borderline* e a psicopatia bifatorial. Os portadores da Tríade Obscura Vulnerável sentem o mundo como um lugar ameaçador e hostil, tendo dificuldade para confiar e regular seu estado de ânimo, sobretudo no tocante à hostilidade e à ansiedade.

A *personalidade borderline*, que é o traço associado ao transtorno da personalidade *borderline*, é caracterizada por alto teor de instabilidade no estado de ânimo e nos relacionamentos. Os indivíduos *borderline* podem oscilar entre amar alguém profundamente e não sentir nenhum amor por essa pessoa, e têm dificuldade para regular estados de ânimo negativos, como perdas, tristeza ou medo. Em resumo, podem "entrar em parafuso" em situações de ansiedade e depressão, tomando decisões que levam a comportamentos ainda piores, em vez de achar meios de passar para uma condição mais positiva. O resultado disso é que podem agir de um modo que prejudique outras pessoas e a si mesmos, como se mutilar ou mesmo cometer suicídio. Personagens *borderline* estão bem representados em filmes, tendo o papel de Glenn Close em *Atração Fatal* (*Fatal Attraction*, 1987) como o mais famoso (e assustador) de todos. Além disso, o transtorno da personalidade *borderline* em si é bastante confuso e complexo, como mostramos em capítulos anteriores.

A *psicopatia bifatorial* é menos conhecida e representa uma versão extremamente impulsiva e emocional da psicopatia. Pense em um rapaz de 22 anos que é hostil e explora os outros, mas não é ambicioso nem egocêntrico. Trata-se de um indivíduo que trabalha em subempregos, tem problemas com a lei e sobrevive principalmente de tirar proveito de outras pessoas. No filme de ficção científica *Jogador Nº 1*, Rick, que é o namorado da tia, é um fracassado hostil que acaba causando problemas para todos os que se aproximam dele.

Como é de praxe, o lado vulnerável costuma chamar menos atenção dos pesquisadores, mas há alguns estudos recentes. Em 2016, um grupo de psicólogos e psiquiatras australianos concluiu que os traços de personalidade da Tríade Obscura Vulnerável estão associados a tendências religiosas fundamentalistas.[7] Na sequência desse trabalho, em 2017, pesquisadores da Universidade do Sul da Flórida investigaram traços sombrios e vulneráveis de quinhentos criminosos condenados[8] e descobriram que os traços vulneráveis pareciam relevantes em especial no caso de crimes impulsivos contra a propriedade alheia, como furtos e roubos, e também no de crimes relacionados a drogas. Em última análise, como disseram os pesquisadores, novos estudos poderão apontar se os traços sombrios agem em conjunto, como se espera na previsão de comportamentos criminosos de alto risco. Como mencionamos antes, essa espécie de pesquisa pode ter dificuldade para desemaranhar outros fatores que contribuem para atos criminosos, como os socioeconômicos e a pressão social, mas continua sendo uma área promissora para futuras indagações.

A Tríade Clara

Embora a pesquisa de personalidades, padrões, pensamentos e sentimentos sombrios possa aprofundar nosso entendimento do lado mais obscuro da natureza humana, os estudiosos entendem que se devem fazer trabalhos para analisar também seu lado mais claro. Em 2019, o conceito de uma tríade positiva, "clara", surgiu em conversas acadêmicas na Universidade da Pensilvânia, na Filadélfia. Meu amigo e colega Scott Barry Kaufman, que escreveu sobre esse tema em março de 2019 e tem uma perspectiva mais otimista da psicologia e da experiência humana, desenvolveu o conceito de Tríade Clara para destacar o oposto do narcisismo e da psicopatia.

É importante ter em mente que a Tríade Clara não é a versão de escore inverso ao da Tríade Obscura. Em vez disso, o objetivo do conceito foi criar espaço para gerar um modelo de traços positivos. O resultado contém três fatores ou traços positivos. O primeiro é *fé na humanidade*. Esse fator diz respeito à noção de que as pessoas em geral são boas e dignas de confiança.

Quem tem muita fé na humanidade entra na maioria das situações com a expectativa de que os outros são bem-intencionados e razoáveis. O próximo fator é o *humanismo*, que celebra o melhor da raça humana. Isso significa valorizar os êxitos e as criações dos demais, o que pode ser visto em grandes obras de arte e grandes realizações sociais, como a redução da mortalidade de mães. O terceiro fator, o *kantismo*, recebe esse nome em honra do filósofo Immanuel Kant e indica a preferência pela integridade e pela honestidade, em lugar de fingimentos, seduções e manipulações.

Kaufman, agora na Universidade Columbia, criou e postou *on-line* uma Escala da Tríade Clara, com doze itens, que é "a primeira versão de sua medida de atitudes amorosas e benéficas em relação aos outros".[9] Em outras palavras, essa escala mensura nossos "santos do dia a dia". Em quatro testes com mais de 1.500 pessoas, ele comprovou que a escala tem confiabilidade e validade, e observou que ela prognostica satisfação existencial, propensão ao crescimento e autotranscendência entre os que tiveram um alto resultado. Essas mesmas pessoas tendem a se mostrar humildes, ter curiosidade intelectual e ser tolerantes com o ponto de vista dos outros, mostrando menos necessidade de exercer poder sobre eles.

Como essa é uma escala muito nova, há poucas pesquisas para endossá-la, mas trata-se de uma ferramenta promissora porque capta uma forma ativa de clareza. Há décadas os pesquisadores discutem qual seria o oposto do narcisismo, em particular em termos de humildade ou submissão. Em geral, a humildade é considerada um traço positivo em pessoas bem-sucedidas, ao passo que a submissão é vista de forma negativa nas sociedades ocidentais que valorizam o individualismo e a liberdade, ou de modo positivo em relação a comportamentos voltados à prestação de um serviço. Os fatores da Tríade Clara, em especial o humanismo, combinam com a humildade, que celebra as realizações e os êxitos humanos sem amargura nem inveja. Além disso, o traço do kantismo dá destaque à autenticidade e à integridade, e a fé na humanidade está alicerçada na confiança. Em certo sentido, o exercício ativo desses traços mais luminosos tem potencial para combater o narcisismo. A fé na humanidade combate a desconfiança; o humanismo combate a misantropia e os comportamentos de exploração dos demais; e o kantismo combate a autoimagem inflada, substituindo-a por outra, com mais segurança e autenticidade. A figura da Tríade Clara mostra algumas qualidades relacionadas aos três fatores e como os pesquisadores estão tentando mensurar esse novo conceito.

A Tríade Energizada

O que chamo de Tríade Energizada é uma forma ainda mais nova de tríade, um quarto grupo de traços que tem surgido com frequência nos debates sobre narcisismo grandioso, em especial no contexto da liderança. Esses traços têm em comum um núcleo de extroversão ativa – o aspecto da extroversão do qual fazem parte gratificação, ambição e ímpeto. É um pouco como gasolina azul para a personalidade.

A TRÍADE ENERGIZADA

O narcisismo grandioso mescla esse núcleo energético com antagonismo, mas, se o antagonismo for excluído e a autoestima for incluída, o resultado é a *audácia*, ou o que os acadêmicos chamam de dominação destemida. Audácia soa mais saudável do que narcisismo grandioso e parece funcionar em nível individual. No âmbito cultural, a audácia resulta em mudanças, que podem ser boas ou ruins, dependendo do ponto de vista. No campo científico, a sociedade muitas vezes admira a audácia dos pesquisadores do passado, como o famoso cientista Jonas Salk, que tomou uma dose da própria vacina, embora na vida diária a ciência recompensa quem avança com cautela. A audácia consta de alguns modelos de psicopatia, mas continua mantendo uma posição controversa.

Na outra ponta da tríade, está a *hipomania*, um traço de personalidade associado a um nível baixo (*hipo*) de mania. Como dissemos no capítulo anterior, uma maneira de entender isso é a pessoa que não apresenta uma mania totalmente desenvolvida, nem um transtorno maníaco, mas sim um nível relativamente baixo de mania, persistente ao longo do tempo. Assim como o narcisismo pode ser tanto um traço como um aspecto do transtorno de personalidade narcisista, a hipomania também pode. A hipomania e o narcisismo grandioso compartilham o mesmo núcleo de extroversão ativa e ímpeto, incluindo às vezes níveis elevados de frustração e hostilidade, quando o indivíduo hipomaníaco se esforça para fazer o mundo funcionar com a rapidez que ele quer. O personagem Homem de Ferro, da Marvel, *alter ego* de Tony Stark, é um bom exemplo de narcisismo grandioso com hipomania.

A extroversão hipomaníaca e o ímpeto podem parecer grandiosidade porque, de certo modo, são uma forma de grandiosidade. Os empreendedores podem dizer que sua nova ideia vai revolucionar o mundo, mudar o cenário atual ou, no mínimo, deixá-los ricos. Mesmo que raramente a novidade dê certo, eles se convencem de que o projeto ou a ideia terá um efeito de amplo alcance. A diferença entre essa noção e a grandiosidade é que a hipomania não tem relação com derrubar nem derrotar ninguém. Em vez disso, o impulso tem mais a ver com a ideia, e não com a pessoa. Mesmo que o progresso rumo ao objetivo signifique puxar o tapete de alguém, a motivação vem do projeto em si, e não tanto da noção de melhorar o *status* ou de superioridade.

Como um todo, essa pode ser uma energia positiva, e a sociedade em geral é atraída por pessoas excitantes e cheias de energia. Os maiores riscos e desafios podem ocorrer quando esse tipo de ímpeto se vincula a traços destrutivos, como o antagonismo. Usando uma analogia militar, o antagonismo é a ogiva e o ímpeto é o combustível do foguete. Essa tríade é tão nova que, até o momento, não temos nenhuma pesquisa para fundamentá-la, mas tenho interesse em investigá-la no futuro.

Bando de *Nerds*: Como criar Novas Escalas

Existe um equilíbrio constante nas mensurações de personalidade entre "se não estiver estragado, não conserte" e criar uma escala com base em propriedades psicométricas mais recentes. Quanto mais tempo a escala é usada, mais os pesquisadores compreendem suas propriedades, validade e confiabilidade. Por exemplo, eles testarão os subfatores de uma escala em centenas de amostras diferentes ao longo do tempo. Durante esse processo, a escala evoluirá à medida que alguns itens forem abandonados e os enunciados forem aperfeiçoados. Com base nas revisões, os acadêmicos são capazes de prognosticar as correlações de um modo notável.

Às vezes, porém, um traço psicológico pode não ter uma medida, ou não contar com uma mensuração muito boa. Nesse caso, os pesquisadores podem elaborar uma escala e submetê-la a testes para aumentar sua validade e ver se contém incrementos que a tornem melhor do que as ferramentas existentes. Os especialistas na área manipulam esse recurso de várias maneiras, questionando se o conceito é de fato novo ou se foi criado com base em alguma escala anterior que ainda funciona bem.

A título de exemplo, vamos citar o caso da Escala da Garra, elaborada pela psicóloga Angela Duckworth, que escreveu a respeito em seu sucesso editorial intitulado *Garra: o Poder da Paixão e da Perseverança*. Sua palestra TED sobre garra é uma das mais acessadas. A Escala da Garra capta um traço importante em termos do que determina sucesso diante de adversidades, em particular em relação a objetivos de longo prazo. No entanto, como demonstraram em 2017 alguns pesquisadores em uma meta-análise, "garra" acabou se mostrando uma variante da escrupulosidade, um dos Cinco Traços Principais, só que com um nome mais interessante. Isso não quer dizer que haja algo errado com a Escala da Garra; aliás, significa que a escala foi bem construída, embora seja redundante em alguns aspectos. A minha escala em relação a se dar direitos é parecida com a de Duckworth, no sentido de ser bem explicada pela pouca amabilidade.

Informação Privilegiada: Como Desenvolver a Tríade Energizada

A Tríade Energizada é tão nova que temos poucas pesquisas a respeito, mas posso adiantar algumas informações porque uma estudante da Universidade da Geórgia, Lane Siedor, teve a ideia que deu início ao processo. Como parte de sua pesquisa, Siedor ficou interessada na liderança hipomaníaca, um tópico pouquíssimo estudado, mas que tem relação com traços como dominação destemida e audácia.

Em um estudo publicado no periódico *Current Psychology* em 2016, Siedor analisou a relação entre narcisismo e hipomania, especificamente o lado grandioso e o lado vulnerável do narcisismo, e as três dimensões da hipomania – vitalidade social, volatilidade do estado de ânimo e empolgação – e sua ligação com impulsividade e experiências.[10] Conforme esperado, o narcisismo grandioso e a hipomania têm em comum os componentes de vitalidade e, em certa medida, empolgação. O narcisismo vulnerável mostrou-se mais ligado à volatilidade do estado de ânimo.

Esse foi o passo inicial da conversa sobre energia e suas relações com a Tríade Energizada. Pesquisas futuras podem mudar o rumo do entendimento para o lado positivo, no caso de empreendedores revolucionários, ou para o negativo, no caso de líderes antagonistas, sobre os quais discutiremos no Capítulo 8.

PARTE II

O Narcisismo Observado no Mundo à Nossa Volta

CAPÍTULO 7

Relacionamentos e Narcisismo

Ah, o amor. Muitas pessoas esperam que sua alma gêmea entre de repente no bar e repare nelas, puxando conversa do jeito certo e dizendo tudo o que querem ouvir. Bom, alguém pode de fato fazer isso, se for um narcisista. Se você é como eu, pode achar que esse é um dos aspectos mais fascinantes do narcisismo. Aliás, fiquei tão intrigado com as ideias e questões que envolvem o narcisismo nas relações românticas que fiz minha tese sobre isso e, depois de algum tempo, também escrevi o livro *When You Love a Man Who Loves Himself*. Nele, explico por que os homens narcisistas parecem espetaculares no início.

Quando estudei o narcisismo e os relacionamentos, ainda na faculdade, encontrei várias versões do mito de Narciso, que incluí em muitos artigos que escrevi. O leitor talvez conheça a história da tradição greco-romana em torno da ideia de um lindo rapaz que sai pelo mundo em busca da parceira perfeita. Muitas jovens se apaixonam por ele, mas são rejeitadas. Uma ninfa da mata chamada Eco cai de amores por Narciso, mas ele a repele e lhe ordena que não o incomode. Desesperada, ela anda sem rumo pelo resto da vida e desaparece, até que a única coisa que resta é o eco de sua voz. Nêmese, a deusa da vingança, castiga Narciso, levando-o até a beira de um lago onde ele se apaixona pelo próprio reflexo na água e termina morrendo afogado, sozinho. Ele se perde, ignorando o amor de outras pessoas, e o amor por si mesmo acaba por matá-lo. Essa antiga narrativa pode ser interpretada de várias maneiras, mas, no fundo, vemos um claro exemplo de como um grau comprometedor de narcisismo pode afetar os relacionamentos e também o narcisista.

Com o tempo, pesquisas sobre o narcisismo nos relacionamentos se expandiram e as mais recentes constataram que, no início, os narcisistas são ótimos para se namorar. Os traços que tornam as pessoas atraentes para encontros românticos são diferentes dos que fazem alguém ser atencioso e comprometido em uma relação estável. Em geral, os seres humanos costumam buscar uma personalidade confiante e expansiva, e esses traços podem ser elementos do narcisismo. Ninguém se candidata a um relacionamento com alguém narcisista, e ninguém inclui "buscando um idiota egocêntrico" em aplicativos de namoro. Na maioria das vezes, não gostamos de pessoas egocêntricas assim que as conhecemos melhor. Mas, no começo, muita gente se sente atraída pelos atributos narcisistas de uma pessoa, até que surjam problemas de comprometimento e falta de respeito recíproco.

Claro que essa ideia se aplica para além dos relacionamentos românticos. Tendemos a buscar amigos, colegas de trabalho e familiares expansivos e confiáveis. Mas, conforme um novo relacionamento se desenvolve, é importante buscar sinais de narcisismo e compreender como ele atua nos relacionamentos, que vantagens o narcisista pode obter e as consequências de longo prazo para o narcisismo. O processo de autovalorização ou de autorregulação narcísica, em que o narcisista usa as pessoas para manter uma autoimagem positiva, faz os relacionamentos terem utilidade apenas para beneficiá-lo.

Uma Visão Panorâmica dos Relacionamentos

É bom contar com a perspectiva de uma visão panorâmica do narcisismo a fim de se entender os relacionamentos, e, nesse sentido, o Modelo Tríplice vem a calhar. No cerne do narcisismo, existe um nível elevado de antagonismo que pode se revelar de diversas maneiras, entre elas, dominação, superioridade e arrogância. Entre os comportamentos correlatos estão gabar-se, ser exibido e se dar direitos. No lado exterior, o narcisista grandioso exige respeito e tratamento especial. Por dentro, o narcisista vulnerável pode ficar empacado, ruminando sobre o que merece. A fim de alcançar seus objetivos, os dois tipos podem recorrer a condutas não confiáveis, de assédio e manipulação.

No fundo, todos os relacionamentos com narcisistas envolvem aspectos de ingredientes fundamentais do narcisismo, embora os traços possam se apresentar de vários modos. Os grandiosos podem se valer da extroversão para expressar o aspecto sombrio do narcisismo de uma maneira que pareça positiva, em particular ao estabelecer contato com os outros, sendo gregário e sedutor, e criando redes sociais extensas, mas superficiais. Os vulneráveis costumam mostrar mais neuroticismo na forma de carência, defensividade ou fragilidade.

Vendo os dois lados do narcisismo – o grandioso e o vulnerável –, é mais fácil compreender os conflitos que sempre surgem em relacionamentos com narcisistas. A dinâmica grandiosa tende a conter uma mescla de

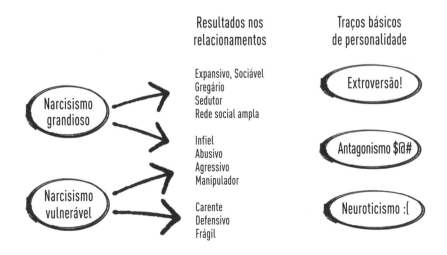

condutas boas e más, enquanto a dinâmica vulnerável pende mais para o que é ruim e triste. A figura a seguir mostra como esses atributos se fundem e divergem. O narcisismo grandioso contém aspectos positivos que ajudam a iniciar relações, por exemplo, audácia social, confiança e redes sociais extensas, mas também inclui aspectos negativos que impõem afastamento às relações, como dar-se direitos, ser manipulador e arrogante.

A título de exemplo, lembremo-nos do filme *Podres de Ricos*, em que o personagem Bernard Tai é um narcisista grandioso clássico. O papel é desempenhado por Jimmy O. Yang, mais conhecido por sua participação como Jian-Yang na série *Silicon Valley*, da HBO, em que é extrovertidíssimo e tem uma enorme rede social, com múltiplos relacionamentos de fachada. Tai é o sujeito festeiro, que organiza uma despedida de solteiro espetacular e com isso se torna o centro das atenções, aborrecendo o noivo. Bernard é altamente antagonista, detestável e rico. Diz para o noivo que sua escolhida não é do círculo de milionários a que eles pertencem e que seu amigo só deveria sair e conviver com pessoas do mesmo nível social.

Uma versão cotidiana do narcisismo são os "pais-helicóptero", que pairam sobre os filhos o tempo todo, cobrando atenção, e podem representar a versão vulnerável dessa dinâmica. Embora a linha que separa os pais que dão apoio dos que são carentes às vezes seja indistinta, é fácil reconhecer os que vivem vicariamente através dos filhos, exigem atenção especial e cobram reconhecimento como "os melhores" que existem. Esses pais exibem antagonismo, mas de um modo sutil, com sua noção de que têm direitos e sua desconfiança dos outros, aliadas à insegurança e à fragilidade. São pessoas que se ocupam mais com fantasias e raivas intensas do que com ações.

Como o Narcisista se Beneficia dos Relacionamentos?

Nos relacionamentos comuns do dia a dia, todos os seres humanos buscam *status*, estima e positividade, e isso é normal. Já com o narcisismo, o foco vai mais para a valorização, e é aí que "sexo, *status* e coisas" ganham relevância. O narcisista quer se relacionar com alguém que lhe traga mais autoestima por meio de um *status* elevado, atratividade física ou dinheiro. Basicamente, o narcisista quer um par que lhe dê injeções de ego. Por exemplo, sair com alguém famoso ou bem-sucedido melhora por associação a visão que as pessoas têm dele. Além disso, dormir com alguém atraente ou apenas dormir com tantas pessoas quanto possível faz o narcisista se sentir poderoso e atraente. Estar em uma relação com alguém que tem dinheiro faz o narcisista parecer rico e ter condições de ostentar joias, ou ser convidado para festas exclusivas.

Todavia, conforme o relacionamento avança, o narcisista dá menos atenção ao compromisso, à empatia e à conexão, o que não quer dizer que os narcisistas não queiram se comprometer ou que não sintam falta de conexão, mas isso não é prioridade para eles. Na realidade, o narcisista quer ser amado, mas não tem grande interesse em amar ou retribuir o apoio emocional. Para obter o que deseja dos relacionamentos, ele adota quatro estratégias que atenderão às suas necessidades, como exemplifica a Tabela 7.1.

Tabela 7.1: Estratégias de relacionamento

AUTORREGULAÇÃO	EXEMPLOS
Associação	Esposa-troféu
	Celebridades como amigos
Admiração	Grupo fiel
	Admiração ou adoração do cônjuge
Dominação	Assédio moral/agressão
	Manipulação
	Violência
Consolo	Busca de conforto
	Reafirmação do próprio valor

A primeira estratégia que costuma ser usada nos relacionamentos, em especial pelos narcisistas grandiosos, é a *associação*. Nesse caso, a ideia é aumentar a estima social ou o *status*, estando em um relacionamento que beneficie o narcisista, seja com um par romântico, amigo ou colega. Até mesmo um relacionamento distante pode servir a tal propósito, como ser amigo de uma pessoa que conhece a Beyoncé. Na cultura popular, a expressão "esposa-troféu" costuma ser utilizada para descrever a mulher usada no relacionamento como modo de alavancar a autoestima do narcisista, mas não para construir uma ligação significativa.

Analisei essa dinâmica em minha tese, testando a ideia de que o narcisista tem mais probabilidade de se valer de uma associação para ganhar *status* nos relacionamentos e prefere parceiros que lhe proporcionem isso. Minha proposta visava interligar a personalidade com os relacionamentos e a autorregulação, a fim de demonstrar como atuam em conjunto em iniciativas românticas do narcisista. A atratividade era um bom primeiro passo, e o meu modelo sugeria que o narcisista tem atração por quem o admira, e se sente menos atraído por pessoas que querem intimidade emocional. Cinco estudos subsequentes corroboraram a hipótese da minha tese, publicada no *Journal of Personality and Social Psychology*, em 1999,[1] e que chegou à conclusão geral de que o narcisista prefere que o "parceiro ideal" apresente atributos mais autocentrados, e também que sua atração romântica resulta de uma estratégia para aprimorar a autoestima.

Desde então, as pesquisas sobre relacionamentos românticos também vêm mostrando uma pequena correlação entre o narcisismo grandioso e a escolha do par, quer dizer, o narcisista tende a ter como par quem também é um pouco narcisista. Se duas pessoas são superficiais, materialistas e querem atenção, ambas estão em busca de satisfazer essas necessidades. Juntas, isso pode dar certo e ser eficiente. Claro que ocorre um problema quando um dos dois não é narcisista e busca um compromisso, algo além da atratividade e da excitação de um novo relacionamento. Esse desencontro de interesses provoca atritos.

A segunda estratégia para obter *status* ou estima social com um relacionamento é a *admiração*. Mais uma vez, quase todas as pessoas buscam ser admiradas, mas isso é especialmente verdadeiro para os narcisistas e pode acontecer de várias maneiras. Vá até a capital dos Estados Unidos, Washington, e observe algum congressista andando pela rua, seguido por um bando de jovens adultos. Parecem patinhos atrás da pata-mãe. O político está recebendo muita atenção porque tem poder. Ao mesmo tempo, as necessidades de receber atenção e melhorar o próprio *status* estão sendo atendidas, assim como a necessidade de estima social dos seguidores está sendo satisfeita, porque estão associados a um membro do Congresso, mesmo que por um breve momento. Além dos grupinhos fiéis que rodeiam políticos e celebridades, é bom ser admirado em relacionamentos íntimos, em particular por um parceiro que adora o outro, sobretudo se este for narcisista. Essa dinâmica tem ainda mais relevância, se o parceiro do narcisista tiver um alto *status*. O narcisista não quer que "fracassados" de baixo *status* o admirem. Pelo contrário, é importante para ele sentir que está recebendo valor.

Outra estratégia para obter ou aumentar a estima social, embora negativa, é a *dominação*, que pode ser praticada em forma de assédio ou até abuso, e ser traduzida como dominação física, emocional ou mental. No ambiente das pesquisas, o abuso narcisista nos relacionamentos advém do atributo central do antagonismo, tanto no tipo grandioso como no vulnerável. O antagonismo prognostica agressão quando a pessoa se sente ameaçada. Aliás, prognostica agressão mesmo quando ela não é ameaçada, mas ameaças são um gatilho poderoso; entre as ameaças possíveis estão a pessoa ser rejeitada, ouvir que não é boa o bastante ou que não pode fazer o que quer. Em uma meta-análise conduzida em 2018, Courtland Hyatt, da Universidade da Geórgia, constatou que o narcisismo e traços sombrios similares, como antagonismo e psicopatia, prognosticavam agressão.[2] A chave parece estar no traço fundamental, que é o antagonismo, pelo menos no ambiente de laboratório. O que verificamos nesses estudos é que os narcisistas usam táticas de controle para manipular o outro. O seriado *Game of Thrones* está repleto de exemplos de psicopatas em relacionamentos cujos níveis de dominação e forte controle são uma forma extrema de narcisismo.

Em vários estudos sobre violência sexual publicados em 2013, Brad Bushman e seus colegas da Universidade Estadual de Ohio verificaram que as reações narcisistas têm relação com coerção sexual.[3] Chamou a atenção do grupo a correlação entre narcisismo, ideias de apoio ao estupro e falta de empatia por essas vítimas. Os pesquisadores também descobriram que os narcisistas gostavam (mais do que outros homens) de filmes com atividades afetivas consensuais seguidas de estupro, sendo mais propensos a criticar as colegas de trabalho que se recusavam a ler em voz alta passagens picantes de um texto para eles. Em anos subsequentes, em outras faculdades do país, alguns estudos concluíram que certos traços narcisistas, como dar-se direitos e estar disposto a explorar os outros, estavam ligados à agressão sexual, e que os colegas com escores mais altos em escalas de narcisismo eram mais propensos a ser agressivos em termos sexuais, em especial sob a influência de álcool e drogas.

A derradeira estratégia para obter estima social, que não tem tanto destaque no narcisismo, é o *consolo*. Quando estão em um relacionamento, alguns narcisistas, em particular os vulneráveis, muitas vezes precisam ser consolados pelo parceiro a fim de sentir que não são rejeitados e ter certeza de que são dignos de afeto. Kelly Dickinson e Aaron Pincus, pesquisadores da Universidade Estadual da Pensilvânia, descobriram que os narcisistas vulneráveis relatam um alto nível de angústia interpessoal e problemas mais graves de atitudes dominadoras, vingativas e frias na relação.[4] O estilo de vinculação dessas pessoas reflete autodescrições negativas, baseadas em medo e abandono. Nesse mesmo sentido, os psicólogos israelenses Avi Besser e Beatriz Priel, da Universidade Ben-Gurion, observaram em 2010 que os narcisistas vulneráveis são sensíveis a interações interpessoais negativas que envolvam rejeição ou constrangimento.[5]

A Atratividade do Narcisismo e a Aparência Física

Uma questão fundamental no narcisismo, retomando o mito grego de Narciso, é o narcisista ser atraente. Estão ligadas a isso as questões de se o narcisista acredita que é atraente quando não é, e se ele compensa o fato de não ser atraente com sua presunção. Desde a década de 1990, há pesquisadores analisando essas questões depois que os primeiros estudos divulgados pela Universidade Estadual de Michigan constataram que os narcisistas tinham uma imagem corporal mais favorável.[6] Outra pesquisa, feita na Universidade do Norte do Texas, descobriu que os narcisistas também superestimam sua inteligência.[7] Outro estudo, de pesquisadores da Universidade da Califórnia, concluiu que os narcisistas superestimam o próprio desempenho e que, quando assistiam ao videoteipes de sua *performance*, a admiração por si crescia ainda mais.[8] Os grandiosos, em particular, são mais propensos a avaliar seu grau de atratividade com valores que vão de 1 a 2 pontos mais altos em determinada escala. Na realidade, a população em geral faz isso. Quando pedi aos meus alunos do curso de Psicologia que dessem uma nota de 0 a 10 para si mesmos, a média da classe ficou em torno de 7. Na realidade, isso não seria provável do ponto de vista estatístico. Embora a maioria das pessoas superestime sua aparência, os narcisistas vão ainda mais longe.

Porém, quando os pesquisadores estudam aspectos específicos, surge um quadro interessante. Cotejando as notas dadas por narcisistas com as de colegas e especialistas, alguns trabalhos mostram que as fotos de narcisistas recebem notas ligeiramente mais altas. Uma meta-análise realizada em 2010 por Nicolas Holtzman e Michael Strube, na Universidade de Washington, verificou uma correlação entre narcisismo e atratividade.[9] Essa constatação despertou interesse e os psicólogos começaram a se perguntar por que e como os narcisistas seriam mais atraentes. Do ponto de vista evolutivo, será que os mais propensos a condutas de exploração e manipulação alheia nasciam com atributos mais atraentes, que lhes permitissem se dar bem nessas situações? Não parecia provável.

Os estudiosos da personalidade elaboraram outra explicação, relacionada à autorregulação: os narcisistas se esforçam mais para ter boa aparência porque se importam com isso, e essa hipótese parece refletir com precisão o que está acontecendo. Em 2012, Holtzman realizou outra pesquisa – uma de minhas favoritas – sobre narcisismo e atratividade em que os participantes eram instruídos a tirar uma foto de si mesmos em uma postura neutra, com as mesmas roupas que vestiam quando chegavam ao laboratório.[10]. Depois, ele os instruiu a tirar foto com o cabelo preso para trás e sem maquiagem, se fosse mulher, e totalmente barbeado, se fosse homem, todos vestindo um jaleco impessoal. Como se pode imaginar, a primeira avaliação indica como a pessoa parece em suas interações diárias e a segunda, sua aparência física básica, tão despojada quanto possível, em um ambiente de laboratório. Claro que não foi possível eliminar fatores como cirurgia plástica, mas, na maioria dos casos, a situação funcionou para fins de estudo. Os pesquisadores calcularam um escore chamado "adorno eficiente" para a primeira imagem, medindo a diferença entre as notas. Os participantes que tinham tirado 5 com a aparência despojada e 7 com maquiagem, barba e roupas atraentes, por exemplo, usavam adornos eficientes.

É interessante apontar que narcisismo e a Tríade Obscura prognosticaram esse adorno eficiente. Os participantes do estudo se empenharam mais em parecer atraentes, e não só se dedicaram mais a ficar bem-arrumados como também pareceram mais eficientes em apresentar uma boa aparência. É evidente que essa conclusão inclui ressalvas. Não quero dar a falsa impressão de que os que cuidam da própria aparência são narcisistas ou que fazer isso é ruim. Na verdade, o que estou dizendo é que quem passa mais tempo cuidando da própria aparência e passa um ar de confiança é mais bem apreciado, e que os narcisistas fazem isso para serem apreciados. Essa é uma estratégia que funciona para as pessoas em geral, de modo que os narcisistas têm mais chance de se adaptar a ela de modo eficiente a fim de satisfazer sua necessidade de atenção.

A Atratividade do Narcisismo e as Fatias Finas

Além da aparência física, os estudiosos da personalidade têm demonstrado interesse pela atração exercida pelos narcisistas em suas interações iniciais. Para estudar esse ponto, meus colegas usam uma técnica chamada "fatias finas", por meio da qual filmam os participantes em vídeos de trinta ou sessenta segundos para analisar como eles se apresentam e falam de si mesmos. Outros estudos filmaram pessoas se apresentando em situações da vida real, obtendo resultados semelhantes. Os estudos descobriram que, no caso dos narcisistas grandiosos em particular, as pessoas gostam deles no contato inicial. De modo geral, os narcisistas parecem atraentes, e isso combina com a aparência deles. Além do mais, não expõem de imediato toda a arrogância e, sem dúvida, não usam um moletom no qual se lê "Sou um imbecil narcisista e vou dormir com a sua irmã". Não é essa a impressão que causam.

Na Alemanha, Mitja Back e seus colegas realizaram um dos meus estudos prediletos sobre esse tópico, no qual indicam que vários fatores estão ligados à atração exercida a princípio pelo narcisista nessas fatias finas.[11] Antes de mais nada, a pessoa tem uma aparência chamativa e intrigante – pense em roupas coloridas e expressões faciais sedutoras. Ela dá a impressão de estar interessada e ser agradável, não rabugenta. O narcisista também é mais seguro em seus movimentos corporais, de modo que sua postura é mais ereta e a linguagem corporal tende a ser de dominação; portanto, os gestos são mais expansivos. Faz sentido que alguém bem-arrumado, que se impõe pela postura e se mostra cheio de vida seja atraente. Os relacionamentos não românticos funcionam da mesma maneira e a pesquisa com fatias finas também mostra isso. Embora as amizades e o convívio com colegas de trabalho sejam em geral menos extremos e menos saturados de emoções do que as relações românticas, os narcisistas ainda assim continuam sendo atraentes porque são agradáveis, extrovertidos e confiantes.

Os elementos que não aparecem de início são o antagonismo e o neuroticismo, que só se manifestam depois que a relação avança. Com o tempo, desaba a fachada agradável e o narcisista se torna desagradável. Em um estudo de 2015, durante poucas semanas, algumas pessoas responderam ao Inventário de Personalidade Narcisista e depois formaram pequenos grupos.[12] A impressão causada pelos narcisistas mudou com notável rapidez – de positiva, no primeiro encontro, para negativa. Os narcisistas são aptos a relações superficiais, brandas e extrovertidas. São capazes de sair com facilidade de uma relação ou amizade e passar para a próxima, mas, muitas vezes, deixam a outra pessoa emocionalmente esgotada. No âmbito familiar, os desafios são muito mais exigentes. É difícil largar a família e seguir em frente, e os membros narcisistas de uma família conseguem com frequência seduzir e manipular pessoas de fora (e até de dentro) da família, o que pode causar exaustão e tensão nas relações. A Tabela 7.2 traz várias estratégias narcisistas de relacionamento, com exemplos de cada uma.

Tabela 7.2: Estratégias de relacionamento empregadas por narcisistas

ESTRATÉGIA	EXEMPLOS
Adornos eficientes	Penteados e maquiagem
Roupas elegantes e vistosas	Na moda Coloridas
Expressão facial sedutora	Seguro de si Otimismo
Movimentação corporal confiante	Postura ereta Atitudes de dominação

Atratividade do Narcisismo e Homofilia

Quando se trata do estágio inicial de atração em um relacionamento, costumam me perguntar se existe predisposição para alguém se apaixonar por um narcisista. Tem-se falado de pessoas com empatia ou com elevada percepção das emoções alheias, chegando mesmo a senti-las, e de serem atraídas por narcisistas. Outros mencionam que aqueles que costumam consentir [*enablers*] acabam se casando com narcisistas. Nos dois casos, as pesquisas não encontraram evidências de que isso seja verdade. Com certeza, pode acontecer às vezes, mas não parece que esse seja um padrão dominante que tenhamos conseguido detectar em nossos estudos.

A outra questão que surge quando se fala de narcisismo e relacionamentos é a ideia de que "semelhantes se atraem". Como diz o ditado: "Diga-me com quem andas e te direi quem és". Sendo assim, os pesquisadores têm se indagado sobre se essa "homofilia" se aplica a narcisistas, que atrairiam pessoas como eles. No caso dos grandiosos, como diversos estudos mostraram, há uma pequena correlação entre parceiros quanto ao nível de narcisismo,[13] mas isso não quer dizer que você é narcisista se estiver em uma relação com um narcisista; só que há uma pequena chance de correspondência.

Por exemplo, em um estudo de 2015, Michael Grosz e seus colegas, na Alemanha e na Holanda, comprovaram que os casais preferem parceiros românticos com níveis similares de narcisismo.[14] As pesquisas da psicologia social sobre atração podem explicar por quê. A hipótese da atração pelo similar sugere que as pessoas gostam de quem tem ideias semelhantes em termos de política, religião e valores, o que torna a relação mais fácil. Quem tem as mesmas ideias tende a se dar bem e a conversar sem entrar em conflito. No caso do narcisismo, atitudes semelhantes em termos de materialismo, demonstrações públicas de valor pessoal e exibição podem ser mutuamente admiradas. A extroversão e a confiança também podem aproximar os narcisistas.

Até mesmo pesquisas com primatas não humanos, como símios do gênero Macaca, mostram que os de comportamento social similar tendem a formar pares e se relacionar com o passar do tempo. No caso dos narcisistas grandiosos em especial, é provável que essa sociabilidade básica ajude na formação de pares. Isso posto, a homofilia permanece como uma das grandes questões para pesquisas futuras, conforme os estudiosos da personalidade se aprofundam nessas teorias, em particular por não ser um indício forte em todas as relações. Como se pode imaginar, essa espécie de atração nem sempre é o caso, e com certeza não quero que as pessoas em um relacionamento com um narcisista pensem que também são narcisistas, ou, por outro lado, que se sintam como pessoas de alta empatia, que "merecem" isso de alguma maneira, porque são muito legais e se importam demais com os outros. Isso é como culpar o cervo por ser devorado pelo puma; não se pode dizer que o cervo devia ter desconfiado ou sido mais rápido. Com os narcisistas, nem sempre conseguimos enxergar os avisos de perigo, senão quando o relacionamento já está adiantado.

A Falta de Atratividade do Narcisismo

Agora está na hora de explorar mais a fundo os aspectos problemáticos do narcisismo em relacionamentos; eles são numerosos e têm sido documentados em abundância. Conforme o Modelo Tríplice, que trata tanto do narcisismo grandioso como do vulnerável, esses aspectos problemáticos podem apresentar diferenças muito grandes e resultar em várias complicações que surgem nas diversas etapas de uma relação. Como é de esperar, os aspectos problemáticos têm a ver com mudanças na extroversão, no antagonismo e no neuroticismo à medida que o narcisista vivencia o relacionamento.

A extroversão ativa, em geral considerada um traço positivo no início de um relacionamento, costuma ter pouca duração. Os narcisistas adoram o período da lua de mel, repleto de empolgação, paixão e confiança, mas todo mundo sabe que isso não dura para sempre. Uma parte do tédio e da rotina inevitáveis provém da expansão da personalidade, que ocorre quando a pessoa passa a conhecer o outro e a incorporar aspectos dele em sua vida. Por exemplo, se uma mulher inicia um relacionamento com um advogado, no início a relação tem vários relatos interessantes sobre lei e casos em julgamento no tribunal, e esses assuntos são excitantes. No entanto, com o passar do tempo, esse sentimento perde força. Embora ainda possa ser interessante falar do dia a dia no trabalho, a empolgação cede terreno à familiaridade e a conversas confortáveis.

Para explicar esse conceito aos meus alunos da faculdade de Psicologia, uso como exemplo a saga *Crepúsculo*, que capta a ideia da atração por alguém único e intrigante. A protagonista conhece um vampiro atraente, que brilha ao sol e emite faíscas como um diamante. Depois de algum tempo, porém, isso começa a cansar. Ela não consegue sair com o namorado para encontrar os amigos em um restaurante sem que isso chame atenção e não pode ir à praia em dia de sol com o vampiro; só pode ficar com ele em locais escuros, como uma balada e no meio do mato, e o vampiro é um tanto "emo". A relação, que começou como uma aventura excitante, transforma-se em uma rotina previsível. É o mesmo que acontece com todo relacionamento, mas, com os narcisistas, a rotina pode envolver manipulação e abusos.

Acrescente-se a isso que o antagonismo, acompanhado de indiferença, baixa amabilidade e dar-se direitos, acarreta problemas para os relacionamentos de longo prazo com narcisistas. Se estes se acham merecedores de um tratamento especial, podem sentir que não estão recebendo atenção ou elogios em dose suficiente, em particular com o passar do tempo. Juntemos a isso o fato de que todos os dias os casais costumam superestimar tudo o que fazem e subestimar tudo o que o cônjuge faz. Nas relações normais, um dos dois se vê levando o lixo para fora e lavando a louça, mas é provável que não preste muita atenção quando é o cônjuge quem realiza tais tarefas, o que pode interferir no senso de justiça entre os dois. Esse fenômeno corriqueiro é exacerbado no caso dos narcisistas, que sempre se sentem maltratados, subvalorizados e ignorados.

Além disso, o antagonismo também parece ser o fator responsável por agressões narcisistas, como vimos na meta-análise de Courtland Hyatt, mencionada antes. Em muitos estudos de laboratório, a agressividade é mensurada com recursos como sons explosivos e choques elétricos. Em um experimento típico, o participante é informado de que está competindo com outro participante de outra sala – que não está de fato lá (um "aliado" do experimento, como é do). Conforme os critérios do estudo, o sujeito experimental é instruído a dar choques no aliado; em troca, recebe choques também. Os pesquisadores medem a intensidade dos choques como uma medida física de agressividade. Esses estudos mostraram que os narcisistas se predispõem mais a dar choque nos outros, ou sujeitá-los a sons explosivos, depois de terem sido alvo de agressões.

Entretanto, essas pesquisas não estão isentas de falhas, em especial quando se trata de como a agressividade é medida em um ambiente de laboratório. As pessoas têm se mostrado hesitantes quanto ao modo de fazer essas mensurações, inclusive eu, por isso é importante observar o narcisismo e a agressividade no mundo real. Por sorte, vários estudos recentes, entre eles alguns feitos em 2018 na Itália, nos Estados Unidos e no Reino Unido, mediram o narcisismo e escalas de personalidade em ambiente prisional.[15] Essas pesquisas descobriram que o narcisismo prognostica agressões físicas, criminalmente e dentro do sistema prisional. Isso não quer dizer que todo narcisista comete crimes ou se comporta de modo violento; aliás, a maioria das pessoas nunca comete um crime violento, mas os que cometem costumam exibir níveis mais altos de narcisismo, o que pode ser particularmente prejudicial nos relacionamentos.

O último aspecto problemático do narcisismo nas relações é o neuroticismo, que se apresenta como carência e insegurança na relação. Algumas pesquisas verificaram que o narcisismo vulnerável, em especial, está associado a um estilo inseguro de apego e que os narcisistas vulneráveis costumam necessitar de parceiros que os tranquilizem, fazendo-os se sentirem aceitos ou garantindo-lhes conexão no relacionamento. A experiência de ter uma relação com alguém carente não é agradável, sobretudo se o vínculo se torna um relacionamento de longo prazo. No curto prazo, proporcionar essa espécie de conforto pode fazer a pessoa se sentir bem a respeito de si própria, porque está ajudando alguém, tornando-a estável e reforçando sua noção pessoal de que é alguém que faz a diferença. Porém, no longo prazo, essa pressão se torna exaustiva, porque o indivíduo só existe para reafirmar a autoestima do outro, e esse sentimento cresce até os dois se darem conta de que não gostam mais de estar naquele relacionamento. Some-se a isso que o neuroticismo se presta a condutas depressivas, agressivas e hostis, além de em geral ser emotivo, defensivo e impulsivo, o que provoca comentários irritados que logo podem virar um bate-boca.

Como parte dos aspectos problemáticos, costumam me perguntar com frequência a respeito do chamado "bombardeio amoroso" por parte dos narcisistas, e se eles têm tendência a sobrecarregar as pessoas com mostras de afeição para depois ignorá-las solenemente, quando ficam entediados. Embora as pesquisas mostrem que os narcisistas costumam ser mais positivos e atraentes nas etapas iniciais de um relacionamento, os pesquisadores não encontraram evidências sólidas que corroborem a ideia específica de um "bombardeio amoroso". Existe a possibilidade de que essa conduta esteja relacionada ao narcisismo vulnerável e à tendência de buscar amor e atenção por meio da carência e de se dar direitos. No entanto, como hoje em dia são poucos os estudos nessa área, não podemos dizer com certeza.

Nessa mesma linha, os pesquisadores ainda não estudaram a ligação do narcisismo com o ato de manipular alguém a ponto de essa pessoa questionar sua saúde mental e a própria memória, lançando dúvidas sobre certas lembranças ou sentimentos (o que se conhece hoje por *gaslighting*). Um exemplo disso é o seu namorado dizer que você é infiel e está paquerando alguém, quando na realidade é ele quem está traindo. Como essa espécie de controle pode ser comum em abusadores narcisistas e líderes de cultos, por exemplo, as pesquisas podem indicar que o narcisismo de fato tem relação com o quadro. Por enquanto, essa tática de manipulação tem sido mais discutida em textos filosóficos do que na psicologia, mas conheço vários alunos que estão estudando esse conceito agora, o que pode nos trazer alguns resultados e bate-papos interessantes nos próximos anos.

Padrões Narcisistas de Relacionamento

No geral, os relacionamentos com narcisistas seguem padrões variados, dada a mistura de amabilidade, antagonismo e vulnerabilidade que cada pessoa exibe. Um estudo de 2014 sobre amizades narcisistas analisou alunos de uma faculdade na Polônia onde os grupos trabalhavam juntos em projetos de longa duração, em um modelo de atuação em grupo semelhante ao usado nos Estados Unidos em escolas de Administração.[16] Os integrantes dos grupos eram instruídos a avaliar se gostavam ou não dos colegas; não foi nenhuma surpresa os alunos não gostarem dos dois tipos de narcisistas. Os grandiosos foram alvo de um número maior de "não gosto" por parte dos colegas, enquanto os vulneráveis receberam menos "gosto" dos membros do grupo. Os autores do estudo concluíram que as duas formas de narcisismo podiam prognosticar impopularidade nos grupos.

A melhor maneira que encontrei para descrever essa transição de ser querido nos relacionamentos para deixar de sê-lo é o que chamo de "Modelo do Bolo de Chocolate". Com base nas pesquisas disponíveis à época, apresentei uma versão inicial desse modelo em 2005, no meu livro *When You Love a Man Who Loves Himself*, já citado, cujo assunto são os narcisistas grandiosos e os relacionamentos. Segundo o Modelo do Bolo de Chocolate, quando podem escolher entre duas opções – digamos, uma fatia de bolo de chocolate ou uma salada saudável com frango –, as pessoas preferem o atraente bolo de chocolate e fazem isso por motivos lógicos: o bolo de chocolate tem melhor aparência, melhor sabor e, naquele momento, parece melhor. O problema é que esses benefícios só duram os minutos em que a fatia é degustada.

Uma hora depois, o bolo de chocolate não parece mais tão bom. Algumas pessoas podem sentir dor de estômago. Outras acham que comer bolo não é saudável. Quase todas vão sentir uma queda no nível de açúcar depois de uma taxa glicêmica elevada. Embora a escolha de comer o bolo de chocolate tenha sido racional, só foi racional no curto prazo. O mesmo vale para as várias outras escolhas que parecem sedutoras no começo e depois se mostram um desastre, como os vícios em drogas, sexo e outras substâncias.

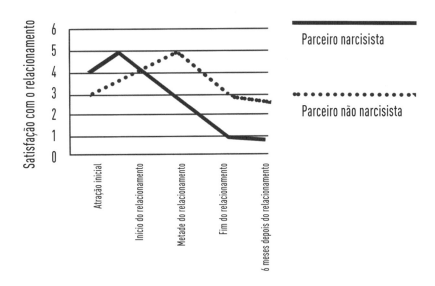

Por outro lado, é provável que a escolha por alimentos saudáveis traga benefícios no longo prazo. A princípio, pode não ter um ótimo sabor, em especial diante da decadente opção de prazer e culpa. Porém, uma hora depois, a pessoa se sente bem e até mesmo saudável. Aliás, no dia seguinte, ela pode pensar: "Sou uma boa pessoa, alguém capaz de comer coisas saudáveis. Sei me cuidar. Não recebi a dose de açúcar do bolo de chocolate, mas, no dia seguinte, sempre me sinto feliz". Com esse modelo, é mais fácil perceber que namorar narcisistas, em particular do tipo grandioso, satisfaz a busca por excitação imediata, mas provoca decepções no longo prazo.

Em certa medida, algumas pesquisas têm confirmado a ideia do bolo de chocolate. Em 2002, pedimos a participantes de um estudo que fizessem um gráfico de envolvimentos com parceiros narcisistas e não narcisistas ao longo do tempo.[17] Foi constatado que os relacionamentos narcisistas costumavam começar com uma forte onda de satisfação que depois desabava, desaparecendo por completo. No caso dos não narcisistas, a onda não subia tanto, mas a satisfação aumentava com o passar do tempo e não terminava em desastre.

Desde então, o entendimento que os psicólogos têm do narcisismo mudou e passou a incluir o Modelo Tríplice e também o narcisismo vulnerável; por sua vez, surgiram novas concepções sobre padrões de relacionamentos narcisistas. A fim de incorporar todas essas informações, os pesquisadores subdividiram as características narcisistas nos relacionamentos em uma parte de extroversão ativa, chamada *admiração*, e em outra antagonista, chamada *rivalidade*. Em 2014, um grupo de psicólogos alemães estudou a justaposição entre paqueras de curto prazo e relacionamentos de longo prazo, pressupondo que os narcisistas mudariam de motivação ao longo do caminho.[18] O grupo pensava que, no começo, o narcisista buscaria ser admirado pela pessoa que era importante para ele em termos afetivos. No entanto, assim que ela fosse "fisgada" e o objetivo fosse alcançado, o narcisista precisaria de um novo alguém. A partir de então, a continuidade da autoestima se desenvolveria pela rivalidade ou pelo menosprezo da pessoa envolvida, a fim de ele se sentir melhor consigo mesmo. Pesquisas similares chegaram ao mesmo resultado.

O que tais estudos revelaram é que o atributo da extroversão ativa nas relações é atraente no começo e depois se desfaz com o tempo, mas em nenhum momento perde a graça. Tal característica nunca está negativamente associada à satisfação com o relacionamento. Ela apenas deixa de ser positiva e passa a ser neutra. Por outro lado, o antagonismo começa como um traço ligeiramente negativo que piora com o tempo. Outra possibilidade é medir mudanças no neuroticismo também. Até onde sei, ninguém estudou esse ponto formalmente, mas os pesquisadores podem prognosticar que mais neuroticismo e mais narcisismo vulnerável não serão atraentes no princípio, o que logo resultará em uma relação insatisfatória.

A peça final do quebra-cabeça, que ainda não foi testada desde que fiz essa proposta há uma década, é até que ponto os relacionamentos narcisistas podem surtir efeitos colaterais negativos. De modo específico, podem causar confusão e queda de confiança no não narcisista envolvido na relação. Os narcisistas grandiosos têm mais chance de ser extrovertidos e trair. Embora isso não os torne necessariamente antagonistas em relação ao cônjuge, faz deles pessoas infiéis e nas quais não se pode confiar. Mesmo quando o cônjuge pensa que o narcisista é inteligente, envolvente e atraente bem como que o relacionamento é razoável, a relação pode se mostrar problemática no final. Depois do fim do relacionamento, o não narcisista pode questionar a relação e a si mesmo, perguntando-se o que foi que fez, o que deu errado, o que poderia ter sido diferente. Ele pode até acreditar que não era atraente nem envolvente o bastante para manter o parceiro a seu lado. Claro que não foi nada disso. Os narcisistas que demonstram interesse pela busca de novidades na vida sexual têm, por definição, altos níveis de busca de novidades sexuais, o que significa que ninguém nem nenhum relacionamento são capazes de satisfazê-los.

Também podem acontecer efeitos que ficam repercutindo por muito tempo. Em particular, relações abusivas ou violentas podem redundar em transtorno de estresse pós-traumático. Quando uma pessoa que vive um relacionamento desses consegue sair dele, é comum que sinta alívio, mas também fica se perguntando como "deixou" aquela relação acontecer, para início de conversa, e por que foi "tão idiota" em manter aquele relacionamento. No caso dos narcisistas mais grandiosos, mesmo que uma pessoa entenda como ou por que se sentiu atraída, as dúvidas que permanecem giram em torno de por que não conseguiu seguir em frente com a relação. É esse o ponto em que os maiores danos de longo prazo podem acontecer, o que o torna uma grande área de estudo para a psicologia no futuro.

Esses são padrões que também se aplicam a relações fora do contexto romântico. Relacionamentos com narcisistas grandiosos tendem a ter altos e baixos até chegarem a um platô, enquanto relacionamentos com narcisistas vulneráveis tendem a ficar cada vez piores, até ruírem de vez. Todavia, o que ainda não foi estudado fora do contexto de relacionamentos românticos é uma questão central da relação com um narcisista: "lidar com ele". Muitas pessoas lidam com amigos, familiares, chefes, colegas etc. que são narcisistas, mas não falam a respeito; dizem apenas que a personalidade deles "é como é".

Tendo mais uma vez como referência o personagem de Bernard Tai no filme *Podres de Ricos*, esse narcisista grandioso é egocêntrico e irritante, mas também divertido. Na cena da despedida de solteiro, ele leva todos os convidados de helicóptero até um petroleiro enorme, onde organizou uma festa extravagante. Fica usando uma metralhadora, totalmente focado em si mesmo, sem dar a menor atenção ao noivo e a mais ninguém, mas quem assiste ao filme vê uma festa maravilhosa. Os outros personagens aturam Bernard e o aceitam como amigo, mas não esperam muito dele em termos de proximidade nem de dar atenção às necessidades alheias. Na minha opinião, relacionamentos desse tipo raramente acontecem, porque as relações humanas não dependem apenas da personalidade. Em certa medida, escolhemos nossos amigos, mas, com frequência, as amizades resultam das circunstâncias e dos grupos em que estamos, como a turma da escola ou do trabalho, pessoas que estão próximas no dia a dia. No fim das contas, todos nós podemos acabar tendo amigos ou parceiros narcisistas em algum momento, e às vezes cortamos relações com essas pessoas, mas às vezes apenas as toleramos.

Bando de *Nerds*: Inteligência Nefasta e Relacionamentos

Uma ideia que vai e volta quando se trata de relacionamentos é que traços sombrios estão associados à inteligência. Pensamos no estereótipo do "gênio do mal". As pessoas gostam de falar disso – e de ler a respeito na mídia popular – porque o tema rende manchetes chamativas. Lembre-se das histórias que você deve ter visto nos últimos tempos que diziam que quem prageja é mais inteligente.

No entanto, poucos pesquisadores testaram essa ideia, comparando traços sombrios e o QI. Até mesmo uma meta-análise realizada em 2013 por vários psicólogos dos Estados Unidos verificou pouca correspondência entre esses dois fatores.[19] Os pesquisadores analisaram de modo específico a capacidade mental geral e a Tríade Obscura para determinar se pessoas com a característica de explorarem socialmente outras tendem a ser mais inteligentes. No geral, a capacidade mental não evidenciou nenhuma relação consistente com qualquer traço sombrio. As conclusões desse estudo não corroboraram nem a hipótese do gênio do mal, nem a hipótese compensatória de que pessoas menos inteligentes compensam essa desvantagem adotando comportamentos de manipulação.

Informação Privilegiada: O Empregado Narcisista

Empregados narcisistas costumam ser uma grande dor de cabeça porque podem ser apreciados e bem-sucedidos em certos aspectos do trabalho que executam. É comum se dizer que eles têm o "toque de Midas" e são mantidos no emprego em cargos de alto nível apenas porque dão conta das incumbências. Entretanto, o custo de um empregado narcisista é seu comportamento profissional contraproducente. Pense em Steve Jobs. Em numerosos relatos, ex-empregados elogiaram seu brilhantismo, mas detestavam seu estilo de gestão, dizendo que ele agia sem pensar e tomava decisões ruins, não dava o devido crédito a quem era merecedor e partia logo para o ataque contra novas ideias, às vezes se apoderando delas mais tarde e fazendo-as parecer suas.

    Pesquisadores do ambiente corporativo têm analisado essas questões mais de perto do que os estudiosos da personalidade vêm fazendo nos últimos tempos e têm obtido resultados interessantes. Um estudo de 2014 indica que os narcisistas têm dificuldade com relações interpessoais no trabalho e agem com impulsividade, o que os leva a condutas profissionais contraproducentes.[20] Ao mesmo tempo, segundo os autores desse trabalho, os narcisistas podem ser úteis em quatro áreas: administração internacional, aspectos sociais da responsabilidade social administrativa/corporativa, empreendedorismo e negociação, desde que incluam as metas deles e favoreçam sua autoestima.

CAPÍTULO 8

Liderança e Narcisismo

Quando se trata de narcisismo e liderança, é provável que todos pensemos a mesma coisa: qual é a última notícia sobre Donald Trump? Durante seu mandato como presidente, psicólogos e especialistas em saúde mental mantiveram-se em desacordo sobre se o líder principal dos Estados Unidos poderia (e deveria) ser formalmente diagnosticado como portador do transtorno de personalidade narcisista. Ao mesmo tempo, todos parecem concordar que ele exibe traços e comportamentos narcisistas.

Ao longo do primeiro ano do mandato de Trump, vários democratas pediram a psiquiatras da Universidade Yale que formassem um painel para avaliar a saúde mental do presidente. Na sequência, dezenove legisladores – todos democratas – apoiaram um projeto de lei para instituir uma Comissão de Supervisão da Capacidade Presidencial. Nos termos da 25ª Emenda, essa lei concederia ao Poder Legislativo a capacidade de declarar o presidente "incapaz de se desincumbir dos ofícios e deveres de seu cargo", permitindo então ao Congresso conduzir um exame médico para definir se ele estava temporária ou permanentemente comprometido por uma doença física, mental ou causada por uso de drogas que o impedisse de cumprir seus deveres como presidente. Proposto em abril de 2017, o projeto de lei foi apresentado no plenário da Câmara menos de um mês depois e, em seguida, encaminhado para a avaliação do Subcomitê de Constituição e Justiça Civil. E lá continua, mesmo com a adesão dos vários democratas que assinaram a petição, alcançando o total de 67 parlamentares.

Do ponto de vista clínico, alguns especialistas anunciaram publicamente seu diagnóstico de transtorno de personalidade narcisista, enquanto outros comentaram o comportamento e os pronunciamentos de Trump pelo ângulo da impulsividade e da paranoia. Em um livro lançado em 2017, com o título *The Dangerous Case of Donald Trump*, 27 psiquiatras e outros especialistas em saúde mental debatem a condição mental de Trump e afirmam que ele representa um perigo para a nação e para a saúde mental dos Estados Unidos.[1] Escrevi um artigo sobre esse livro e a 25ª Emenda, que postei no *site Medium*, e não mudei de ideia.[2] Acredito que o narcisismo de Trump serviu tanto para ajudá-lo como lhe causar danos. Não penso que represente um nível clínico de comprometimento. Por exemplo, ele não teve reações exageradas a ameaças, nem se promoveu à custa de outros a um ponto que me pareceu ser possível. Não foi flagrado tendo casos amorosos fora do casamento, nem se apropriando de fundos públicos. Foi alvo de *impeachment* exatamente como a pesquisa sobre narcisismo previu e, embora isso pudesse ser visto como uma manifestação clínica de narcisismo, foi um processo mais de cunho partidário, como o de Bill Clinton, então é difícil dizer. Tenho muitos colegas que discordam da minha opinião e consideram Trump mentalmente doente, e dizem que sou tendencioso porque espero que os líderes sejam narcisistas.

O narcisismo de Trump foi uma das fontes de inspiração para minha monografia sobre narcisismo e atração romântica (dica: esposa-troféu) há mais de vinte anos, mas esse não é o único líder com esse traço de personalidade. Ao longo de toda a história, temos visto uma série de líderes narcisistas, entre eles, presidentes dos Estados Unidos, e o narcisismo pode redundar tanto em grandes benefícios como em altos custos para uma liderança. De fato, uma faca de dois gumes.

Narcisismo e liderança acontecem juntos como piquenique e formigas. A liderança é um objetivo dos narcisistas porque significa *status*, poder e atenção, além de riqueza e até mesmo sexo. Em especial entre os homens, a liderança é um ótimo meio para conquistar o afeto dos outros – ou apenas para explorar pessoas – a fim de chegar ao sexo. Hoje, Trump é condenado por seus comentários sobre a fama e os genitais femininos, mas não é o único a fazer isso. Bill Clinton arruinou sua presidência com seu romance paralelo com a estagiária Monica Lewinsky; o ex-deputado democrata Anthony Weiner comprometeu a carreira duas vezes, além de ter sido condenado à prisão, por enviar a menores de idade conteúdos de teor sexual pelas redes sociais. O presidente John F. Kennedy foi famoso por seus romances paralelos (e por sua audácia ao comandar um barco torpedeiro PT-109 na zona de conflitos durante a Segunda Guerra Mundial), e o ainda mais narcisista presidente Lyndon Johnson afirmou que tinha tido mais sexo casual do que JFK tinha feito de modo deliberado.

Como a liderança é um processo complexo e há escolas dedicadas a estudá-la, um capítulo conciso sobre narcisismo e liderança deve enfocar seus aspectos principais para compreender do que se trata. Em primeiro lugar, aqui definimos liderança como a capacidade de motivar e dirigir um grupo para um objetivo; esse conceito se aplica do líder de fila na escola primária ao CEO de uma empresa. Assim como o amor, a liderança é um conceito simples, mas colocá-la em prática é complexo. Traços de personalidade como o narcisismo têm um papel importante em quem escolhemos como líder e como ele desempenha seu papel.

Para bem pesquisar essas questões, os estudiosos da personalidade analisam a *emergência* – ou chegada à liderança – e a *eficiência* do que ocorre quando alguém está no poder. É importante notar que líderes emergentes não são necessariamente eficientes e que líderes eficientes nem sempre emergem. Além disso, há questões sobre os líderes e como dirigem ou transformam as organizações. Algumas tarefas de liderança são voltadas a manter a estrutura organizacional seguindo na mesma direção, enquanto outras são destinadas a realizar amplas correções de rumo ou a trocar de motor no meio da viagem. Líderes narcisistas adaptam-se melhor a mudanças de grande porte.

Líderes Narcisistas e Liderança Emergente

A liderança emergente acontece quando uma pessoa ascende à posição de líder de um grupo. Esse é um processo que pode se dar em todos os tipos de níveis. Há pesquisas em psicologia que formam grupos de estudo com estudantes que devem "trabalhar juntos em um projeto"; no final, perguntam quem é o líder. É inevitável que alguém desponte como líder. Aliás, em estudos com animais, uma figura de liderança emerge com rapidez, em geral após poucos minutos. Os que querem o papel de líder e são ousados, quer se trate de macacos, cães ou seres humanos, emergem prontamente, dando mostras de autoconfiança e dominação.

A liderança emergente ocorre também em grupos mais civilizados. Em academias de formação de militares, como West Point ou a Força Aérea, os cadetes são avaliados como líderes ao longo do ano em que trabalham no seu esquadrão. Esses dados podem ser utilizados para verificar se houve uma liderança emergente, ainda que somente durante os seis ou doze meses do curso de formação.

No contexto mais amplo de uma carreira, a pessoa chega ao cargo de CEO ou se torna uma figura púbica, um parlamentar ou o presidente. Nesses casos, a liderança emergente acontece ao longo de décadas ou de uma vida inteira, mas trata-se de um processo gradual de progresso e ascensão, no âmbito de um sistema.

Naturalmente, múltiplos atributos podem contribuir para uma pessoa emergir como líder, entre eles, inteligência, altura e conhecimentos especializados. Além disso, uma variedade de fatores motiva as pessoas a buscarem a liderança, como competência, *status*, sede de poder, desejo de mudança. Diversos grandes líderes esperam mudar o mundo para melhor e se empenham arduamente, primeiro para alcançar uma posição de liderança e depois para enfrentar os desafios desse papel. De sua parte, os narcisistas embarcam nessa por vaidade. Querem melhorar de *status*, e qualquer sistema que garanta *status* e poder será atrativo para quem tem tendências narcisistas. Assim como no *rock and roll*, não estão nessa pela música, mas pelo estilo de vida.

O modo mais fácil de observar ou comparar o perfil de um líder emergente é usando o modelo pentafatorial. No caso do narcisismo em particular, isso quer dizer considerar três desses fatores: extroversão, neuroticismo e antagonismo. Como mencionamos em capítulos anteriores, a extroversão se relaciona com grandiosidade; o neuroticismo, com vulnerabilidade; e o antagonismo, com os dois.

Diversas pesquisas que têm investigado o vínculo entre os Cinco Traços Principais e liderança apontam que os traços vulneráveis não costumam ter bom resultado. Em várias ótimas meta-análises, o psicólogo Tim Judge e seus colegas observaram que o neuroticismo não se dá bem com liderança.[3] É provável que pessoas com alto índice de neuroticismo não despontem como líderes nem sejam eficientes. Em uma situação de alto nível de ameaça, o líder neurótico pode se sair melhor na detecção de ameaças, mas, em geral, pessoas ansiosas e deprimidas não enfrentam bem a pressão de ocupar um posto de liderança. Isso quer dizer que o narcisismo vulnerável não prediz de modo positivo um comportamento de liderança. Embora possam prever negativamente uma conduta de liderança, não existem pesquisas desse tipo porque não existe interesse por parte da comunidade científica. Em vez disso, os estudos priorizam figuras públicas notórias, como Trump, Steve Jobs, o general George Patton e os clássicos membros da família Rockefeller.

O próximo item da lista dos pesquisadores é a amabilidade, e os estudos têm constatado que, em certa medida, uma liderança eficiente se baseia em amabilidade. Porém, quem chega à liderança não é considerado alguém mais amável que os demais.

A extroversão se mostra o traço positivamente associado com liderança e narcisismo, com eficiência da liderança e desempenho, mas também, primariamente, com a liderança emergente. A pessoa cuja personalidade tem forte extroversão tem fôlego para ser um líder emergente.

Por outro lado, introversão tampouco costuma prognosticar liderança emergente. Isso faz sentido, uma vez que, por natureza, os introvertidos não se sentem atraídos por situações que envolvam muitos contatos sociais. Mas nem sempre é assim, claro, e tudo depende de como se define introversão. Em 2012, Susan Cain publicou seu livro *Quiet*, no qual menciona que a cultura ocidental se equivoca quanto às capacidades e aos traços dos introvertidos, desvalorizando-os.[4] Nesse trabalho, ela propõe que a definição de introversão inclua "abertura a experiências", o que pode servir de uma importante via de ligação entre introvertidos e o interesse pela liderança. Por exemplo, os introvertidos calados que manifestam abertura podem ser capazes de envolver outras pessoas, motivando-as de maneira inspiradora. Contudo, segundo as definições tradicionais de introversão adotadas nos laboratórios de psicologia, a introversão prognostica baixos níveis de liderança emergente. Os introvertidos só não têm interesse por cargos de liderança nem se esforçam nesse sentido.

Os líderes que manifestam ambos os tipos de narcisismo também podem não se sair tão bem. Bob Hogan, famoso psicólogo organizacional e estudioso da personalidade, vem dizendo que essa é a pior combinação que encontra quando trabalha com executivos de alto nível. Os altamente narcisistas, mas também neuróticos e vulneráveis, sentem-se ofendidos com facilidade e são imunes a críticas. Perdem o controle, atiram coisas. Têm sede de poder, mas também são melindrosos.

Por sua vez, os narcisistas grandiosos em geral se saem razoavelmente bem. A combinação de alta extroversão com pouca amabilidade combina com os traços de personalidade da liderança emergente. O que não significa que qualquer pessoa que queira ser líder venha a se mostrar narcisista. Pelo contrário, pois o narcisista altamente extrovertido em geral encobre sua pouca amabilidade, e isso acaba resultando em líderes mais indiferentes ou egoístas do que seria desejável.

É o mesmo padrão que se verifica em centros formais de avaliação e em paradigmas de grupos sem líder. Imagine que uma equipe de pesquisa entrega a quatro executivos ou alunos de Administração um portfólio de trabalho para que discutam o caso durante uma hora. Então, a interação no grupo é observada para ver quem emerge como líder. Mesmo em centros de avaliação projetados para escolher os melhores líderes em potencial, pelo menos em nossa pesquisa, os narcisistas têm mais chance de despontar como líderes.

Por causa disso, líderes narcisistas emergem em todas as espécies de sistemas, inclusive igrejas. Em um estudo no Canadá, realizado em 2014, o narcisismo grandioso se mostrou associado a congregações mais numerosas e com o fato de um indivíduo se tornar líder de uma grande igreja.[5] Nesse mesmo sentido, na Índia, os "homens de deus" ou os que são proclamados santos exibem uma vasta margem de controle. Alguns deles podem de fato ser santos e outros não, mas o desafio é que as únicas pessoas dispostas a afirmar que são santas são as incrivelmente narcisistas ou as que são de fato santas, o que é difícil para os seguidores discernirem.

Liderança Emergente: Dominação *Versus* Prestígio

Outros fatores que podem estimular o surgimento de líderes são a dominação, o prestígio e o orgulho que correspondem ao exercício desse papel. De imediato, isso me leva a pensar no general George Patton e seu estilo de liderança. Quando comecei a trabalhar na Universidade da Georgia, Sid Rosen, professor emérito e psicólogo social, me falou do período em que serviu na Divisão de Tanques durante a Segunda Guerra

Mundial, antes de entrar para a vida acadêmica. Rosen tinha participado da invasão da Itália e combatido com Patton e o general Omar Bradley, sucessor de Patton. Quando me disse que tinha sido terrível lutar sob o comando de Patton, fiquei surpreso porque aquele general me parecia confiante e seguro de si. Sozinho, ficou diante de um avião alemão, empunhando pistolas velhas. Parecia um líder.

Porém, o que fiquei sabendo foi que servir sob o comando de Patton significara lidar com um general narcisista, que punha as próprias necessidades à frente da dos outros. Como Sid contou, os tanques norte-americanos não eram páreo para os tanques alemães, de modo que a Divisão melhorou os seus a fim de entrar em combate. Instalaram sacos de areia, arame farpado e qualquer outra coisa que puderam achar que fizesse os tanques norte-americanos parecerem mais robustos. No entanto, Patton ordenou que removessem todos os novos acréscimos porque daria a impressão de que eram fracos. Do ponto de vista de Sid, eles iriam morrer para que Patton pudesse liderar uma tropa que parecesse forte.

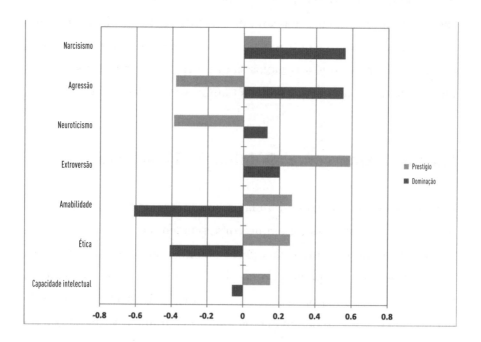

Já Bradley era outro tipo de general. Seu foco eram as tropas. Pelo menos de acordo com Sid, ele dava importância à logística, a garantir comida para os homens e a cuidar para que sobrevivessem. As pessoas não têm conhecimento de Bradley na mesma medida em que ouvem falar de Patton, provavelmente porque Bradley não era tão egocêntrico. Patton acabou enfim sendo destituído e perdeu o cargo. Os dois chegaram ao auge da carreira militar, que consiste em uma hierarquia bastante competitiva, mas fizeram isso de duas maneiras distintas. Patton seguiu o roteiro narcisista de dominação, que recorre à agressividade, arrogância e autoconfiança, abrindo caminho à força dentro do sistema.

Por outro lado, Bradley seguiu pelo caminho do prestígio, que alça o líder ao topo do grupo. Pessoas com alto prestígio não são mais narcisistas do que a média. Não têm um índice baixo de narcisismo, mas também não se exibem mais do que a pessoa comum. Ao mesmo tempo, são menos agressivas e mais extrovertidas, embora nem de longe na mesma medida que um líder focado na dominação. Em geral, esses líderes são mais amáveis, éticos e estáveis em termos emocionais, considerados sensatos e competentes. Em virtude disso, as pessoas querem que ocupem papéis de liderança. São o modelo clássico dos "líderes a serviço", como foram Martin Luther King Jr., Mahatma Gandhi e Madre Teresa, os quais causam seu maior impacto com sua elevação e fazendo os outros se elevarem também.

Outra maneira de sintonizar a diferença entre o estilo narcisista de liderança e o estilo amável é pensando na exibição de um sentimento como o orgulho. Jessica Tracy, uma psicóloga pesquisadora da Universidade da Colúmbia Britânica, estudou e compreendeu o sentimento do orgulho e como dá forma à nossa cultura. Seu trabalho mostra que o orgulho pode ser expresso por meio da dominação – dirigida a tornar a pessoa melhor do que os outros – ou do prestígio, em que a pessoa almeja ser tomada por uma sensação interna de bem-estar.[6] No caso da dominação, pense na pessoa que faz uma enterrada em um jogo de basquete, se enche de si e exclama com empáfia: "Toma essa!". No caso de um orgulho legítimo, depois de uma enterrada, é bem provável que o jogador de basquete pule de alegria, faça uma dancinha ou cerre o punho com o braço estendido, como Tiger Woods. Esses gestos são menos agressivos e intimidadores. Nos narcisistas, o orgulho está relacionado com antagonismo e arrogância, ou dominação, desconfiança e falta de amabilidade, como se vê entre os traços narcisistas.

Em última análise, narcisismo e liderança criam um desafio complexo. Os grupos precisam de alguém que queira liderar, seja confiante ao fazer isso e se importe com seus seguidores. Porém, os que querem liderar podem estar em um grupo com numerosos narcisistas grandiosos. Na minha opinião, estamos pescando atum com isca para tubarão e nos perguntando por que só pegamos tubarão. No fim, a chave para se chegar à pessoa certa para uma posição de liderança está em criar sistemas que rastreiem outros atributos, além das características da liderança emergente.

Líderes Narcisistas e Liderança Eficiente

Depois que o narcisista ascende a uma posição de liderança, ele se torna um líder eficiente? Depende. Pensando no Modelo Tríplice, o narcisismo grandioso parece que funciona em razão da alta extroversão, mas o narcisismo vulnerável não é tão eficiente. E, mesmo que examinemos o narcisismo grandioso, a questão é mais complicada do que parece ser à primeira vista. Quem trabalha para um chefe narcisista pode pensar que ali está um tirano consumado e que aquela é uma pessoa horrível com quem trabalhar, mas muitas vezes esse indivíduo pode desempenhar um papel eficiente e importante na organização, sobretudo durante fases de mudança organizacional.

Aliás, há pesquisas mostrando que alguns seguidores se saem bem tendo um líder narcisista. Tenho um amigo que é consultor e adota o estilo de liderança que se poderia descrever como "alimentando a águia e matando o pombo de fome": sempre em busca de mais líderes narcisistas. Com forte autoestima e confiança em si, esse tipo de funcionário prospera em organizações que atuam à base de incentivos, onde é possível se esforçar, fechar vendas e aprimorar seu desempenho. Por outro lado, quem tem baixa autoestima e é inseguro, mais propenso a vivenciar a síndrome do impostor, e a não ter confiança no papel que desempenha a ponto de sentir que está fingindo, esse se dá mal com um líder narcisista. Sente-se assediado moralmente, perseguido e vulnerável. Para ser eficiente, o líder narcisista precisa de seguidores resilientes, duros na queda, que concordem com – e até prosperem – esse estilo de liderança.

O contexto também tem grande importância para a eficiência da liderança narcisista. Quando é um bom momento, a situação se mantém estável e as coisas funcionam como devem, não há necessidade de uma liderança narcisista. Nesse caso, as pessoas querem um rei bom, um gestor competente, um chefe jovial que mantenha o barco andando. No entanto, quando as coisas se tornam caóticas e instáveis, quando as pessoas acham que a economia ou a vida não fazem sentido, quando a situação sai de controle, elas buscam líderes narcisistas que prometem estabilidade, confiança e direcionamento, possam eles providenciar tudo isso ou não. O problema, porém, é que essa é exatamente a situação que resulta em líderes destrutivos, como Adolf Hitler, que subiu ao poder na esteira da instabilidade da Alemanha após a Primeira Guerra Mundial, ou em líderes espirituais como Jim Jones, que prometeu preencher o vazio espiritual, mas obtinha poder fomentando cultos.

Essa avaliação também muda conforme a perspectiva. Para um líder narcisista, momentos de turbulência oferecem a oportunidade perfeita para chegar à fama, à riqueza ou a ter uma vida sexual mais ativa. O líder de um culto, o líder religioso, uma figura política, um CEO se tornam tão eficientes quanto disseram que seriam, e a situação também favorece seus interesses e objetivos. Já para seus seguidores, a história pode ser bem diferente. Aqueles que acreditam que o líder age no melhor interesse deles e cumpre suas promessas costumam se sentir mais felizes, mas os que acham que o líder só está interessado em si mesmo, é um explorador e manipulador, não sentem nada disso. Então, percebem que o líder se beneficia da organização e deixa as pessoas sofrerem.

Como esse descontentamento continua na surdina, a liderança narcisista costuma ter curta duração e esses líderes são afastados depois de algum tempo. Pense na candidatura de Gary Hart à presidência em 1988, quando foi acusado de infidelidade e perdeu sua chance. Em vez de se manter discreto durante a campanha, foi flagrado na Flórida em um barco chamado *Monkey Business*,* com uma mulher que não era sua esposa. Claro que a foto ganhou os noticiários nacionais e destruiu sua campanha. Um exemplo mais recente é o movimento #MeToo, que tem conseguindo dar um basta na carreira de figuras narcisistas, e até psicopatas, da mídia, da política e do mundo do entretenimento. Conforme mais pessoas apresentam suas denúncias e compartilham suas experiências, mais casos vão sendo descobertos. Enquanto escrevo esta parte, estão vindo a público casos extremos de abuso sexual, cometidos por homens aparentemente narcisistas, de alto *status*, embora essa exposição ocorra em um ritmo muito mais lento do que se tivessem menos poder.

Além de riscos sexuais, os líderes narcisistas são conhecidos por correrem altos riscos com a compra de bens corporativos, adotando estratégias audaciosas de liderança e fazendo lançamentos ousados de certos produtos. Quando esses riscos compensam, o líder é visto como um gênio, mas, quando não, ele é demitido, e o processo torna a se repetir em outra empresa. No auge da época das finanças corporativas, nas décadas de 1980 e 1990, líderes como o "Serrote" Al Dunlop e o "Neutron" Jack Welch foram aclamados por destruírem empresas, eliminando os

---

* Significa negócio condenável, traição. (N. da T.)

excessos da organização e reconstruindo-as como operações mais enxutas. Dependendo de onde a pessoa está, as mudanças podem melhorar o negócio no curto prazo, mas prejudicam os empregados no longo.

Em sua tentativa de escolher um líder eficiente, as pessoas podem tentar intervir de modo preventivo e preferir líderes não narcisistas, o que é mais difícil de se fazer do que parece. No mundo corporativo, os líderes costumam ser contratados por um conselho diretor ou por empresas de caça-talentos que buscam candidatos de fora da firma, indivíduos de alta visibilidade e perfil exaltado, mais propensos ao narcisismo. Em regimes democráticos, os líderes são eleitos por cidadãos ou por colégios eleitorais, tornando o pleito uma disputa por popularidade, algo que também favorece mais os narcisistas. Nos Estados Unidos, por exemplo, os vencedores tendem a aproveitar as novas tecnologias de seu tempo: Franklin Delano Roosevelt usou o rádio e John F. Kennedy, a televisão; Barack Obama foi para o Facebook; e Donald Trump, para o X. Os próximos candidatos hão de recorrer às novas plataformas em que os melhores atores e manipuladores narcisistas atraem o maior e mais polarizado grupo de seguidores em alguma mídia social.

Também existem muitos outros métodos de escolha de uma liderança. Segundo o modelo baseado na competência, os que têm êxito acabam chegando ao topo, mas aos trancos e barrancos. Isso funciona bem em um sistema baseado em recompensas, que reduz a probabilidade do narcisismo, mas, ao mesmo tempo, bons empregados podem não ser bons líderes. Em grupos organizados em torno de um princípio espiritual, como a tradição budista, os líderes são descobertos ainda jovens e educados para poderem desempenhar seu papel no futuro. Isso pode significar doutriná-los para que assumam uma identidade, reduzindo a chance de deparar com um narcisista autoproclamado santo. É evidente que essa atribuição baseada no destino pode não dar certo em muitos sistemas ou cargos de liderança.

Dado esse relacionamento complexo com a eficiência, líderes narcisistas ficam diante de uma faca de dois gumes, ou seja, diante do desafio de escolher entre agir e ser companheiro (ver Tabela 8.1). Sua extroversão assertiva, considerada um atributo positivo, costuma conflitar com o antagonismo defensivo, visto como negativo. Assim, os líderes narcisistas são ótimos para formar uma rede de contatos e falar com a mídia, e se dispõem a correr grandes riscos em público. Porém, são mais propensos a ser corruptos e a tolerar a corrupção, explorando as pessoas em proveito próprio.

Tabela 8.1: Benefícios e custos: a faca de dois gumes do líder narcisista

BENEFÍCIOS	CUSTOS
Carisma	Excesso de autoconfiança
Autoconfiança	Correr riscos destrutivos
Correr riscos	Não aprender com os erros
Empreendedorismo	Ética deficiente
Desempenho em público	Decisões tomadas em proveito próprio

Para entender melhor os aspectos positivos e negativos do narcisismo e da liderança, em particular entre os presidentes, Ashley Watts e seus colegas da Universidade Emory estudaram dados biológicos e de personalidade de 42 presidentes dos Estados Unidos até George W. Bush.[7] Recorrendo a um projeto de escala maior, envolvendo presidentes estadunidenses, no qual a personalidade antes de assumir o cargo era avaliada por biógrafos com base nos Cinco Traços Principais, Watts converteu as avaliações em índices de narcisismo e lançou esses dados em um gráfico. Entre os cinco primeiros, Lyndon Johnson, Teddy Roosevelt, Andrew Jackson, Franklin Roosevelt e John F. Kennedy tiveram os índices mais altos de narcisismo grandioso, seguidos por Richard Nixon e Bill Clinton.

Os presidentes mais narcisistas foram considerados de modo geral os melhores, embora por certo não sempre, dependendo de suas realizações. Seus feitos podem ser considerados bons ou maus, conforme o posicionamento político. Também é importante salientar que muitos líderes narcisistas tinham históricos complexos. Lyndon Johnson aprovou a Lei dos Direitos Civis e empurrou os Estados Unidos para a Guerra do Vietnã. Nixon aprovou a Lei do Ar Puro e iniciou o combate às drogas. John F. Kennedy era bom de discurso, mas acabou se revelando um mulherengo. O aspecto mais interessante também evidenciado pelos dados foi a nítida necessidade dos presidentes narcisistas de achar um equilíbrio entre ser solidário e ter iniciativa. Os líderes grandiosos tinham altos índices de traços claros, como ser capaz de persuadir publicamente e lidar com crises, embora também exibissem traços sombrios, como traição, abuso de poder e falta de ética em geral (veja a Tabela 8.2). Se estiver em busca de boas pessoas para serem líderes, evite o narcisismo, mas, se quiser líderes eficientes, é provável que você depare com uma dose razoável de narcisismo.

Presidentes dos Estados Unidos e narcisismo grandioso

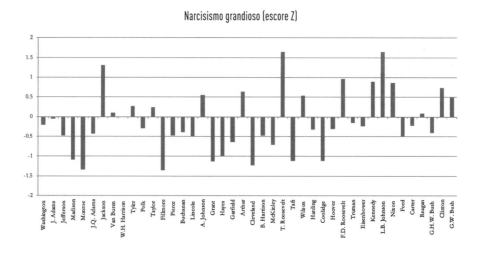

Tabela 8.2: Lado claro e lado obscuro dos presidentes dos Estados Unidos em termos de narcisismo grandioso

CLARO	OBSCURO
Número de votos populares	Abuso de poder
Gestão da crise	Traição (esposas, tributos etc.)
Persuasão pública	Priorizar sucesso político em lugar de políticas
Correr riscos	Buscar poder
Considerado "ótimo"	Antiético (a respeito próprio e de quem está próximo)

Para termos uma visão mais nítida do que estamos falando, lembremos que, quando George Washington abriu mão da presidência dos Estados Unidos, esse foi um ato tão memorável que ele foi comparado ao líder romano Lúcio Quíncio Cincinato, o exemplo anterior mais recente de um líder a assumir o comando quando a guerra assim o exigiu e depois ter abdicado. Washington chegou a ser esculpido em mármore como Cincinato, mostrando a ligação entre esses dois generais que renunciaram ao poder. Líderes altruístas são notoriamente raros na história.

Narcisismo e Mudança Organizacional: O Grande Atrito

Quando o líder forte, com tendência ao narcisismo grandioso, ataca a organização, o impacto pode lembrar o de uma bola de demolição. Contudo, o sistema não fica só ali parado, lambendo as feridas. O sistema reage e, com o tempo, chega a um equilíbrio. No âmbito da psicologia, o Modelo do Choque de Energias exemplifica o que se passa quando um líder narcisista entra em uma organização, que então dá três passos.

No primeiro, a organização passa por um estado de *perturbação*, no qual o sistema é desestabilizado e ninguém sabe ao certo o que o líder vai fazer. Quando o narcisista começa a tomar decisões ousadas e anuncia novas diretrizes, as pessoas ficam nervosas. No início, dão apoio ao líder narcisista. Porém, quando este começa a montar uma nova equipe e fazer mudanças, alguns setores do sistema se alinham em uma oposição que dá margem ao estágio de *conflito*. As pessoas prejudicadas pela mudança saem de cena ou se preparam em grupo para uma guerra burocrática. Esse conflito leva ao estágio da *resolução*, no qual o líder narcisista expõe uma visão, que é assimilada ou rejeitada. Por exemplo, um CEO novo e agressivo foi empossado na rede The Home Depot para enxugar a operação, demitir funcionários e mudar a estrutura administrativa. Essas medidas salvaram os custos no curto prazo e mudaram a cultura do negócio de uma maneira que os clientes regulares não gostaram, mas, no fim, o novo CEO venceu a batalha. Em um caso de rejeição, Jack Griffin

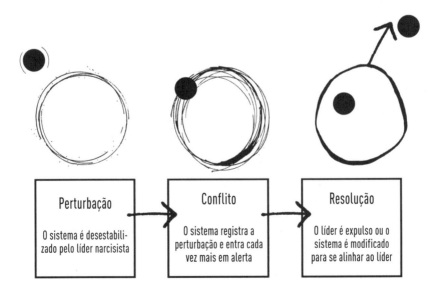

Modelo de Choque de Energias

atuou como CEO da Time Inc. durante apenas cinco meses, antes de ser despedido em razão da agressividade de seu estilo de gestão.

É claro que o Modelo de Choque de Energias se aplica com perfeição à presidência de Donald Trump. Quando ele chegou ao poder, a fase de lua de mel foi mais curta do que costuma ser e logo deu lugar à fase de perturbação. As pessoas não sabiam o que esperar de alguém que nunca tinha exercido cargo algum na política. O que se viu foram anos de conflitos seguidos entre dois grupos: um que o queria no poder e promovia seu programa, e outro que desejava expulsá-lo do cargo por meio de um *impeachment*. Enfim, o conflito foi resolvido de algum modo no final, mas o mesmo padrão permanecerá no futuro, com novos líderes.

Bando de *Nerds*: Os Narcisistas em Organizações

Assim como a estrutura de uma organização muda, também muda o nosso entendimento de como os narcisistas funcionam dentro desse sistema. Em lugar de um organograma clássico, com uma hierarquia específica que descreve o papel de cada membro e a quem se reportar, estão se tornando mais populares as organizações horizontais, com poucos níveis administrativos e uma rede informal de fluxo de informações. A liderança narcisista prospera em uma hierarquia vertical, de modo que, quando o poder dentro de uma organização está diluído em meio a uma rede, em vez de formalizado em uma hierarquia, os pesquisadores não sabem ao certo como o narcisismo vai funcionar.

Ao mesmo tempo, todas as estruturas devem ter quem tome decisões, conheça as tarefas e os projetos, e garanta que as pessoas vão assumir sua responsabilidade. Com base nas pesquisas atuais, minha hipótese é de que os narcisistas podem ganhar centralidade nas redes organizacionais, mas acabarão sendo deixados de lado ou ficando isolados em virtude da cultura da empresa. A pessoa maquiavélica clássica pode até ser capaz de lidar com uma rede de poder social, de modo que é provável que tudo dependa da rede e de quem está no emprego. Há pesquisas que indicam que até mesmo as organizações podem ser narcisistas, com uma cultura focada em obtenção de poder, sucesso e devoção. Isso pode criar desequilíbrio na vida dos empregados, que terminam sendo sacrificados para a companhia atingir suas metas.

Informação Privilegiada: O Diagnóstico de Presidentes e Figuras Públicas

O debate em torno da saúde mental de Trump traz à tona indagações importantes que já foram feitas antes: psicólogos e psiquiatras podem emitir uma opinião profissional à distância sobre uma figura pública? Seriam capazes de diagnosticar alguém que não examinaram diretamente? Essas questões chamaram bastante atenção durante a campanha presidencial de Barry Goldwater, em 1964. Na época, um grupo de psiquiatras alegou que o candidato não estava bem em termos mentais; mais tarde, Goldwater os processou. Agora, a AAP tem a "Regra Goldwater", que proíbe os psiquiatras de darem uma opinião diagnóstica se não tiverem tido contato direto com a pessoa, mas essa regra não inclui os *psicólogos*. É por isso que alguns psiquiatras falam da instabilidade de Trump sem fazerem um diagnóstico específico, o que não quer dizer que não tenham um diagnóstico em mente; só são mais contidos que outros cidadãos em suas declarações políticas.

Desde a campanha de 2016, diversos pesquisadores têm questionado essa regra. Aliás, meu colega Josh Miller e outros publicaram artigos a respeito em 2017 e postaram o manuscrito em 2018, dizendo que a regra está ultrapassada e se baseia em suposições científicas não confiáveis.[8] Esses autores deram mais um passo quando disseram que, em determinados casos, psicólogos especialistas em certos temas podem ter o "dever de informar" problemas de saúde mental e devem ter condições de fornecer sua opinião fundamentada, sob certas circunstâncias. Além disso, como é apontado no artigo, há uma boa quantidade de evidências de que diagnósticos à distância são aceitáveis no caso de uma figura pública com um longo histórico comportamental. Parece contraproducente eliminar do debate público a perspectiva de pessoas treinadas na área médica. Sou propenso a concordar com essa posição: os psiquiatras, assim como todo mundo, devem poder criticar os políticos.

CAPÍTULO 9

Mídia Social e Narcisismo

Hopey não se deu conta de que tinha lançado uma moda mundial quando tirou uma foto de sua boca machucada, que postou *on-line* em 2002. Esse estudante de Ciências de 21 anos, que morava no norte de Sydney, na Austrália, estava bêbado na festa de aniversário de um amigo quando tropeçou e caiu de cara em uma escadinha. A foto não estava boa, mas mesmo assim ele quis mostrar para algumas pessoas. E perguntou se alguém sabia se passar a língua na boca faria os pontos se soltarem antes da hora.

Quando postou a foto, ele escreveu: "Desculpem o foco. Foi uma *selfie*".

Em dez anos, todo mundo usava essa palavra, e o *Oxford English Dictionary* escolheu "*selfie*" como a palavra do ano em 2013, citando o *post* de Hopey como o primeiro uso conhecido do termo.

Graças a Hopey e ao inglês australiano, que tem a tendência de encurtar as palavras e terminá-las em *ie*, hoje em dia temos um parquinho de diversão narcisista perfeito para os *millenials* e todas as Kardashian.

"O uso do sufixo diminutivo *ie* [em inglês] é notável por nos ajudar a transformar uma iniciativa essencialmente narcisista em algo muito mais cativante", disse Judy Pearsall, diretora editorial desse dicionário.[1]

Narcisismo e *Selfies*

Autorretratos não são uma invenção recente. Têm formado a maioria dos trabalhos de pintores, da mesma maneira que autobiografias têm se mostrado um gênero popular de literatura. As primeiras câmeras fotográficas, aliás, foram desenhadas para tornar possível fazer um autorretrato, tendo um longo cabo conectado a um botão para tirar a foto. Nem foi há tanto tempo que se tornou possível montar a câmera, acionar o *timer* e depois correr para sorrir e esperar o clique. A tecnologia progrediu com rapidez, até possibilitar a *selfie*. Primeiro, as câmeras deixaram de usar filmes e se tornaram digitais. Os filmes eram caros e demorados. Mesmo com a invenção dos serviços de revelação em uma hora, tirar fotos levava tempo, dava trabalho e custava caro. Com as digitais, o custo de uma foto caiu para praticamente zero e as *selfies* só são limitadas pelo espaço de armazenamento da câmera.

Em segundo lugar, as câmeras evoluíram, passando a contar com duas lentes em lugar de só poderem fotografar de frente. Com as câmeras tradicionais de filme e digitais, o fotógrafo tinha de olhar pelo visor para enquadrar, focar e ajustar a luz da cena a ser fotografada. Mesmo depois que os autorretratos se tornaram populares, tirar uma *selfie* significava esticar o braço para captar a própria imagem e depois olhar as fotos para encontrar a pose e a expressão facial perfeitas. As telas invertidas mudaram esse cenário, e tornou-se possível tirar *selfies* com rapidez e facilidade, mesmo em um lugar cheio de gente ou em uma sala de aula, quando o professor não consegue ver.

A terceira mudança – e talvez a mais importante – foi o surgimento das mídias sociais, que permitem às pessoas compartilhar suas *selfies* com facilidade. Antes disso, o compartilhamento dependia do álbum de fotos e de cópias físicas, e os amigos e os familiares ficavam reféns das exibições de fotos de férias. Mais adiante, tornou-se possível enviar fotos por e-mail, mas havia a limitação do espaço do servidor e das listas reduzidas de contatos. No entanto, quando as mídias sociais surgiram, tornou-se possível tirar uma *selfie* e, com poucos cliques, deixá-la apresentável para amigos e seguidores. Hoje em dia, celebridades como Kim Kardashian e Kanye West têm mais de cem milhões de pessoas habilitadas a verem suas *selfies* todos os dias. Vejamos o cenário por esta perspectiva: Vincent van Gogh, talvez o mais famoso dos artistas de autorretratos, é visto cerca de duas milhões de vezes por ano no Museu Van Gogh de Amsterdã. Agora, compare com as *selfies* de Kim Kardashian, cinquenta vezes mais populares em um único ano do que os retratos de Van Gogh.

Como seria de esperar, os narcisistas grandiosos se sentem atraídos pelo formato das *selfies*. É um jeito ótimo de se exibir e aumentar a autoestima, como tanto desejam. Com base em pesquisas levadas a efeito na década passada, os narcisistas tiram mais *selfies* do que outras pessoas. Apesar de quase todo mundo tirar *selfies*, as dos narcisistas são um pouco diferentes. Eles são mais propensos a tirar fotos só de si mesmos, e não tanto de grupos e com mais pessoas, e é mais provável que curtam as *selfies* dos outros. Um estudo realizado na Coreia em 2016 indica que os indivíduos com escores mais altos de narcisismo são mais propensos a ter uma opinião favorável sobre quem posta *selfies*, dá *feedbacks* relativos a *selfies* em *sites* de redes sociais, e prestam mais atenção nas *selfies* de outras pessoas.[2]

Os narcisistas também têm mais probabilidade de incluir mais do que o próprio rosto, por exemplo, *selfies* na academia, que priorizam o abdome "tanquinho". Em uma pesquisa de 2016 sobre *selfies* e Instagram, minha aluna Jessica McCain descobriu que o narcisismo grandioso está associado com tirar e postar mais *selfies*, e também com temas relacionados a apresentações pessoais mencionadas pela própria pessoa.[3] No fundo, os narcisistas grandiosos ficam especialmente felizes quando encaminham fotos de si mesmos. Os narcisistas vulneráveis costumam ter sentimentos contraditórios sobre *selfies*. Há a possibilidade de receberem um *feedback* positivo, mas ficam apreensivos com a ameaça de um *feedback* negativo, e não sem motivo. Em uma pesquisa da Universidade Cornell, realizada em 2017, foi verificado que as pessoas estão começando a ver as *selfies* sob uma luz bastante diferente.[4] Apesar de gostarmos de tirar esse tipo de foto, costumamos pensar mal de quem posta *selfies*, em particular quando a postagem parece fabricada e falsamente íntima. Aliás, o estudo registrou que os participantes classificavam as *selfies* como mais narcisistas, inadequadas e menos atraentes do ponto de vista social. Por conta disso, os narcisistas vulneráveis costumam passar mais tempo melhorando suas *selfies* e as legendas que as acompanham.

No fim, os narcisistas concordam que fazem *selfies* para se promover. Ao mesmo tempo, as *selfies* narcisistas não são somente para a pessoa se promover. Algumas outras vantagens são a proximidade, o humor e a distração que proporcionam, só não na mesma medida que para os demais. Quem não é especialmente narcisista também gosta do lado autopromocional das *selfies*, só não tanto. Como a tecnologia continua evoluindo, é provável que os narcisistas encontrem novos meios para tirar proveito do recurso das *selfies*. Os novos *smartphones*, por exemplo, com novos filtros, alta resolução e câmeras frontais, chegaram para aprimorar o *habitat* moderno dos narcisistas.

Nossos Redutos Modernos Preferidos

As mídias sociais se tornaram a savana dos narcisistas. Os relacionamentos superficiais e numerosos das mídias sociais são perfeitos para as habilidades de um narcisista. As diversas plataformas são convidativas para os aspectos fortes dessas pessoas, em especial a extroversão, enquanto limitam as fraquezas, entre elas a incapacidade para relacionamentos emocionais profundos e o desinteresse por eles. Os sites de mídia social também são estruturados para fornecer mais *feedbacks* positivos do que negativos, na forma de curtidas, coraçõezinhos e aplausos. Tudo isso, claro, é intencional: essas redes são criadas para incentivar as pessoas a compartilhar informação. Os narcisistas têm certeza de que serão recompensados pelo que fazem. As mídias sociais também permitem que se faça a curadoria de sua imagem pública. Os narcisistas querem causar boa impressão, em especial quando se trata de aparência e sucesso; as mídias sociais lhes dão justamente essa oportunidade. Tudo que os narcisistas precisam fazer nas mídias sociais é o que sabem fazer de melhor: aumentar o número de amigos e seguidores bem como se promover publicamente.

Depois de mais de dez anos de pesquisas sobre narcisismo e mídias sociais, o que verificamos é que os narcisistas têm redes maiores de mídia social do que as outras pessoas. Isso quer dizer que as informações exibidas de modo contínuo pelas mídias sociais têm mais conteúdo narcisista, o que favorece uma visão distorcida da realidade, tal qual acontece com a televisão. Uma razão importante para os narcisistas terem redes de mídia social maiores é que eles se dedicam a isso. Ficam pedindo para serem adicionados em sites que funcionam desse modo, como Facebook e LinkedIn, e ganham seguidores em outros sites, como X e Instagram. Os narcisistas também parecem usar mais as redes sociais que os outros, embora as pesquisas apontem que essa associação é pequena.

Tudo isso pode não ser uma grande surpresa. O narcisismo vem sendo estudado junto às mídias sociais desde os tempos do Myspace. Naquela época, as pessoas se interessavam pelas fotos de perfil – em geral *selfies* – que os usuários tiravam. Agora são as chamadas "fotos PRO do Myspace", e eram tiradas por alguém segurando uma câmera e tentando não ver o que aparecia no visor, geralmente distorcendo a imagem em ângulos estranhos ou fazendo caras e bocas no espelho do banheiro. Como o Myspace começou como um site de mídia social alternativa cuja essência eram a música e a criatividade, era aceitável que as fotos fossem bizarras ou quase artísticas. Com o advento de uma concorrência que usava imagens não distorcidas, o Facebook – uma versão eletrônica do que eram antes, literalmente, os livros de fotos de escolas secundárias, faculdades e universidades – mudou o modo de tirarmos nossas *selfies*.

Em ambos os casos, o narcisismo prosperou. Pense que uma mídia social é como um nicho ambiental, algo como a savana, um mar tropical, uma região alpina. Em qualquer ecossistema, alguns animais prosperam e outros levam uma vida difícil ou chegam até a ser extintos. Os leões se dão bem na savana, onde caçam suas presas, são camuflados pela vegetação ressecada e podem demarcar grandes territórios. Em uma savana nova, repleta de presas, os leões logo aparecem e marcam seu território. Mas, se você puser um leão em uma floresta, onde há menos presas e ele não pode se camuflar, ele vai se dar mal. Aliás, ele evitaria a floresta, se fosse possível.

Nesse mesmo sentido, os narcisistas usam as redes para se promover. Costumam postar fotos mais estéticas de si mesmos, mais *selfies* e mais conteúdos favoráveis. O uso que o narcisista faz das mídias sociais não é só para se promover e se valorizar – e, para quem não é narcisista, a autopromoção é importante às vezes –, mas a autopromoção é fundamental para se entender o narcisismo e as mídias sociais.

Público na Palma da Mão

As mídias sociais podem ser usadas de muitas maneiras para estabelecer conexões. As pessoas recorrem a elas para se informar sobre acontecimentos de grande escala, como notícias de âmbito nacional, ou sobre habilidades de uso doméstico, como aprender a consertar uma maçaneta. As mídias sociais também são usadas como entretenimento, por isso a fantástica popularidade de memes com gatos e de vídeos de pessoas depois de uma anestesia. As mídias sociais nos permitem manter contato com amigos e familiares. No entanto, os narcisistas se destacam em seu desejo de usar as mídias sociais para se promover e valorizar.

O processo é simples e discutimos em capítulos anteriores sua versão *on-line*. Os narcisistas querem se sentir bem, ter autoestima elevada, ser vistos como detentores de muito *status* e sucesso, e também serem atraentes. Esse perfil cai na categoria de "sexo, *status* e coisas". Uma versão popular disso é a *selfie* que tiram de dentro da primeira classe de um avião, sentando ao lado de um passageiro em um voo internacional, segurando uma taça de espumante. Esse é o auge da autovalorização. Primeira classe é o mesmo que *status*; uma foto atraente tem valor sexual; voar em primeira classe, que custa muito, mas muito caro, é ter coisas.

Porém, o processo de autovalorização se beneficia muitíssimo das mídias sociais. No exemplo anterior, você está no avião e pede para a comissária tirar a foto. Você se sente ótimo só de estar a bordo. Depois, posta a foto em várias contas de mídia social, por exemplo, o Instagram (#realizando o sonho) ou o Facebook. Talvez você seja um tanto requintado em sua autovalorização e se dê conta de que se gabar abertamente pode torná-lo insuportável, por isso tenta se exibir com modéstia e escreve uma legenda capaz de ser mais bem-aceita. Nesse caso, boas opções parecem ser #diaotimoparavoar ou #quebençao. Você demonstra gratidão e as pessoas gostam de você ainda mais.

Apenas compartilhar a foto nas mídias sociais já é uma injeção de autoestima, mas os *feedbacks* positivos começam a chegar. Você tem 450 seguidores no Instagram e eles têm três escolhas: podem responder com um coraçãozinho para mostrar seu amor, podem escrever um comentário curto ("Boa viagem!") ou podem ignorá-lo. Com essa configuração de respostas, mais as normas sociais e sua curadoria dos seguidores (já que você bloqueou os que deram *feedback* negativo), você obtém com exatidão o que espera: 27 coraçõezinhos e 3 comentários positivos. Esse tipo de *feedback* alimenta ainda mais o ego. Agora, faltam dez minutos para o avião decolar, você já terminou o espumante e está de fato realizando seu sonho. Segundo o Modelo Tríplice, os narcisistas vulneráveis percebem que há um risco ao compartilhar nas mídias sociais *selfies* de um voo internacional porque podem não parecer tão boas quanto pensam e talvez não recebam comentários positivos, mas as mídias sociais lhes garante a oportunidade de editar imagens e legendas para que sejam as desejadas.

As pesquisas trouxeram à tona ainda outro motivo para os narcisistas usarem as mídias sociais: isso não só faz com que se sintam bem, mas também faz os outros se sentirem mal. Ao lado de mais traços sombrios, como sadismo e psicopatia, o narcisismo prognostica "trolagem" *on-line*. A trolagem é uma estratégia estranha, mas poderosa, de uso das mídias sociais. Esse termo vem da pescaria. Quando o pescador pesca desse modo, ele lança várias linhas com isca na água, da proa do barco. O esperado é que pegue um peixe que foi atraído pela isca ondulante, abocanhe essa isca e depois seja fisgado. Esse procedimento lembra a trolagem das mídias sociais, em que você faz uma postagem para suscitar uma reação. Nem sempre funciona, mas, se você postar um número considerável de comentários polêmicos em uma quantidade suficiente de áreas, pode fisgar alguns usuários de internet desafortunados. Um objetivo importante da trolagem é enganar a vítima e provocar sua raiva, razão pela qual tem quem pense que o termo "trolar" tenha vindo não da indústria pesqueira, mas do folclore escandinavo, que criou os *trolls*, criaturas míticas, em geral agressivas e maldosas, exceto em alguns filmes da Disney.

Um estudo de 2017 publicado no periódico *Computers in Human Behavior*, por exemplo, associou o narcisismo à trolagens no Facebook e verificou que os homens com tendências narcisistas têm mais probabilidade de assediar outras pessoas *on-line* e se valer de condutas antissociais, como *ciberbullying*, reagindo com agressividade a comentários negativos e fazendo postagens para chamar atenção.[5] Não ficou claro se os narcisistas usam trolagem para se tornarem alvo das atenções ou dominarem os outros, mas é provável que seja pelos dois motivos, e a ligação entre narcisismo e trolagem é bastante estável.

O que mantém esse ciclo de *feedbacks* em movimento é o efeito colateral sedutor das mídias sociais para o narcisista: a fama. Atualmente, é mais comum as pessoas se tornarem famosas por suas atividades nas mídias sociais, mas, há uma década, essa era uma ideia nova. Essa era e ainda é uma ideia radical: as pessoas podem se tonar famosas por esforço próprio. Não precisam de um assessor de relações públicas, um agente ou um estúdio que lhes dê apoio. Se têm alguma habilidade – desde uso de maquiagem até surfar –, não precisam depender de uma organização profissional, uma liga, ou uma competição, para chegar à fama. A pessoa só precisa conquistar seu público, um seguidor por vez.

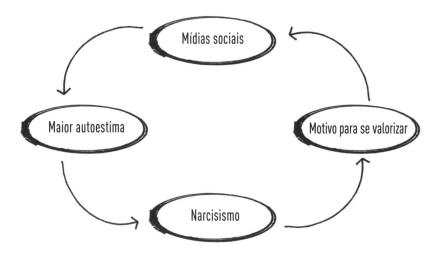

Tila Tequila foi uma das primeiras estrelas do Myspace. Era fisicamente atraente e tinha uma personalidade forte, que as pessoas achavam magnética. Hoje em dia, PewDiePie é uma das pessoas mais famosas do planeta, mas é provável que você nunca tenha ouvido falar dele. É um jovem sueco com mais de cem milhões de assinantes no YouTube. Ele faz vídeos idiotas, e não consigo mesmo entender o que é tão atraente neles. Essa é a beleza da fama nas mídias sociais. Se um cara velho, como eu, quisesse achar um talento, PewDiePie não seria minha primeira opção. Mas aqui estamos, e PewDiePie construiu sua fama do zero.

Só para esclarecer, não estou dizendo que Tila Tequila e PewDiePie sejam narcisistas. O que estou dizendo é que a fama que alcançaram por si mesmos, nas mídias sociais, tem um apelo especial para os narcisistas. E esse é outro motivo pelo qual os narcisistas são atraídos pelas mídias sociais. No geral, esses meios oferecem oportunidades significativas de autovalorização, e isso vai desde a autopromoção cotidiana até muita fama. A capacidade para a autovalorização não acontece por acaso, uma vez que é algo implícito nessas plataformas. Como diz o pessoal do suporte técnico, é um componente, não um vírus.

O Enigma da Causa-Efeito Narcisista

Será que as mídias sociais deixam alguém mais narcisista? Se, por exemplo, você pegar um bom calouro de faculdade e fizer um perfil para ele no Instagram e no Facebook, o uso que ele fizer dessas plataformas o tornará mais narcisista? Gostaria muito de ter uma resposta segura para dar, mas não tenho. O que sabemos é isto: as pesquisas da década passada mostram que as mídias sociais são usadas por narcisistas para se promover e se valorizar, e as evidências disso são inúmeras e consistentes.

Outros estudos mostraram que os narcisistas preferem endereços de e-mail que os promovam mais, como oreifascinante@gmx.net. Com base em um trabalho de 2016, temos evidências de que essa autopromoção por parte de um narcisista serve como autorreforço.[6] Ou seja, o narcisista que usa as mídias sociais para se promover é capaz de sustentar uma autoimagem inflada ao longo do tempo. Contudo, poucas evidências consistentes sugerem que o uso de mídias sociais aumente o narcisismo da pessoa comum. Por exemplo, uma pesquisa que fizemos com o Myspace verificou um aumento do narcisismo, mas a mesma pesquisa com o Facebook não chegou a esse resultado.[7] Não há evidências incontestáveis.

Minha melhor hipótese é que usar as mídias sociais não transforma as pessoas em narcisistas grandiosas, pelo contrário. Agora estou pensando que a mídia social está provocando de fato o aumento da insegurança nas pessoas. Segundo pesquisas recentes com gerações mais jovens, o uso de mídias sociais parece prognosticar menos felicidade. Em parte, isso pode ser explicado pelo nível de exposição que as mídias sociais provocam. Os jovens – e o restante de nós – recebem mais exposição do que as celebridades dos anos 1920 e 1930, o que pode causar "problemas de ser uma celebridade", como ansiedade por causa da aparência, da percepção do público a seu respeito e da reação a postagens públicas. Agora, as pessoas querem mais cirurgias plásticas e outros tratamentos cosméticos do que antes, a fim de terem a aparência de sua melhor *selfie* o tempo todo.

Outra questão é tão somente o tempo. Quando as pessoas gastam tanto tempo nas telas, deixam de passá-lo com os amigos ou realizando atividades ao ar livre. E, mesmo quando participamos de momentos com os outros, ficamos tirando fotos do *show* ou da galera para postar mais tarde. Suspeito que essa ansiedade centrada no próprio umbigo se parece muito com o narcisismo vulnerável, mas ainda não temos dados para afirmar isso.

O Uso das Mídias Sociais para Identificar o Narcisismo

Se os narcisistas usam as mídias sociais de certo modo, pode-se saber se alguém é narcisista dando uma olhada em seus perfis nas mídias sociais? A resposta é "sim", mas só de vez em quando. Os narcisistas deixam pistas ou indícios de seu narcisismo, como grande quantidade de seguidores ou o uso de certas palavras ou *hashtags*. Alguns pesquisadores conseguem identificar tendências narcisistas de determinado modo, mas o método para tanto está longe de ser perfeito. Algoritmos específicos de computador, os "sensores de narcisismo", poderiam aumentar a capacidade de localizar o narcisismo nas mídias sociais, mas essa tecnologia não funciona do mesmo modo que aparece na TV. Certo episódio do seriado policial *Bones*, por exemplo, usou uma página de mídia social para diagnosticar um criminoso com transtorno de personalidade narcisista. Embora seja sempre ótimo ver a sua pesquisa sendo usada para combater o crime, isso foi forçado. Identificar o narcisismo nas mídias sociais é um reflexo imperfeito da pessoa, não uma janela aberta para ver o que se passa em sua alma.

Quando os psicólogos pensam em identificar o narcisismo nas mídias sociais, entendem que o conteúdo é como uma lente que reflete os atributos do dono da página e os exibe para quem a acessa. Para que essa lente funcione com exatidão, o narcisismo tem de prognosticar o que é

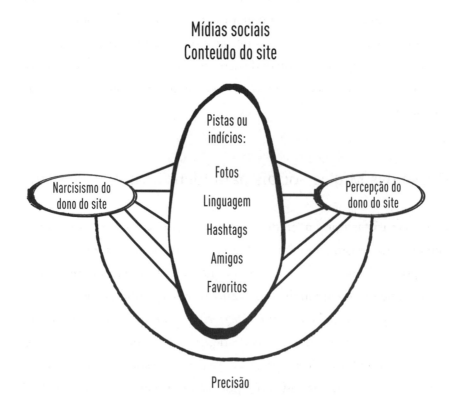

visto nas mídias sociais. Os narcisistas usam as mídias sociais de determinadas maneiras. Isso pode significar ter um perfil atraente, postar *selfies* com a pele exposta, ter muitos *links* ou amigos, postar outros conteúdos de autopromoção. Se o narcisismo não prognosticar o conteúdo das mídias sociais, então essa lente não funciona.

Depois, os pesquisadores precisam ser capazes de detectar o narcisismo com exatidão com base em informações, ou pistas, nas mídias sociais. Por exemplo, durante alguns anos, os psicólogos pensaram que os narcisistas usavam mais pronomes de primeira pessoa, como *eu, mim, meu/minha*, ao falar. Com base em novas pesquisas, observou-se que esse não é o caso típico, embora possa haver situações em que isso aconteça. No entanto, o que de fato encontramos nas pesquisas – e que às vezes as pessoas ignoram – é o fato de que xingar ou praguejar tem relação com narcisismo.

Pesquisas de laboratório sobre detecção de narcisismo com base em conteúdos de mídia social podem reconhecer o narcisismo com mais ou menos 6% de exatidão. A autodescrição da pessoa que se diz narcisista e as estimativas de observadores têm uma correlação em torno de .25. Os algoritmos de computador hoje em dia poderiam dobrar esse número e alcançar uma precisão de 10% a 15%. Para tanto, precisaríamos de uma ampla amostra de treino. Seria muito legal pesquisar assim e, em algum momento, as estimativas de narcisismo e outros traços sombrios poderiam ser inseridas em aplicativos de encontro – para dar avisos –, mas, por si sós, as mídias sociais não bastam para se chegar a conclusões definitivas.

Outro problema de se detectar narcisismo pelas mídias sociais é a profissionalização do uso desses meios que ocorreu nos últimos tempos. O Instagram mudou radicalmente do compartilhamento de fotos por pessoas comuns para se tornar um site para modelos e celebridades focadas nesse meio. Essas modelos costumam exibir uma beleza que parece não custar esforço e um estilo de vida invejável. Vistas de fora, elas parecem confiantes, carismáticas e narcisistas. Na realidade, porém, sob o verniz de autoconfiança, existe uma grande dose de ansiedade e insegurança. Se os seguidores pudessem ver um vídeo do *photoshop* dessas imagens, isso ficaria evidente, mas a única imagem que veem é o produto final, editado e refinado com cuidado.

Esse nível de fingimento explodiu publicamente no final de 2015, quando Essena O'Neill, modelo do Instagram, passou por uma espécie de despertar da consciência e abriu o jogo, postando de repente e sem reservas um vídeo sobre sair das mídias sociais "para sempre". Ali, ela mostrava as técnicas que usava para obter a imagem certa, assim como o trabalho envolvido em pegar uma boa foto e torná-la maravilhosa, além do esforço que representava fazer tudo parecer simples. Em suma, sua vida no Instagram era falsa. O'Neill tomou consciência de que estava mandando mensagens falsas para os fãs e promovendo a beleza exterior, de menor importância, em detrimento da saúde e da beleza interior, mais importantes.

Em um e-mail de seis mil palavras dirigido aos seus seguidores, ela disse: "Eu estava perdida, com sérios problemas, lindamente escondidos [...]. Para dizer o mínimo, meu vício em mídias sociais, minha personalidade perfeccionista e baixa autoestima construíram minha carreira. Excessiva sexualização, fotos de pratos perfeitos, vídeos de viagens perfeitas: foi assim que fiquei famosa. Sexo vende, e as pessoas ouvem o que loiras bonitas têm a dizer. Falei por acaso de veganismo como tendência no YouTube".[8]

Essa modelo australiana, de 19 anos, adepta de um estilo de vida vegano, convidou seus seguidores a fazer como ela e sair das mídias sociais para buscar algo a mais na vida "real" tangível. Ela lançou, então, um novo site, chamado Let's Be Game Changers, com o objetivo de informar as pessoas sobre a natureza destrutiva de tentar conquistar a aprovação *on-line*.

No entanto, um ano depois, vários veículos de mídia popular e tradicionais procuraram contato com ela para uma atualização. Ela praticamente havia desaparecido da internet. Seu perfil no Instagram estava zerado. Seu perfil no Facebook tinha estacionado no passado. Seu novo site, que a princípio direcionava para uma página em branco, foi tomado por ocupantes ilegais de domínios e conteúdos de *spam* em 2018 e hoje é de um novo blogueiro que fala de esportes, moda e crescimento pessoal.

Outro relato esclarecedor sobre as estrelas do Instagram apareceu em um artigo publicado em 2016 pela revista *Out*, divulgando a luta de homens com a pressão das mídias sociais, sob o título "The Instahunks: Inside the Swelling Selfie-Industrial Complex" [Os Sarados do Insta: por dentro da Bolha do Complexo da Indústria das *Selfies*].[9] Trata de homens atraentes, com físico bem trabalhado e desejável. Para quem vê de fora, parecem incrivelmente autoconfiantes, mas, em vez disso, esses homens declararam em entrevistas que se sentem inseguros e incomodados em tirar tais fotos, além de serem viciados em chamar atenção positiva.

Como disse Kyle Krieger, de 33 anos, um dos modelos que era ex--viciado em recuperação, sóbrio há nove anos: "Por exemplo, estou fumando crack e dou um tiro. A sensação é ótima. Parece o que você sente quando posta uma foto e recebe todas aquelas curtidas".

Krieger tem mais de dois milhões de seguidores no Instagram e recebe com regularidade de vinte a oitenta mil coraçõezinhos por foto postada. Qual era sua *tagline* no Instagram nessa época? "Ser popular no Instagram é como ser rico no jogo do Banco Imobiliário."

Em um artigo para a revista *Out* em 2016, Krieger disse: "Mas aí sua foto começa a perder tração. No outro dia, sua validação desapareceu. E o poço mais fundo que você vai alcançar é justamente antes de outro tiro. Logo antes de postar a próxima foto".

Infelizmente, esse é um dos casos em que a ciência não nos ajuda; não temos informações sobre estrelas das mídias sociais. Espero que essa situação mude, mas, até lá, temos de perceber que os modelos do narcisismo e das mídias sociais que mais se aplicam ao nosso caso podem não servir para as estrelas. Especificamente, pode haver muito mais ansiedade e vulnerabilidade emocional – e menos grandiosidade – do que seria de esperar.

Narcisistas *Versus* Construtores de Redes Sociais

No fim, os seres humanos estão *on-line* e é provável que continuem assim. O mundo é interligado por redes de ruas, malhas ferroviárias, rios, corredores aéreos, rotas náuticas e, agora, mídias sociais. Os primeiros fatores de conexão, rios e rotas náuticas, foram instalados pela natureza. A maior parte das grandes cidades do mundo eram locais portuários que se mantinham interligados pela rede social da água. A fase seguinte da conexão social global abrangeu malhas viárias e, em seguida, ferroviárias. A Roma Antiga era um centro de poder e ponto de encontro de uma série de estradas. Hoje em dia, cidades como Atlanta, na Geórgia, existem porque eram pontos de encontro onde se intercruzavam múltiplas linhas de trem e estradas.

As estradas são planejadas em um centro administrativo, em geral pelo governo estadual ou federal. Sua construção é dispendiosa e cada trecho pavimentado custa milhões. Ferrovias seguem o mesmo padrão. Custam muito caro. Neste momento, o governo chinês está tentando reconstruir a famosa Rota da Seda, que ligava a Ásia à Europa. Esse projeto gigantesco levará décadas para ser concluído.

Por outro lado, as redes sociais são incrivelmente baratas de se montar. Você precisa de um pouco de infraestrutura, servidores, programadores e engenheiros. Mas, depois disso, o preço por conexão cai de forma radical, ficando perto de zero. Então, o que as pessoas precisam é de um modo de acessar a rede social. Há alguns anos, isso costumava significar um computador pessoal conectado à internet. Agora, costuma significar ter um *smartphone*. Daqui a pouco, será algo ainda menos dispendioso.

Não havia e ainda não há um plano para a construção dessas redes. Ninguém desenhou um mapa para criar a ligação entre as pessoas no Facebook ou em qualquer outra plataforma de mídia social. É por esse motivo que a invenção das mídias sociais é tão brilhante. Bastou apenas que houvesse a capacidade de as pessoas compartilharem conteúdos entre si – fotos, ideias, músicas –, e as redes se construíram sozinhas. John se conectou com Sue e Sally, e Sue e Sally se conectaram cada qual com mais duas amigas, e, em pouco tempo, bilhões de pessoas estavam interligadas. Essa explosão de conexões entre pessoas é semelhante ao conceito de "graus de separação" no mundo real. Em outras palavras, se você quisesse me entregar um bilhete, mas tivesse de fazer isso por meio de algumas pessoas que se conhecem, quantas seriam necessárias? Você manda o bilhete para um amigo na Geórgia, e ele envia para um amigo em Atlanta, que o manda para alguém em Athens, e essa pessoa pode conhecer alguém que me conhece da Universidade da Geórgia. Nesse caso, você e eu estamos separados por quatro pessoas.

Quando alguns pesquisadores, sobretudo o grande Stanley Milgram, que se tornou famoso por seu estudo sobre obediência nos anos 1960 em Yale, começaram a experimentar essa técnica de remessa de cartas, chegaram à conhecida conclusão de que cada pessoa está ligada a todas as outras por no máximo seis graus de separação, ou seja, comumente existem cinco pessoas ou menos entre mim e você (e Kevin Bacon). Mais adiante, os pesquisadores verificaram que essa conclusão não é tão infalível quanto parece. Pessoas em estratos socioeconômicos mais baixos da sociedade costumam ser menos interligadas do que as dos estratos mais altos. Mesmo assim, de modo geral, o mundo é menor do que as pessoas imaginam e está ficando menor ainda, graças às mídias sociais. Estimativas do Facebook apontam que há somente 3,5 graus de separação entre todos os que usam essa plataforma. Isso é de fato espantoso e tem um tremendo potencial para o compartilhamento de ideias e informações.

E este é o ponto mais importante: os narcisistas foram fundamentais na construção dessas redes e em diminuir o tamanho do mundo. O desejo de se autopromover, por mais superficial e egoísta que possa ser, tem desempenhado um papel crucial na conexão das pessoas no mundo por meio das mídias sociais. Pense no que o Facebook, o Instagram ou o X seriam sem os narcisistas. Claro, haveria menos trolagens, falsa modéstia e *selfies* em trajes de banho, mas também seria muito menor o volume de ações. As pessoas ficariam falando da família ou da vida em geral, mas bem menos.

Você mesmo pode comprovar. Repare no que as pessoas postam sobre a própria família. A maior parte do conteúdo tem a intenção de passar um ar de positividade. Eu mando fotos das minhas filhas quando estão arrumadas, quando fizeram bem alguma coisa, quando tiveram um "momento memorável", como o primeiro dia na escola ou a volta para casa. Se estou na foto, sorrio e pareço fazer parte dessa família feliz e bem-sucedida. Minha intenção não é inflar o ego, nem enaltecer minhas filhas, mas sem dúvida não vou postar fotos delas choramingando, nem fotos minhas sem camisa. Não sou o único a fazer isso. Meu narcisismo amador, assim como a versão Kim Kardashian mais profissional, fazem a roda das mídias sociais girar.

Bando de *Nerds*: *Selfies* e Plásticas de Nariz

Você pode acreditar ou não, mas as *selfies* estão mudando o modo como nos vemos, e como acreditamos que deveria ser a nossa aparência. Os cirurgiões plásticos começaram a relatar um aumento na procura de procedimentos estéticos por pessoas que querem melhorar de aparência nas *selfies*. Especificamente, o número de interessados com menos de 40 anos que querem fazer uma rinoplastia, a popular plástica de nariz, aumentou de modo considerável nos últimos tempos. Os cirurgiões contam que o paciente pega o celular durante a consulta e mostra as partes da *selfie* de que não gosta.

É interessante mencionar que, em 2018, cirurgiões plásticos pesquisadores da Universidade Rutgers criaram um algoritmo para mostrar que as *selfies* distorcem o rosto, o que pode provocar essa imagem negativa.[10] Aliás, calcularam a distorção dos traços faciais em diferentes ângulos e distâncias em relação à câmera e descobriram que a largura do nariz percebida aumentava quanto mais a câmera se aproximava do rosto. A uma distância de 30 centímetros, as *selfies* aumentavam o tamanho do nariz em cerca de 30%. A 1,5 metro de distância – que é a média padrão para retratos –, os traços faciais têm sua dimensão real.

Isso quer dizer que podemos usar a matemática para criar a *selfie* ideal. O homem que quer destacar a linha do queixo ou o maxilar deve trazer a câmera mais perto desses aspectos do seu rosto. A mulher que quer destacar mais os olhos e menos a testa, por exemplo, deve inclinar a câmera para que os olhos fiquem mais próximos da lente. Talvez os narcisistas já tenham entendido isso bem a fim de conseguir seu "melhor ângulo".

Informação Privilegiada: A Evolução da *Selfie*

Ainda me lembro da primeira câmera – não um *smartphone* – projetada para tirar foto do fotógrafo. Fiquei admirado e aquilo era só o começo. Diversos laboratórios de psicologia e comunicação começaram a pesquisar a ligação entre *selfies* e narcisismo. Jesse Fox, da Universidade Estadual de Ohio, publicou alguns dos primeiros dados sobre homens com atributos narcisistas serem mais propensos a postar *selfies*. As mulheres editavam suas fotos com mais frequência e costumavam se sentir pior depois de alguma comparação social.[11]

Esse último aspecto aponta na direção de um significado cultural e de uma pesquisa mais complexa das *selfies* que observamos nos últimos tempos. Para certas pessoas, a *selfie* pode representar uma experiência sofrida ao enfatizar alguma parte desfavorável ou imperfeição do corpo. Além disso, alguns jovens estão usando contas secundárias no Instagram – chamadas "finsta", quer dizer, "falso insta" – em que se mostram mais bobos e atrapalhados. Essas imagens mais autênticas afastam a pressão social em certa medida e parecem uma forma de comunicação emergente, com menos narcisismo. No geral, minha hipótese é de que a *selfie* acabará perdendo popularidade com o tempo e será usada para mostrar ligação com outras pessoas por laços de amizade ou por *status* em vez de exibir a barriga tanquinho na academia. O aspecto do *status* poderá ainda se alinhar ao narcisismo, e essa associação será nosso próximo objeto de estudo.

CAPÍTULO 10

Cultura *Geek* e a Migração da Grande Fantasia

A cultura *geek* tem contribuído para uma das maiores mudanças culturais nos Estados Unidos, embora raramente seja mencionada ou analisada nas ciências sociais. O *geek* é definido como o fã dedicado que se torna especialista em um tópico em virtude de um interesse excepcional e muito empenho, em particular no que se refere a assuntos como: a ciência, tecnologia e contextos de ficção. Embora essas áreas de interesse *geek* sejam marginalizadas na cultura popular em comparação com o atletismo – por exemplo, *geeks* de ficção científica não são tão populares quanto jogadores de futebol americano –, muitos desses entusiastas estão hoje no comando do mundo. *Geeks* altamente bem-sucedidos têm coincidido com o que em geral se entende como cultura *geek*. Em vez de isso ser algo negativo, hoje eles são parte da sociedade cotidiana e, para muitas pessoas, ser *geek* é motivo de orgulho.

A cultura *geek* é uma mescla de fã-clubes e atividades que envolvem fantasia, entre eles, fãs de *Jornada nas Estrelas* e *Guerra nas Estrelas*, colecionadores de quadrinhos de super-heróis, pessoas interessadas em quadrinhos japoneses de *anime*, mangá e hentói (quadrinhos eróticos), e o pessoal que curte *My Little Pony* (também conhecido como "Bronies"). Em termos de atividades, as pessoas usam fantasias, como roupas de personagens, o que é chamado de *cosplay* – abreviatura de *costume play*, ou "fantasiar-se" – e adotam *alter egos* de animais, chamados de *furries* (e a *persona furry* é a fursona). Os *geeks* mais comprometidos reservam na agenda os dias em que vão participar de encontros, como a Comic-Con, em San Diego, e a Dragon Con, em Atlanta. Esses eventos costumam receber entre 50 e 150 mil participantes.

Para os demais, a cultura *geek* influencia nossa vida por meio da cultura popular. Pense na bilheteria dos filmes de maior sucesso. Estão repletos de super-heróis dos quadrinhos, como a *Mulher-Maravilha* e *Homem de Ferro*, por fenômenos como *Guerra nas Estrelas* e *Jogador Nº 1*, além de adaptações de ficção como *O Senhor dos Anéis* e *Game of Thrones*. Somente alguns desses filmes recebem as maiores premiações, mas são os de maior bilheteria, e minhas filhas podem não curtir muito *cosplays*, mas com certeza se vestem de Mulher-Maravilha no Dia das Bruxas. Em certo sentido, todo mundo é um pouco *geek* hoje em dia.

Como os Psicólogos Começaram a Estudar a Cultura *Geek*

Quando ouvi falar pela primeira vez dessa tendência da cultura *geek*, uma das minhas alunas de pós-graduação, Jessica McCain, não era somente uma talentosa psicóloga que estudava a personalidade social, mas também um pouco *geek*. Foi ela quem me falou do *LARPing*, que significa pôr fantasias e participar de *"role-playing* [jogo de desempenho de papéis] na realidade", reproduzindo seus personagens prediletos. Pense em um jogo como *Dungeons and Dragons*, mas, em vez de imaginar aventuras em um tabuleiro, você se veste de verdade como um ladrão *halfling*, (mestiço) que se encontra com sua turma ao vivo. Até então, não me havia dado conta de que já tinha atuado como personagem de um papel de *Dungeons and Dragons*, sendo o *nerd* da nona série que fui.

Na minha adolescência, a cultura *geek* era muito precária e considerada uma subcultura (daí minhas lembranças quase reprimidas dos jogos *Dungeons and Dragons*), e a pesquisa de Jessica demonstra que os termos *geek* e *nerd* foram pejorativos até a década de 1980, quando a tecnologia e os computadores ganharam popularidade e os antigos "marginalizados" tornaram-se mais valorizados. Nessa época, os *geeks* e os *nerds* passaram a usar esses termos para se descrever e mostrar o orgulho de participar dessa subcultura, começando a criar listas oficiais dos melhores meios *geek* de comunicação, nos quais compartilhavam temas sobre universos fictícios, personagens com poderes extraordinários, alguns elementos de histórias e de outras culturas, e o uso da magia e de uma tecnologia futurista ou altamente desenvolvida. O conhecimento de determinado universo tornou-se moeda social. Hoje, essa obsessão por histórias, temas e universos mágicos e heroicos está por toda parte. Cafés onde se jogam jogos de tabuleiro e bares de videogames são abertos em cidades de todos os tamanhos, no país inteiro.

Quando a cultura *geek* começou, diversos grupos se formaram em torno de fã-clubes favoritos com as próprias "panelinhas". Os aficionados de quadrinhos tinham sua turma, assim como o pessoal da ficção científica e suas viagens interestelares, e ainda os viciados em produções inglesas. Eles se reuniam com a turma do seu grupo e criavam as próprias câmaras de eco. Historicamente, esses grupos *geek* de interesses específicos eram muito pequenos para conseguir montar sozinhos eventos de tamanho considerável, por isso as reuniões de maior escala eram um convite para toda a gama de assuntos que pudessem ser de interesse para os *geeks*. Essa inclusão cresceu e se transformou em megaeventos com "eixos" diferentes, nos quais os fãs podem escolher novos focos de interesse.

Os dois maiores encontros de *geeks* nos Estados Unidos, a Comic-Con e a Dragon Con, atraem culturas *geek* complicadas e intrincadas, com fãs engajados e dedicados. Durante um fim de semana, os fãs de séries populares de vampiros, voltadas para o público adolescente, como

Crepúsculo e *Diários de um Vampiro*, convivem com devotos radicais de quadrinhos menos conhecidos, como *Tank Girl*. Além disso, os interesses *geek* podem passar por uma polinização cruzada, com fãs que mesclam trajes e criam novos personagens e piadinhas próprias, por exemplo, um *storm trooper* zumbi usando elementos específicos de *Guerra nas Estrelas* e de zumbis. Os fãs também concentram a duração de seu universo especial a um só tempo, de modo que várias versões de Batman se mesclam com a versão clássica da minha infância.

Naturalmente, os conhecimentos especializados de Jessica em estudos da personalidade despertaram indagações sobre o crescimento da cultura *geek* e como ela poderia se relacionar com tendências importantes da cultura como um todo, entre elas, traços de personalidade como o narcisismo. Jessica então elaborou uma medida de envolvimento na cultura *geek*, observando os eixos típicos dos encontros, e acrescentou alguns elementos que faltavam. Com base nisso, foi criada uma Escala de Engajamento na Cultura *Geek* para quantificar esse engajamento, buscando associações com traços relevantes de personalidade.

Apresentamos a seguir uma breve lista de atividades, fã-clubes e estilos de vida relacionados ao mundo *geek*, que os participantes encontram quando vão a esses eventos ou os vivenciam em casa.

Atividades Geek

LARPing (jogos de desempenho de papéis ao vivo)

Jogos de tabuleiro com *role-playing* – (*Dungeons and Dragons*, *World of Darkness* etc.)

Jogos para computador e console (*World of Warcraft*, *Half-Life*, *Minecraft* etc.)

Cosplaying (confeccionar e usar fantasias de personagens de *anime*, super-heróis etc.)

Postagem em fóruns de internet (4chan, tumblr, Reddit etc.)

Participação em eventos (Comic-Con, Dragon Con etc.)

Participação em feiras com temática renascentista

Investigações paranormais (caça-fantasmas, fenômenos paranormais etc.)

Teatro de marionetes (confeccionar e usar marionetes, *muppets* etc.)

Robótica (fazer e usar robôs, e se informar sobre o assunto)

Teatro (atuação, figurino, cenografia etc.)

Redação criativa (ficção, poesia etc.)

Fã-Clubes *Geek*

Fantasias (*Senhor dos Anéis*, *Harry Potter* etc.)

Ficção científica (*Jornada nas Estrelas*, *Guerra nas Estrelas*, *Stargate* etc.)

Anime e mangá (quadrinhos e desenhos animados japoneses)

Revista de quadrinhos (super-heróis como Batman ou Super-Homem, *V de Vingança*, *Watchmen* etc.)

Terror (autores como H. P. Lovecraft, Stephen King e Anne Rice; filmes de terror coreanos e japoneses; *The Evil Dead* etc.)

Histórias alternativas (*steampunk*, *cyberpunk*, retrofuturismo etc.)

Desenhos animados não *anime* (*Disney*, *My Little Pony*, *Nickelodeon*, *Cartoon Network* etc.)

Series britânicas (*Sherlock*, *Doctor Who*, *Ser Humano*, Monty Python etc.)

Estilos de Vida *Geek*

Lolita (moda japonesa para meninas escolares)

Furry (fantasias de animais, fursonas)

Paganismo (Wicca, nórdico etc.)

Poliamor (relacionamentos não monogâmicos consensuais)

Baseando-se no calendário divulgado antes da Dragon Con de 2013, Jessica descobriu mais de trinta eixos diferentes de fã-clubes, reunindo diversos interesses e nichos da cultura *geek*. Portanto, apresentou essa listagem para mais de seiscentas pessoas no Amazon Mechanical Turk, um *marketplace* para financiamento coletivo, a fim de entender como as pessoas se envolviam na cultura *geek* e como isso poderia se associar aos Cinco Traços Principais e a outros traços de personalidade, entre eles, o narcisismo grandioso e o vulnerável, e também a necessidades psicológicas como a de pertencimento. Jessica pedia aos participantes que classificassem cada item *geek* em uma escala de 5 pontos para indicar em que medida se envolviam com ele. Os participantes também deviam completar escalas relacionadas com traços narcisistas, autoestima, dar-se direitos e depressão. No geral, esse estudo constatou que o engajamento *geek* estava associado a um alto grau de narcisismo grandioso, extroversão, abertura a experiências, dar-se direitos, depressão e bem-estar.

Em um segundo estudo, Jessica levou a escala ao Dragon Con de 2013 a fim de testar se duzentos participantes teriam resultados mais altos do que os grupos-alvo de não *geeks* do Mechanical Turk. A equipe também tirou fotos para analisar se a percepção de observadores de fora quanto à aparência dos participantes correspondia ao engajamento dos *geeks* e aos resultados sobre narcisismo. O que verificaram foi que os participantes tiveram resultados mais altos em engajamento *geek* e que o engajamento *geek* autodeclarado mais alto relacionava-se ao narcisismo. Um aspecto interessante, porém, é que os participantes que pareceram se dedicar mais a suas fantasias ou usavam maquiagem, sendo que esses dois fatores podem ser sinais de narcisismo em contextos comuns, não se mostraram necessariamente mais narcisistas no ambiente do evento.

Em cinco pesquisas subsequentes, Jessica estudou a personalidade e o engajamento na cultura *geek*. No geral, concluiu que as pesquisas apresentavam evidências de que os mais engajados na cultura *geek* eram mais propensos a declarar traços associados ao narcisismo, em especial do tipo grandioso, e com tendência a se fantasiar. Essas pessoas também se engajavam na cultura *geek* para manter uma autoimagem narcisista, satisfazer sua necessidade de pertencimento, e satisfazer a necessidade de se expressar com criatividade. As pessoas também se envolvem com a cultura *geek* por diversas razões humanas fundamentais, e o narcisismo parece ser uma das mais importantes. Todas as pesquisas, que analisaram dados de mais de 2.300 participantes, apareceram em um artigo da *PLOS One* em 2015.[1] Embora no momento nossa equipe de pesquisa não tenha planos de mais estudos sobre esse tópico, o engajamento *geek* representa uma área fascinante para mais estudos, em particular no que diz respeito a aprofundar o entendimento dos motivos para a existência dessas associações e dos modos como se apresentam.

A Grande Migração da Fantasia e o Narcisismo

Com base nas normas sociais anteriores, o narcisismo parece ter mais compatibilidade com *geeks* do que com atletas, e a cultura *geek* exibe de fato aspectos atraentes para narcisistas, entre eles, a possibilidade de serem "descolados" e lidarem com a realidade de modo flexível. Aliás, uma pesquisa australiana recente estudou pessoas que são "super-heróis da vida real"[2]. Não estou falando de bombeiros ou de outro tipo de socorrista, mas de pessoas que imitam os heróis dos quadrinhos, adotando a identidade de um super-herói, ajudando pessoas em brigas de bar ou com um pneu furado. Você pode ler a respeito delas nos jornais, se ainda não viu nos noticiários: em Seattle, há o Rain City Superhero Movement (Movimento dos Super-Heróis na Cidade da Chuva); em San Diego, a Xtreme Justice League (Liga da Justiça Xtrema), e, em Nova York, a New York Initiative (Iniciativa Nova York). O estudo mostrou que seus integrantes costumam ser mais narcisistas do que as pessoas comuns, mas isso também é um indício de que, para grupos *geek*, o narcisismo pode ser favorável do ponto de vista social.

A Grande Migração da Fantasia

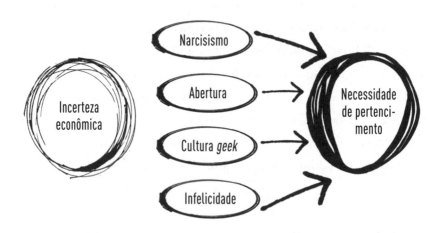

Observando a cultura moderna de modo panorâmico, constatamos milhões de jovens criados para crer que são pessoas únicas e importantes, e que agora trabalham em um cenário econômico que não se alinha com exatidão a essas crenças. Isso causa um grande conflito. Prevalece no mundo inteiro a grande sensação de incerteza econômica. As economias estão melhorando, mas a empregabilidade está instável. As profissões estão instáveis, e o mercado de trabalho também. De fato, existe pouquíssima estabilidade. Os jovens querem ser especiais e fazer a diferença, mas não são e não fazem. Essa desconexão os motivou a viver em reinos de fantasia, onde se sentem especiais e importantes. O gerente de nível médio, que trabalha em um cubículo minúsculo durante o dia, pode ser o líder de uma guilda em *World of Warcraft* à noite. Quem tinha dificuldades no esporte na puberdade pode ser uma lenda no esporte de fantasia. A menina que foi excluída do time de líderes de torcida pode se vestir como uma princesa klingon no evento *geek*, e os homens vão fazer fila para admirá-la.

A Grande Migração da Fantasia não é só uma questão de narcisismo: a cultura *geek* também atrai pessoas muito interessantes, criativas e incomuns, entre elas, as que são um pouco neuróticas e estão procurando um jeito de escapar disso. Essa tendência se manterá enquanto as perspectivas econômicas para jovens não corresponderem à sua necessidade e a seu desejo de *status* e sucesso. Considere o Japão para ter uma ideia do futuro: uma recessão nacional que durou décadas resultou na explosão de um mundo de fantasia. Muitas pessoas se desligam da realidade deixando de se relacionar – nem mesmo sexualmente – com seres humanos. Em vez disso, partem para uma relação com robôs que fazem tudo que o dono mandar – sem colocar a autoestima em risco e sem constrangimentos.

Para dizer a verdade, a realidade é um pouco sem graça, e esse é o cenário perfeito para o narcisismo se instalar. Os jovens não querem mais a repetição dos velhos padrões: arrumar um emprego que pague as contas, casar, ter filhos e se assentar para sempre. Essa não parece mais uma vida excitante e atraente. Além disso, muita gente está solitária na medida em que a tecnologia nos afasta uns dos outros e as mídias sociais se tornam mais e mais presentes. Quando nos sentimos infelizes, com menos relacionamentos e menos significado na vida do que gostaríamos, voltamo-nos para outras coisas. Essa migração não é necessariamente negativa, mas é um fenômeno social e está acontecendo agora.

Um exemplo exagerado, mas adequado, é o que acontece no filme *Jogador Nº 1*, que retrata um futuro virtual em que as pessoas passam boa parte da vida em espaços virtuais e neles têm atendidas suas necessidades afetivas. Basicamente, desde que existem os mundos virtuais, as pessoas migram sua vida social para lá. Pense na quantidade de tempo que as pessoas gastam com mídias sociais, jogando, envolvidas em várias formas de cultura *geek*. Fica óbvio que os espaços virtuais já estão sendo habitados. Ainda assim, a Grande Migração da Fantasia só está começando a ganhar embalo. Espere até que a realidade virtual se torne ainda mais corriqueira, com elementos visuais podendo ser acoplados a *feedbacks* sonoros e táteis, fazendo os usuários comuns sentirem que estão de verdade em outra realidade. Em um futuro logo adiante, essas tecnologias poderão incluir estimulação neural direta nos centros de produção de dopamina e satisfação do cérebro. Em termos de narcisismo, isso pode abrir novas possibilidades de mundos virtuais para as pessoas satisfazerem suas necessidades afetivas sem competir fisicamente com mais ninguém, nem precisar se dar bem com os outros. É possível que isso provoque problemas de personalidade ainda mais complexos do que podemos prever.

Como parte dessa Grande Migração da Fantasia, alguns que migram para o universo *on-line* o fazem para fins narcisistas, o que beneficia tanto o tipo grandioso como o vulnerável. Para quem não tem meios na vida real para expressar sua superioridade, sucesso e *status*, os mundos virtuais podem oferecer uma maneira melhor de fazer isso. Além do mais, maneiras fantásticas de alcançar sucesso virtual – como ganhar dinheiro, acumular recursos variados, matar os outros – poderiam significar incentivos ao ego ainda maiores do que conquistas e realizações comuns da vida real. Por definição, o mundo de fantasia é criado pelo usuário; não é um mundo que lhe é dado. Os narcisistas podem criar um mundo que satisfaça seu próprio narcisismo. Em suma, a fantasia moderna é capaz de sustentar uma quantidade razoável de ego.

Furries e as Fursonas

Outro grupo que veste trajes incomuns, usa identidades diferentes e diverge um pouco dos super-heróis e dos fanáticos pela cultura *pop* é o dos *furries*. Em geral, essas pessoas se interessam por animais antropomórficos com personalidade humana, o que pode incluir inteligência e expressões faciais de pessoas, fala e roupa humanas e seres bípedes. Os membros desse grupo criam e usam "furtrajes" para vivenciar o personagem: podem ser simples e lembrar mascotes de times esportivos, ou ser mais complexos e conter elementos animatrônicos, patas móveis e maquiagem prostética. Entre as espécies mais populares estão lobos, raposas, cães, felinos de grande porte e dragões.

Mais de 95% dos *furries* adotam uma fursona, ou seja, uma *persona* animal, que usam *on-line* e em jogos virtuais, com vários jogadores desempenhando papéis. Alguns *furries* se identificam como não humanos em certa medida. Há pesquisas mencionando que mais ou menos um terço deles não se sente cem por cento humano, comparados aos 7% que se declaram não *furries*. Cerca de 39% dizem que não seriam humanos se pudessem.[3]

Do ponto de vista psicológico, uma parte interessante do trabalho tem envolvido *furries* e fursonas. Os *furries* podem ser mais extrovertidos e amáveis, e gostam de inclusão e pertencimento. Se comparados a outros fã-clubes *geek*, os *furries* também são mais propensos a se identificar com outros *furries*, ter amigos assim e sair com pessoas que adotam o mesmo estilo de vida. Como comunidade, os *furries* também acham que têm uma consciência global mais elevada, são cidadãos globais do mais alto nível e têm uma vida ambientalmente mais sustentável.

Um estudo de 2015 feito por Stephen Reysen e colaboradores constatou que os *furries* atribuem às cinco dimensões dos Cinco Traços Principais um valor mais alto para sua identidade *furry* do que para sua identidade real.[4] Ao mesmo tempo, em um estudo subsequente, a equipe de pesquisadores descobriu que fãs de esporte também dão avaliações de personalidade diferentes quando falam de sua "identidade de fã".[5]

No geral, os *furries* e outros gêneros de *role playing* indicam o desejo de buscar liberdade por meio do anonimato. Um artigo clássico de 1976 fala de crianças vestidas para o Dia das Bruxas sendo mais propensas a roubar doces quando estavam fantasiadas e andavam em grupo.[6] Desde então, outros estudos afirmam que uma *persona* anônima também pode promover características positivas, como exibir mais personalidade ou ser mais expansiva, ou mesmo salvar alguém. No caso dos narcisistas, uma identidade cultural *geek* pode ser uma estratégia para adquirir *status* e afeto, mesmo que às vezes o sexo, o *status* e as coisas não sejam reais por completo.

Bando de *Nerds*: Identificar-se como *Geek* em vez de *Nerd*

Embora os termos *geek* e *nerd* às vezes sejam usados como sinônimos na cultura popular, as pessoas que se declaram identificadas com essas descrições costumam ter opiniões firmes sobre as diferenças entre elas. Nos últimos anos, à medida que as pessoas vão se apropriando dessas identidades, têm surgido debates sobre essas categorias, estipulando algumas diretrizes. Em geral, *geek* é o fã ou participante apaixonado de certo gênero, a exemplo das atividades e fã-clubes que citamos antes. Os *geeks* costumam colecionar coisas e são obcecados por fatos e atualizações relacionados a seu foco de interesse. Por outro lado, *nerd* é o intelectual dedicado a estudos, às vezes de um tópico específico. Os *nerds* costumam se pautar por realizações e conquistas, focando na aquisição de conhecimentos e habilidades.

Enquanto desenvolvíamos a Escala de Engajamento na Cultura *Geek*, na Universidade da Geórgia, debatemos várias vezes as distinções e as similaridades entre os dois termos. Em última análise, não existe uma resposta certa ou errada, e um termo não é melhor nem pior do que o outro. No final, decidimos pelo entendimento de que os *geeks* são participantes apaixonados de um gênero, e os *nerds*, em geral, são mais voltados para os livros, mais estudiosos, mas não necessariamente apaixonados por um tópico. Para responder a uma pergunta que um professor da faculdade fez a Jessica em certa ocasião, sim, podemos considerar *geek* o pessoal que reencena a Guerra Civil.

Informação Privilegiada: O Desenvolvimento da Escala de Engajamento na Cultura *Geek*

O que mais gostei na pesquisa de Jessica – agora, doutora McCain – sobre o mundo *geek* foi que ela mostrou como realmente operacionalizar um construto. Como ninguém ainda tinha feito esse tipo de trabalho com a cultura *geek* e o engajamento nela, Jessica precisou defini-lo, descobrir como mensurá-lo e depois validar o trabalho, indo pessoalmente ao Dragon Con, que era sediado em Atlanta, a uma distância aproximada de pouco mais de 100 quilômetros de nosso *campus*. Depois de recrutar mais pessoas para ajudar, realizou sete estudos, tanto presenciais como *on-line*.

Atualmente, seu artigo já foi citado mais de vinte vezes, o que indica que essa área vai crescer. Outros pesquisadores continuarão definindo o mundo *geek*, fazendo pesquisas a respeito e validando-as. Em algum momento no futuro, poderemos contar com uma escala expandida sobre a cultura *geek*, talvez incluindo ainda mais fã-clubes. Também saberemos mais sobre os Cinco Traços Principais em relação aos diferentes tipos de cultura *geek*, como os *furries*, e sobre como a Grande Migração da Fantasia participa de nossa busca por uma dimensão alternativa à realidade cotidiana. Isso se tornará ainda mais verdadeiro conforme a identidade cultural deixar de ser nacional ou étnica e se tornar um sistema mitológico mais global e mediado pela Disney (ou pela Marvel, nessa altura).

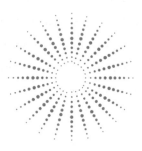

PARTE III

Como Lidar com o Narcisismo Hoje e no Futuro

CAPÍTULO 11

Como Usar o Narcisismo Estrategicamente

Falando sério, por que não ser somente um idiota? Um treinamento de liderança ajudará a perceber que 1) há maneiras de liderar pessoas que fortalecem a organização, e 2) há maneiras de liderar pessoas que dão a impressão de fortalecer a organização, mas estão mais focadas no líder do que nos seguidores. O primeiro modo – muitas vezes chamado de *liderança a serviço* – funciona bem em contextos transparentes e estáveis. O segundo – vamos chamá-lo de *liderança em interesse próprio* – funciona bem em contextos instáveis e agitados. Neste caso, como em outros ambientes mencionados anteriormente no livro, o narcisismo pode ser uma faca de dois gumes. É uma bênção mista. Com custos e benefícios.

Em última análise, há momentos na vida em que você talvez queira usar o narcisismo. Você já pode ter feito isso ou está se comportando de modo um pouco narcisista e se deu conta de alguns benefícios. Não vamos negar esse fato, nem ignorar os possíveis pontos positivos. Pelo contrário, vamos encarar honestamente aquelas situações na vida em que o narcisismo pode ser útil. De maneira alguma essa é uma convocação para adotarmos o narcisismo. É apenas o reconhecimento de que o narcisismo existe e que pessoas narcisistas bem-sucedidas estão em nossa vida por algum motivo. Talvez possamos aprender com elas.

Prós e Contras: A Tragédia dos Serviços Urbanos Compartilhados

O modo mais fácil, mas mais profundo, de entender os benefícios e os custos do narcisismo é o dilema da "tragédia dos serviços urbanos compartilhados". Essa expressão se refere a um sistema compartilhado de recursos no qual as pessoas que agem de maneira independente, para atender aos próprios interesses, se comportam de um modo contrário ao bem comum e usam os recursos para si mesmas. Durante o movimento do confinamento na Inglaterra, no século XVII, as pessoas começaram a instalar cercas em pastos e florestas comuns, assim como em torno de outros recursos. Depois de algum tempo, a terra se tornou propriedade privada e os mais pobres ficaram reduzidos a sobreviver como pudessem. Nos Estados Unidos, por exemplo, o "Boston Common" era uma terra coletiva onde todos podiam levar seus animais para pastar.

Em um sistema funcional, destinado a prevalecer nessas áreas, as pessoas levam certa quantidade de carneiros para pastar e utilizam a terra igualmente. As plantas se renovam todo ano, os carneiros pastam, procriam, e o processo continua sem interrupções. O lamentável é que alguém desrespeita o trato. Essa pessoa leva mais animais para pastar, pensando que um ou dois carneiros a mais não vão fazer diferença, não vão prejudicar ninguém e lhe trará muitos benefícios. Depois, mais pessoas agem da mesma maneira e infiltram na área de pasto alguns carneiros além da cota. Logo, a maioria está se comportando assim. A relva não cresce mais com a rapidez de antes e todos aderem ao novo esquema. Em vez de interromper essa prática, impor limites aos transgressores e deixar as plantas crescerem de novo, todo mundo segue em frente, levando o rebanho inteiro para pastar a fim de extrair o máximo benefício possível, enquanto puderem. Isso acaba destruindo por completo os recursos compartilhados e depois não sobra mais nada para ninguém usar.

O narcisismo chama a tragédia. Ao mesmo tempo, os narcisistas são os que se beneficiam. Nessa corrida de exploração de um recurso valioso, como áreas de pasto, ouro, zonas de pesca, florestas, ou outros bens coletivos, a primeira pessoa a chegar ganha, apossando-se do máximo possível e causando os maiores danos, mas também é quem leva para casa os maiores ganhos.

Esses dilemas envolvendo recursos compartilhados demonstram como o narcisismo pode ser complexo quando se pensa no que está sendo trocado pelo quê. Até mesmo nos casos em que o narcisista se beneficia no curto prazo, ele destrói os recursos compartilhados. Isso quer dizer que, para que sua estratégia tenha sucesso, ele deve repetir o mesmo processo várias vezes. O narcisista precisa de novos recursos em comum, então muda de cidade, de relacionamento, de emprego, de grupo social. O narcisista se beneficia com ganhos de curto prazo, mas sua estratégia de longo prazo é difícil e um verdadeiro pesadelo para as demais pessoas.

Em outro cenário, o capitão de um navio pesqueiro comercial compete com outros capitães pela captura de cada salmão na água. Ele quer pegar mais salmões do que os outros, então faz pequenas enganações. Começa a pescar antes do início da temporada e não ajuda outros capitães a localizar os melhores pontos de pesca. Não demora muito e ele pega mais salmões do que os outros e fica todo feliz da vida, gabando-se do feito no balcão do bar, quando regressa ao porto. Até essa altura da história o narcisismo foi "bom": ele pescou mais.

Naturalmente, o problema é que os outros capitães adotaram a mesma estratégia e começaram a agir de modo igual. A cultura desses pescadores deixou de ser cooperativa e se tornou competitiva. Os outros capitães também passaram a pescar antes do início oficial da temporada, e isso obrigou o primeiro capitão a começar ainda mais cedo. Durante alguns anos, o narcisismo funciona e ele continua voltando com uma carga enorme. Os problemas começam em algum momento. Todos os capitães estão se excedendo na pesca e os salmões não estão mais se reproduzindo em alto volume. O desrespeito apenas acelera o colapso da indústria pesqueira. Em cinco anos, o primeiro sujeito pode ainda continuar sendo bem-sucedido, mas pesca a metade de antes. O narcisismo que o ajudou no início acabou por prejudicá-lo no final.

Em nossas pesquisas na Universidade da Geórgia sobre narcisismo e a tragédia dos recursos compartilhados, formamos grupos com quatro desconhecidos no laboratório e lhes dissemos que trabalhassem como os "CEOs" de quatro empresas de manejo florestal. O manejo florestal funciona de maneira parecida com a pesca e outros recursos renováveis: as companhias podem fazer rios de dinheiro com rapidez, cortando todas as árvores, mas isso esvazia a mata e depois não sobra nada para continuar gerando dinheiro. Em nossa pesquisa, os CEOs narcisistas começaram sendo mais ambiciosos do que os outros. Derrubaram a maior parte das árvores na primeira rodada, o que tornou todos os outros CEOs, até os menos narcisistas, mais competitivos. Como resultado dessa atitude, os grupos com CEOs mais narcisistas exterminaram a floresta com mais rapidez. Os CEOs mais narcisistas nesses grupos se saíram bem porque logo derrubaram as árvores. No entanto, o número geral de troncos cortados pelos grupos narcisistas era menor do que os obtidos pelos grupos mais cooperativos. No longo prazo, a estratégia competitiva dos narcisistas prejudicou a todos, inclusive a eles mesmos e à floresta.

A lição aqui é que, quando estiver procurando os benefícios do narcisismo, pense no que é necessário para ter sucesso no curto prazo, como vencer uma competição individual, conseguir um emprego, marcar um encontro romântico, apresentar-se em público. O uso das necessidades narcisistas precisa ser estratégico, de modo que se limite ao contexto em que de fato tem serventia (veja a Tabela 11.1).

Tabela 11.1: Benefícios e custos do narcisismo

QUANDO O NARCISISMO AJUDA	QUANDO O NARCISISMO PREJUDICA
Contato inicial com as pessoas	Relacionamentos de longo prazo
Atuação em público	Conduta ética
Situações em que o risco vale a pena (mercado em alta)	Situações em que o risco prejudica (mercado em baixa)
Relacionamentos românticos de curto prazo	Relacionamentos românticos de longo prazo
Liderança carismática	Liderança ética
Conexões em mídias sociais	Amizades significativas

Há muitos modos de usar o narcisismo ou, pelo menos, de adotar uma mentalidade narcisista. Vejamos isso fazendo uma lista, que tal? Eis a seguir as Cinco Regras para Usar o Narcisismo com Êxito:

Regra 1: Use por pouco tempo. O narcisismo é melhor no curto prazo. Você pode usá-lo para começar um relacionamento ou conseguir um emprego. Isso significa ter disposição para correr riscos e se exibir. Até um pouco de bravata pode ser útil nessas situações. Uma colega docente me contou uma história ótima sobre outro professor da faculdade que lhe deu aula durante o curso e não seguiu esse conselho. Na primeira aula, ele disse que tinha se formado na Faculdade de Teologia de Harvard. Os alunos acharam que o professor devia ser inteligente e gostavam de estar nessa turma, baseando-se na lógica de que, se você faz o curso dado por um professor inteligente, é um indício de que você também é. Mas, então, o professor ficou repetindo isso. Ele costumava dizer, por exemplo: "Quando estava em Harvard...". Logo, o que era atraente para os alunos passou a ser aversivo. Para evitar esse tipo de coisa, use o narcisismo para se apresentar e depois pare.

Regra 2: Use-o em público. O narcisismo é ótimo para se comportar em público, mas não faça isso em casa. Imagine falar para uma plateia de mil pessoas ou aparecer na televisão. Só de imaginar isso, muitas pessoas ficam ansiosas. Pensam em tudo o que pode dar errado, que não merecem essa oportunidade. Os narcisistas são diferentes: consideram que essa é uma maneira de serem aplaudidos e dão ao público tudo o que têm para oferecer. E quem se sai melhor nessas condições? Os narcisistas. As pesquisas indicam que os narcisistas têm melhor desempenho em muitas tarefas em público, entre elas, o jogo infantil Operando, no qual o participante tenta retirar partes de plástico de um paciente usando uma pinça, sem esbarrar em nada; caso isso aconteça, uma campainha dispara.[1] Até mesmo em um jogo dessa natureza, os narcisistas se saem melhor quando têm um público assistindo (e têm um desempenho pior quando não têm público). Nessas situações públicas, autoconfiança e arrogância ajudam. Mas deixe essa postura de lado quando estiver com os filhos e amigos. Eles não são seu público. Além do mais, não seja estúpido com a equipe de produção, os faxineiros, os técnicos de som ou qualquer pessoa cuja única tarefa é fazê-lo causar uma boa impressão enquanto estiver no palco.

Regra 3: Tome a iniciativa. Tenha ousadia. Um aspecto do narcisismo que vale a pena pôr em prática é a audácia. Às vezes, é preciso ir em frente e fazer a diferença. Isso pode significar tentar uma coisa nova ou postar suas ideias nas mídias sociais. Naturalmente, a audácia tem seus riscos, mas é um traço importante, caso queira ter êxito. O truque está em saber quando ousar, motivo pelo qual a audácia deve ser uma ferramenta à sua disposição, e não tanto um aspecto de sua personalidade desprovido de interruptor.

O desafio para a audácia narcisista vem de dois lados. Em primeiro lugar, você quer ousar, mas não vai querer parecer um idiota.

Segundo pesquisas, o verdadeiro narcisismo ou o narcisismo mais radical contém ousadia e erros, sem o reconhecimento de que foram cometidos erros. Em vez disso, faça o esforço de unir ousadia e se saber responsável.

A segunda frente de desafios para a audácia é que você precisa ter a capacidade de deixá-la de lado. Em uma viagem de pescaria com meu pai na Nova Zelândia, tentamos escalar uma encosta íngreme para pescar em um último lago. Meu pai olhou para mim e disse: "Você tem filhas e eu também. Não podemos fazer isso. Não podemos ir adiante". No começo, fiquei desapontado porque realmente não é da minha natureza desistir, mas meu pai tinha razão. O ponto era que a necessidade do meu ego de escalar um penhasco e pescar em outro lago, desse no que desse, não era tão importante quanto a necessidade de minhas filhas terem um pai. Às vezes, as necessidades dos outros devem vir antes das suas. Algumas pessoas, eu inclusive, precisam ouvir esse recado mais vezes.

Regra 4: Construa uma rede. Construa uma rede social ampla e superficial. Ter amigos íntimos é essencial ao bem-estar. No que diz respeito à felicidade, qualidade é sempre melhor do que quantidade nos relacionamentos. Já no ambiente de trabalho, seja qual for seu emprego ou carreira profissional, ter uma rede social numerosa é algo que pode ajudar. Vai facilitar fechar um trabalho, se estiver buscando emprego, ou montar uma rede de vendas. Os narcisistas sabem fazer isso. Para eles, as redes são algo a ser explorado, e pensam no que os outros podem fazer por eles. Em certa medida, isso é útil; no entanto, essa estratégia de exploração pode ser contraproducente. Também é importante perguntar o que você pode fazer por alguém. A troca de favores é fundamental na construção de uma rede bem-sucedida.

O segredo narcisista de ter redes sociais mais numerosas, portanto, é apenas pedir. Procure mais pessoas, de maneira simples e extrovertida, e tente estabelecer uma conexão com elas. Isso pode significar começar a conversa com um "olá" básico e passar para a troca de cartões de visita. Pode implicar o convite para um café, ou fazer contato via LinkedIn, ou ainda por outras mídias sociais relevantes. Essas conexões mais amplas podem ser proveitosas quando alguém quer pedir um conselho ou um favor, e você pode retomar o contato quando surgir uma oportunidade. As pessoas mais introvertidas, mais ansiosas ou que são narcisistas vulneráveis são menos propensas a essa iniciativa.

Regra 5: Defenda seus pontos de vista. Exija o que você vale, mas não o que acha que vale na sua imaginação. Um dos dados de pesquisa mais interessantes até o momento é que as pessoas hostis e desagradáveis ganham mais dinheiro.[2] Um dos motivos para isso é que elas assim o exigem. Quando vão falar com o chefe para pedir aumento, não duvidam do próprio valor nem se preocupam com que possam parecer ingratas ou mercenárias. Essa é uma boa estratégia: as pessoas devem se sentir no direito de receber um salário equivalente a quanto valem. Contudo, o ponto-chave é não exigir algo fantasioso que represente sua importância ou brilho especial. Em vez disso, você precisa apresentar um argumento racional em defesa de seu valor profissional. Isso atinge o mesmo objetivo, mas sem a hostilidade de apresentar demandas narcisistas.

Uma parte do meu trabalho foi atuar como chefe de um departamento acadêmico durante oito anos. Nesse cargo, passei muito tempo negociando salários e solicitações de orçamento. Os estudiosos precisam de uma enorme quantidade de recursos para manter um laboratório funcionando: espaço, equipamentos, máquinas de ressonância magnética, estipêndios para bolsistas, salários para quem tem pós-doutorado, viagens etc. De modo geral, um professor bem-sucedido de uma área universitária de pesquisa, nos tempos atuais, administra um pequeno negócio, que deve ser lucrativo para a universidade. São acadêmicos cronicamente mal pagos, em geral surrupiados por departamentos concorrentes, e muitas vezes enrascados em negociações. Repetidas vezes, comprovei que as pessoas com as quais era mais fácil negociar eram as que tinham uma noção concreta do que queriam, apresentavam justificativas específicas para quanto valiam, citavam os benefícios que pensavam oferecer ao departamento e forneciam evidências detalhadas do que tinham realizado antes. Bem, em todas as negociações, eu já tinha conhecimento da maior parte disso, porém, facilitava bastante o fato de estarem dispostas a sentar e defender bem seus pontos de vista. A parte importante não era que estivessem me vendendo seu peixe; eu já o tinha comprado, de todo jeito. O que eu precisava era de um argumento profissional racional para levar ao meu chefe (o decano) e vender aquela ideia em nome de quem a propunha. Então, meu chefe teria de pedir aprovação de seu superior (o reitor), apresentando argumentos ainda mais fortes do que os meus.

Quando você acha que está se gabando ou exagerando na defesa de seus pontos de vista, lembre-se de que, na realidade, está apresentando uma proposta de negócio para o superior da pessoa que o está entrevistando e que está tentando ajudar essa pessoa a defender sua solicitação. Outra coisa a ter em mente e que gosto de lembrar aos professores – e a outros profissionais que não gostam de se gabar – é que as luzes da ribalta que brilham sobre eles também brilham sobre seus colegas e alunos. Quando cursava a faculdade em Berkeley, costumávamos nos gabar de termos entre os nossos docentes mais premiados com o Nobel do que a Rússia, ou fazíamos outras comparações do mesmo nível. Nunca encontrei um vencedor do Nobel em Berkeley, mas ainda me sobra um restinho do brilho emanado pelo triunfo desses estudiosos.

Não se Esqueça: Desvantagens Perpétuas

Você sabe que eu não consigo terminar um capítulo sobre o uso estratégico do narcisismo sem um comentário final sobre seus possíveis aspectos negativos. A desvantagem desses cinco comportamentos narcisistas trata de seu possível efeito nos relacionamentos. Ser mais confiante, ousado e assertivo poderá desestabilizar seus relacionamentos atuais, colocando os mais próximos em risco. Esse é o maior problema do narcisismo. Você se mostra. Exige poder, *status*, liderança, coisas materiais, respeito. Isso é ótimo e em geral funciona. Por outro lado, porém, você deveria retribuir mais do que pega. Se constrói redes de contatos e é uma pessoa amistosa, ajudará o mundo com esse narcisismo. Se exige um salário justo para poder sustentar os filhos, eliminar o estresse em que vive e ter um melhor desempenho profissional, todos saem ganhando. Se dirige uma companhia e gera milhões, além de fabricar um excelente produto e dar emprego para muitas pessoas, é desse modo que o narcisismo deveria funcionar.

Nesses casos, as necessidades egoicas estão sendo equilibradas por um benefício geral para a própria sociedade. Seja qual for a situação, pequenos custos e pequenos benefícios ocorrerão, assim como grandes custos e grandes benefícios, mas é importante conceituar eticamente essa compensação, em particular ao pensar sobre o seu próprio narcisismo. Você está oferecendo ao sistema mais do que está tomando? Está causando menos sofrimento do que está criando? Essas podem ser perguntas difíceis de responder na nossa vida. São difíceis de responder no laboratório também, mas é sobre elas que precisamos refletir.

Bando de *Nerds*: A Tragédia dos Recursos Compartilhados em Ação

Com muita frequência, a tragédia dos recursos compartilhados afeta o local de trabalho. Se a companhia é dona de recursos compartilhados, e você não sabe quanto pasto existe, por que não ir em frente? No cenário das pesquisas em psicologia social do início dos anos 2000, Timothy Judge e outros pesquisadores realizaram vários estudos sobre o papel do sexo e da amabilidade nos rendimentos.[3] Basicamente, como dizem, os bons terminam por último. Homens e mulheres agradáveis ganhavam menos – cerca de 5 mil dólares a menos por ano, naquela época – do que os "homens desagradáveis", que eram agressivos e reafirmavam os papéis de gênero convencionais. Na verdade, a relação entre amabilidade e rendimentos foi surpreendentemente negativa para homens agradáveis, que ganhavam em média 7 mil dólares a menos do que os desagradáveis. A amabilidade afetava também rendimentos futuros. Os pesquisadores constataram que, em parte, isso se explicava pelo fato de os homens desagradáveis darem mais valor a ganhar bastante dinheiro, em comparação com o valor que atribuíam a seus relacionamentos.

Os efeitos do narcisismo em uma organização também podem se estender a ambientes culturais. A psicóloga social Brenda Major tem publicado trabalhos sobre a ligação entre comparações sociais, desigualdade social e dar-se direitos no âmbito pessoal e no âmbito coletivo.[4] Em essência, as pessoas que se dão direitos (como os narcisistas) percebem o que a pessoa de mais alto salário está ganhando e querem mais. Os que se dão menos direitos querem se dar bem com os colegas e são tratados de acordo com o pagamento "médio", que mantém a paz no grupo, mas proporciona menos. Os membros de grupos em desvantagem podem até desenvolver uma noção atrofiada de direitos pessoais; o que "é" tem tendência a se tornar o que "deve" ser. Isso é o que aconteceu na origem da desigualdade nos pagamentos, incluindo os fatores de gênero e raciais/

étnicos. Quando as pessoas comparam seus fatores situacionais e pessoais com grupos em desvantagem, porém, isso as leva a questionar as discrepâncias e insuflar sua noção de se dar direitos quanto a receber o mesmo salário, criando assim níveis mais altos de descontentamento.

Informação Privilegiada: Competição e Cooperação

Quando fazia pós-graduação na Universidade da Carolina do Norte em Chapel Hill, o professor Chester Insko falava de cooperação e competição no contexto da grande questão de qual seria a melhor maneira de fazer os seres humanos cooperarem. Seria o caso de as sociedades serem o tempo todo boas, totalitárias, ou deveria existir uma combinação?

Como parte desse tópico, ele discutia a tática militar do império mongol de "render-se ou morrer", que oferecia aos inimigos a opção de se entregar em vez de ter sua cidade saqueada e destruída. Os vilarejos menores em geral não podiam abandonar suas posses e reconstruir com eficiência as moradias em outro local, portanto ofereciam sua rendição para serem poupados, mas era exigido que dessem apoio ao exército mongol com suprimentos e mais combatentes.

Como narrativa de contraste, Insko também apresentava a Trégua de Natal de 1914, durante a Primeira Guerra Mundial, quando zonas de cessar-fogo não oficiais surgiram na frente ocidental. Os soldados declararam sua própria trégua nas trincheiras para festejar a data e os dois lados se cumprimentaram, cantaram canções natalinas juntos e trocaram presentes, como comida e cigarros. No entanto, dias depois retomaram a guerra, quando os comandantes assim o exigiram.

Usando uma tática combinada, o cientista político estadunidense Bob Axelrod criou um modelo "olho por olho" que parece funcionar bem.[5] Em resumo, é o seguinte: se alguém coopera com você, você coopera em resposta. Se alguém compete com você, você compete em resposta.

Se começar demonstrando compaixão, às vezes dar uma folga para a pessoa que agiu de modo competitivo por engano oferece condições para que haja uma sociedade cooperativa, onde é fácil viver. Dar-se direitos e a tragédia dos recursos compartilhados podem complicar o cenário, mas este é um modelo que pode dar certo.

CAPÍTULO 12

Como Reduzir o Narcisismo do Outro

Mudar a personalidade de outra pessoa é um desafio. A questão-chave é a motivação. No caso de mudar a personalidade de outra pessoa, com certeza *você* terá motivação para isso, mas ela talvez não. Isso dificulta bastante mudar o outro. Ainda assim, você pode ter um cônjuge narcisista, ter um amigo ou alguém da família que é narcisista, ou ter um chefe ou colega de trabalho com tendências narcisistas. Talvez você se preocupe com seus filhos, que podem pertencer a um grupo social narcisista na escola, ou ter pai ou mãe narcisista. É possível que também viva uma situação em que muitos pais acabam se encontrando: a de não querer transmitir aos filhos os próprios aspectos mais negativos. Uma série recente da HBO intitulada *Big Little Lies* trata do conflito de convívio com um marido altamente controlador, atraente, desrespeitoso e narcisista, desempenhado por Alexander Skarsgård. A esposa – papel de Nicole Kidman – tenta de várias maneiras mudar a personalidade dele, de terapia a submissão, mas todas as iniciativas só são eficientes por pouco tempo.

É claro que a maioria das situações sobre as quais me perguntam não chega a tais extremos, mas sempre gosto de falar primeiro dos exemplos mais radicais, para poder ajudar o máximo possível. Em uma palestra TEDx de 2017, por exemplo, abordei o lado mais leve do narcisismo e as pessoas ficaram preocupadas de eu não ter tratado dos aspectos prejudiciais e graves, que podem provocar problemas reais para os relacionamentos. Neste capítulo, vou apresentar recursos para ajudar quem tem traços ou tendências narcisistas, mas não no nível clínico, para o qual são necessários diagnóstico e tratamento profissional. Antes de falar mais dessas estratégias, porém, quero tratar da importância da segurança em casos mais sérios.

Como tão bem retratado em *Big Little Lies*, a prioridade número 1 é se proteger e cuidar dos próprios interesses, e garantir que você não sofra danos físicos, emocionais ou financeiros. Significa estabelecer limites claros e manter atualizados os dados sobre o que está acontecendo. Na série, o terapeuta de Nicole Kidman a aconselha a ter um apartamento secreto onde se refugiar quando necessário. Esse conselho é diretamente baseado na literatura da psicologia social. É preciso criar uma alternativa se quiser de fato sair de um relacionamento assim. É por esse mesmo motivo que abrigos para mulheres espancadas são tão importantes, em especial para as que não têm independência financeira.

Além disso, é importante lembrar que tentar mudar outra pessoa tem pouca chance de dar certo. Todos os que são casados, pais, mães e as próprias crianças tentam mudar o outro de várias maneiras. Minha mãe ainda deseja que eu tivesse feito medicina; minha esposa ainda espera que eu siga uma alimentação normal; e minhas filhas ainda esperam que eu não as envergonhe com piadinhas de mau gosto na frente das amigas. Reconheço que esses desejos são positivos. Sem dúvida, seria benéfico para mim ser médico, comer melhor e não envergonhar minhas filhas (bem, isso talvez não), mas esses desejos continuam insatisfeitos. Isso apenas faz parte da tentativa de mudar outra pessoa.

No entanto, se quiser mudar alguém, várias estratégias se baseiam em pesquisas, em especial a *entrevista motivacional*, usada pelos terapeutas para incentivar o cliente a ser um aliado na terapia, intensificando sua motivação natural para mudar. Em essência, a melhor estratégia é não mudar diretamente o narcisismo da pessoa, mas, em vez disso, mudar o desejo que ela tem de mudar. Em outras palavras, é uma questão de convencer o narcisista a querer mudar, e depois você pode ajudar, se necessário, mas ele tem de fazer a mudança sozinho.

Um tópico correlato que começamos a pesquisar é o desejo do narcisista de mudar. Durante anos fiquei pensando – e o campo em que atuo também – que o narcisista, em particular o do tipo grandioso, não queria mudar porque adorava ser daquele jeito. Em certo sentido, isso continua sendo o que observamos. Os narcisistas grandiosos têm autoestima elevada, são felizes e se sentem mais próximos de seu eu ideal do que as demais pessoas. Todavia, quando se trata dos traços mais hostis e severos, como uma natureza manipuladora e a falta de empatia, é comum os narcisistas considerarem tais atributos negativos e desejarem mudá-los.

Nesta pesquisa, pedimos que um narcisista e um amigo dele classificassem seus traços de personalidade, quanto esses traços eram positivos e quanto era desejável mudá-los.[1] Verificamos que a autopercepção do narcisista era bastante parecida com a percepção que seu amigo tinha dele, assim como a positividade dos traços (ou sua ausência) e a desejabilidade de mudá-los. Os narcisistas com quem conversei e que desejam mudar contam histórias semelhantes. Sentem que existem duas falhas importantes em sua vida: querem relações familiares próximas, como veem outras pessoas terem, e querem melhorar seu desempenho profissional com relacionamentos positivos em equipe, como os outros têm. Quero deixar um ponto claro: as pessoas que falam comigo sobre seu narcisismo têm um alto grau de consciência de si mesmas, o que não é comum, mas as pesquisas apontam que costuma existir certa noção do que se passa. Neste caso, queremos encorajar os narcisistas a mapear a vida que desejam ter e depois refletir sobre como sua personalidade narcisista a atrapalha.

Táticas de Redução

Podemos subdividir as áreas de mudança nos três ingredientes principais do narcisismo: extroversão ativa, antagonismo e neuroticismo. Em seguida, podemos discutir táticas de mudança em cada uma dessas áreas. O desafio é que o narcisismo é um sistema de compensações, de modo que não é tão simples quanto se livrar de alguns traços. As pessoas são complexas, portanto, quando falo de estratégias, vamos ter em mente os benefícios. Na Tabela 12.1, apresento uma visão geral dos ingredientes do narcisismo e dos aspectos de mudança.

Tabela 12.1: Reações aos traços narcisistas

	BENEFÍCIOS	CUSTOS	SOLUÇÕES/ REAÇÕES
EXTROVERSÃO ATIVA	Impetuosidade Socialmente expansiva	Focada no trabalho Infidelidade	Redirecionar ou recanalizar Interromper riscos específicos
ANTAGONISMO	Agressivo Desrespeita regras	Agressividade/ Violência Trapacear Antissocial Desconfiança	Mudança comunitária Gratidão Interromper riscos específicos
NEUROTICISMO	Detecção de ameaças	Sofrimento Ansiedade Hostilidade	Interromper a hostilidade Reduzir a ansiedade com alimentação, exercícios físicos, sono, medicação

Extroversão ativa

Em primeiro lugar, a extroversão ativa e a impetuosidade que a acompanha são um dos aspectos mais atraentes do narcisismo. Esses traços traduzem confiança e audácia social, assim como a capacidade de alcançar metas, chegar à liderança e obter outros resultados positivos. Ao mesmo tempo, a extroversão ativa em si pode ser ruim e redundar em algumas consequências negativas que não são significativas em termos clínicos, mas que tornam a vida pior do que precisa ser. Um exemplo disso é o equilíbrio trabalho/família. As pessoas com uma extroversão altamente ativa são propensas a priorizar bastante o engajamento em tarefas e projetos. São influenciadas por recompensas, mesmo as de natureza psicológica. São atraídas para o sucesso, a fama e as oportunidades de alcançar e obter reconhecimento e sobressair.

O narcisista não consegue desligar o botão dessa energia e é provável que nem queira fazer isso. Uma opção é abrir espaço para essa energia no âmbito de sua relação, em família e em outras áreas da vida que devem ser reequilibradas. Basicamente, recanalize essa energia e faça da nova prioridade uma parte dos objetivos do narcisista. A título de exemplo, imagine que eu tenho um amigo que é do tipo extrovertido ativo, mas quero fazer mais parte da vida dele. Para tanto, devo achar uma maneira de minha inclusão ajudá-lo a alcançar seus objetivos. Com respeito à família, isso pode significar exigir que um tempo específico seja dedicado com exclusividade à interação com aquelas pessoas, deixando o *smartphone* de lado. Talvez seja preciso aderir a regras estritas para dar foco à intenção e à energia.

Outro desafio desse tipo de extroversão ativa atraente é que as pessoas socialmente confiantes e amigáveis costumam representar um risco mais alto de serem infiéis, inclusive sexualmente. Também pode significar ter um bom número de relacionamentos paralelos à relação principal, o que é importante ser alvo de uma regulação direta no relacionamento com a pessoa narcisista. Se estou em um relacionamento com alguém e preciso de certa dose de tempo e atenção, isso precisa ser explicitado e incluído na relação. Em certo sentido, precisa ser cumprido à risca.

Antagonismo

Em termos de traço essencial do narcisismo, o antagonismo é sem dúvida muito mais destrutivo do que a extroversão. Ao mesmo tempo, é importante lembrar que até mesmo o antagonismo tem seus benefícios. É um aspecto útil para quebrar regras, cobrar aumento de salário, ser agressivo no esporte. Há momentos em que as pessoas precisam romper com um sistema para efetuar mudanças, e a agressividade é importante nesse caso. Porém, a agressividade também tem um lado sombrio. O antagonismo está ligado a abusos emocionais e físicos, traições e inúmeras condutas antissociais, além de estupro, agressões sexuais e abusos conjugais. Se estiver enfrentando algum desses problemas, você deve chamar a polícia. Não deveria estar lendo o que escrevi e tentando usar estes truques. O que estou sugerindo são recursos para lidar com pessoas dentro da faixa normal de narcisismo e que não estão desrespeitando a lei.

Para lidar com o antagonismo narcisista, você pode recorrer a recursos psicológicos, instigações e maneiras sutis de tentar provocar menos antagonismo, assim como pode recorrer a recursos de força, mais diretos e próprios de um confronto. Começando com os recursos psicológicos, pense que o narcisista é alguém que funciona à base de recompensas, o que significa que ele quer se sentir bem a seu próprio respeito. Se houver oportunidade para associar comportamentos afetivos, voltados para o grupo e para o bem-estar, com o tempo isso deve levar a uma redução do antagonismo.

Em 2009, publicamos uma pesquisa sobre essa ideia.[2] Imagine um grupo de pessoas em que todas são casadas com alguém que é narcisista grandioso. No decorrer do relacionamento, algumas delas conseguem despertar traços de bondade e afetuosidade no cônjuge. Às vezes, chamamos isso de ativação comum, ou mudança comum, porque esses traços comuns são ativados no narcisista, junto a uma mudança para construir traços mais afetivos. Observamos nessas relações que as pessoas com parceiros narcisistas na realidade sentiam-se satisfeitas porque o traço narcisista remanescente da extroversão era positivo e o antagonismo mais áspero tinha sido amenizado. Em outros casais, nos quais não houve essa transição, o cônjuge não narcisista se mostrou menos satisfeito. Em tese, essa mudança parece ótima, mas fazer com que aconteça pode ser trabalhoso. Uma solução básica é o sistema baseado em recompensas. Quando o narcisista agir de maneira afetiva ou cooperativa, elogie e agradeça. Diga que reparou como ele se comportou bem com o filho ou foi amoroso com a esposa.

A privação é outra tática clássica para a cura do traço de se dar direitos. Faça a pessoa trabalhar por alguma coisa em vez de apenas lhe dar o que for, seja amor, amizade ou uma relação de trabalho. As pessoas podem fazer isso colocando-se em um estado de microprivação, também conhecido como gratidão. Reservar de modo intencional alguns minutos por dia, que sejam dez, para expressar gratidão pode despertar sentimentos positivos e felicidade. Como os narcisistas não costumam ser gratos e tendem mais a culpar os outros por seus problemas, conseguir que mudem de mentalidade para se mostrar gratos pode ser uma grande vitória. Comporte-se como modelo: peça ao narcisista que participe da oração de agradecimento antes das refeições e mencione com regularidade a gratidão ao conversar com ele.

Um grupo de pesquisadores do Reino Unido apoiou essas ideias em um estudo de 2014 que despertava a simpatia com a adoção de certa perspectiva.[3] Um grupo de participantes do estudo foi encorajado a se imaginar no lugar de outra pessoa e depois assistir a um vídeo que instigava empatia. O grupo que adotou essa perspectiva teve redução de traços narcisistas de pouca adaptabilidade, como dar-se direitos e externar condutas de exploração, elevou o nível de empatia autodeclarada e chegou a obter diminuição do ritmo cardíaco. No geral, os pesquisadores concluíram que os narcisistas podem se comover com o sofrimento de outra pessoa se resolverem se colocar no lugar dela.

No caso de adotar táticas "mais fortes", o narcisista precisa ser confrontado diretamente. Com base em nosso trabalho com a autoconsciência narcisista, verificamos que os narcisistas têm consciência de que, às vezes, podem ser idiotas e que seu antagonismo causa problemas. Quando for confrontá-los, porém, é melhor fazer isso em particular. Não os envergonhe nem os humilhe em público. Em vez disso, situe a questão que o incomoda no contexto de um relacionamento positivo geral, como o desejo de se tornar uma pessoa melhor. Por exemplo, no círculo familiar, pais e avós muitas vezes discordam quanto ao comportamento e à aparência de um neto. Uma maneira de entrar na conversa com o avô narcisista é reconhecendo diferenças incômodas de opinião, mas explicando também que ele não pode fazer nada para mudar o neto. Aliás, é útil lembrar que criticar a criança pode ferir os sentimentos dela e comprometer o relacionamento. Essa espécie de conversa permite que as pessoas entendam com clareza a importância da aparência e do amor. Se o narcisista entender que, para ele, a aparência do neto tem sido mais importante que o amor, pode ser difícil admitir isso, mas, quando os valores forem confrontados entre si, o esclarecimento e novas atitudes podem reduzir o antagonismo.

Neuroticismo

Como traço final, o neuroticismo, que é o baluarte do narcisismo vulnerável, não é um elemento que contribui para os relacionamentos. É difícil ficar perto de pessoas neuróticas porque elas precisam de mais apoio, têm pensamentos negativos sobre o presente e o futuro, enxergam mais ameaças no ambiente e é difícil dar-lhes conforto. Às vezes, a sociedade precisa de pessoas temerosas, mas, em termos do casamento moderno, o neuroticismo de modo geral é negativo. Aliado ao antagonismo, forma uma combinação desagradável. Além disso, as manifestações do neuroticismo que costumam ficar de fora das discussões sobre o assunto são a hostilidade e a raiva. Quando pensamos em neuroticismo, costumamos pensar em tristeza e depressão, que são internalizadas, mas a hostilidade leva à raiva, que é externalizada.

A boa notícia é que várias atitudes podem alterar o neuroticismo, que está no centro de muitos problemas de saúde mental. Podem fazer parte das mudanças no estilo de vida os exercícios físicos e ajustes na alimentação e no sono, fazer meditação e praticar a atenção plena (*mindfulness*); todas essas medidas podem ajudar muito. Sem dúvida, incentivar alguém a fazer tudo isso é um desafio, mas esse esforço vale a pena, em especial se você participar dessas atividades com a pessoa neurótica.

Além disso, medicamentos antidepressivos e ansiolíticos, como os benzodiazepínicos e os inibidores seletivos de recaptação de serotonina, podem ajudar, em particular os SSRIs (na sigla em inglês), induzindo mudanças sucessivas, que se beneficiam umas das outras. Ou seja, a medicação reduz as tendências neuróticas, o que ameniza a depressão e aprimora os hábitos da vida diária; por sua vez, o neuroticismo diminui ainda mais.

E Quanto à Manipulação?

Naturalmente, outro modo de lidar com o narcisismo, que não é sutil, é apenas também manipular o narcisista. Se entender como um narcisista funciona, verá quais são seus objetivos e vai poder ajudá-lo para que os alcance e aproveite os resultados. Por exemplo, se eu quiser que um narcisista grandioso goste de mim, eu o elogio, me faço de importante e falo de um futuro em que vejo como ele terá sucesso. Como estamos na mesma onda – a onda *dele* –, funciona.

Claro que todos queremos relacionamentos autênticos, e as relações de manipulação nos deixam exaustos e doentes. Então, insisto para que só coloque esta opção em prática se não tiver outra escolha na interação com esse narcisista – por exemplo, em situações informais no trabalho –, e é preciso dar um jeito de usar essa tática de um modo que não o prejudique. Em relacionamentos íntimos como o casamento, em vez de recorrer à manipulação, pense se, de fato, quer continuar nessa relação ou se seria o caso de alguma intervenção profissional, como terapia de casal.

O que primeiro chamou minha atenção para a tática da manipulação foi um programa de rádio muitos anos atrás, que era feito por uma cafetina. Ela me disse que, quando vinha um cliente que era claramente narcisista, as mulheres o consideravam um alvo fácil, porque era muito simples manipular o sujeito: bastava exagerar na bajulação. As mulheres chamavam esses tipos de "otários". Embora exibam uma fachada audaciosa, confiante, independente e arrogante, não passam de galinhas à espera de serem depenadas quando vão a um bordel.

Contudo, a manipulação também pode ter consequências sérias. As pessoas me perguntam sobre Donald Trump e como eu lidaria com ele. Eu faria o que outros países parecem fazer: organizam desfiles grandiosos, convidam-no para jantares suntuosos e fazem com que ele pareça muitíssimo importante. Ele adora essas demonstrações, e esse é o melhor modo de fechar algum acordo com ele. Quando as pessoas tentam manipular Trump atacando-o, isso não dá certo, porque o nível de grandiosidade dele é comparável ao narcisismo de Lyndon Johnson. Ele não é tímido, não recua e é arrogante demais para que isso dê certo. Por exemplo, Benjamin Netanyahu, primeiro-ministro de Israel, postou em junho de 2019 uma informação sobre um novo bairro nas Colinas de Golã, chamado Trump Heights, em que escreveu: "Inaugurada uma nova comunidade nas Colinas de Golã cujo nome é uma homenagem a um amigo de Israel, o presidente dos Estados Unidos, @realDonaldTrump. Dia histórico!". Como resposta, Trump retuitou a postagem e respondeu: "Obrigado, senhor primeiro-ministro. É uma grande honra!". *Esse* é um líder que sabe como trabalhar com Trump do jeito certo.

Dou outro exemplo. Fiz uma consultoria informal para uma empresa de advocacia em que um dos sócios era um poderoso narcisista grandioso. O sócio não narcisista me pediu um conselho. Quando perguntei o que queria, ele explicou que precisava de determinada quantia em dinheiro. Então eu lhe disse que pegasse o dinheiro e o "perdesse". Embora possa parecer um conselho ambíguo, expliquei que o narcisista precisa ganhar; por isso, o caminho mais fácil para chegar ao dinheiro era permitindo que o narcisista o "ganhasse" em público, de modo que o não narcisista pudesse ganhar financeiramente.

E Que tal Conversar?

Às vezes, as pessoas me perguntam se não podem apenas conversar com o parceiro ou um familiar narcisista sobre uma mudança. Por exemplo, me perguntam se podem dizer ao narcisista quais estratégias estão pensando em adotar, como elogiar atitudes amorosas. Em geral, a maior parte dos conselhos sobre narcisismo sugere que um confronto direto com a pessoa sobre seu narcisismo não adianta muito. A título de exemplo, quando você conversa com o cônjuge sobre manter a casa limpa, é muito mais eficiente discutir pequenas mudanças de atitude e condutas, como lavar a louça e levar o lixo para fora, do que chamá-lo de "porco" e "bagunceiro". Nesse mesmo sentido, chamar alguém de "narcisista" e falar do narcisismo como um traço geral de sua personalidade pode magoar e não servir para nada. Em vez disso, concentre-se em comportamentos específicos que queira mudar e dê exemplos específicos que ajudem o narcisista a enxergar como suas atitudes afetam os outros. Se ele não se der conta do que está fazendo, é possível ancorar sua motivação em um novo comportamento, como a técnica da entrevista motivacional que descrevemos antes.

Além disso, alguns estudos recentes mostram que muitos narcisistas parecem pelo menos ter um pouco de consciência de como se comportam, e concordam que algumas de suas atitudes são negativas. Com os dados dessas novas pesquisas, pode valer a pena ter uma conversa, caso seu cônjuge tenha consciência das próprias ações e pareça ter abertura para essa espécie de conversa. Mesmo assim, é importante tomar cuidado com as palavras a se usar na conversa para abordar atitudes e condutas do narcisista. Mais uma vez, ninguém gosta de ser rotulado com uma palavra negativa, em especial o narcisista, cuja motivação resulta de ele se sentir superior e especial. Nesse sentido, fale de perfis com traços mais amplos, como antagonismo, e explique como isso está prejudicando a relação. Se a conversa for boa, o narcisista pode ser capaz de se abrir e mencionar outras maneiras pelas quais seu antagonismo prejudica também outras áreas de sua vida.

E Quanto a ser Pai ou Mãe?

O tempo todo, as pessoas me perguntam sobre narcisismo e ser pai ou mãe. Elas querem saber como educar uma criança para que não seja narcisista. As pessoas não querem ter uma criança mimada, que parece egoísta ou maldosa. O que faz muito sentido. Mas, para dizer bem a verdade, não me preocupo tanto com a questão de criar um filho. Criar uma criança tem sua importância, mas não faz tanta diferença. No geral, entendo o que as minhas filhas estão dizendo, falo para elas que eu as amo, e faço passeios de aventura com elas para que desenvolvam uma noção de iniciativa. Porém, além disso, não tento moldar a personalidade delas porque, no âmbito normal da educação de uma criança, isso não dá certo.

    Quero esclarecer dois pontos importantes antes que as pessoas digam que estou louco. Sim, você pode se atrapalhar com a criação dos filhos. Se puser um deles dentro de uma caixa e educá-lo ali dentro, ele ficará horrivelmente traumatizado. Em segundo lugar, criar filhos é coisa séria, no sentido de que é importante alimentá-los, vesti-los e protegê-los de perigos, mas pense nas famílias que você conhece e que têm dois filhos. A menos que sejam gêmeos idênticos, ou mesmo fraternos, esses irmãos são bastante diferentes um do outro e nunca poderiam ser transformados para um se tornar o outro. Além de garantir que seus filhos estejam alimentados e se comportem dentro do que a sociedade estabelece, você não tem muito controle. Eu não conseguiria fazer uma das minhas meninas ter a personalidade da outra, mesmo que tivesse os recursos de um instituto psiquiátrico inteiro, do Facebook e da CIA.

Isso posto, as pessoas querem uma estratégia ou método para saber que estão tomando a decisão correta e adotando as atitudes certas. Uma estratégia que recomendo aos pais é o método CPR de controle do narcisismo. *C* é de compaixão, de ser cuidadoso. Um dos maiores neutralizadores do narcisismo é um relacionamento afetuoso e marcado pela empatia. Seja um modelo para esse tipo de relacionamento em sua própria vida e recompense os filhos quando se comportarem assim.

P é de paixão. Quando você faz qualquer coisa com paixão e alegria, seja um esporte, música, trabalho e amor, o ego sai de cena. Você não se gaba do que está fazendo, apenas compartilha a empolgação com outras pessoas. Aliás, algumas pesquisas mostram que as pessoas não conseguem sentir uma paixão profunda quando estão pensando em quanto são maravilhosas. Compartilhe sua paixão com os filhos e incentive-os a fazer o mesmo.

R é de responsabilidade. É fácil assumir a responsabilidade por um sucesso, mas é difícil assumir a responsabilidade por um fracasso. Assumir a responsabilidade pelos dois tipos de resultado é a chave para manter o ego sob controle. É uma questão de prática. Por exemplo, ao longo dos anos, estudei o viés do interesse próprio, que é a tendência a se dar crédito por um êxito e a culpar os outros por um fracasso. Estou ciente dessa questão. Sei que, no longo prazo, é mais inteligente aprender com os erros do que fingir que são culpa de alguém, mas ainda assim fico dando desculpas quando faço bobagens.

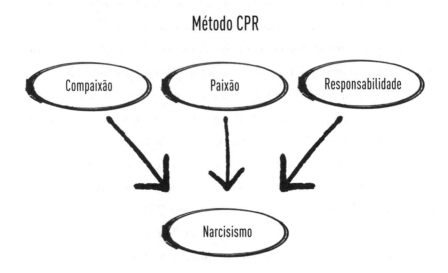

Vamos levar os conceitos do CPR um pouco mais adiante e explicar por que minimizam o narcisismo. A compaixão, é evidente, tem a ver com conexão, amor e pertencimento. As pesquisas sobre apego, mesmo em primatas não humanos e outros mamíferos, mostram que o amor é uma experiência fundamental. A título de exemplo, posso citar que convido com frequência as amigas das minhas filhas para uma refeição conosco e depois preparo alguma comida ou pelo menos improviso algum prato na cozinha, para demonstrar quanto eu as apoio; isso também cria um ambiente amistoso para as convidadas. Não posso arrumar amigas para as minhas filhas, mas posso dar apoio nesse sentido.

O próximo fator é que as pessoas não pensam tanto em paixão quando se trata de combater o narcisismo, mas esse é um dos recursos mais importantes. Se você ama seu trabalho e todo dia se ocupa com atividades que aprecia, está ensinando aos filhos que isso é possível e que eles também podem ter paixão na vida. Por outro lado, se passa a maior parte do tempo dedicando-se a tarefas para chamar atenção e evitar ser punido e menosprezado, seu filho também verá isso. Vale lembrar que, quando as pessoas estão no estado de fluxo e se entregam ao que estão fazendo, em perfeita harmonia com o máximo de seu potencial, o ego e o narcisismo saem de cena. Esses são sentimentos que se abastecem do processo criativo, e não tanto de feitos específicos. Isso quer dizer que seu melhor desempenho vem de abrir mão do ego. Seu filho vai fazer o mesmo.

Além disso, responsabilidade diz respeito a assumir a autoria da própria vida, dos próprios erros e dos próprios acertos, na mesma medida. A melhor maneira de encorajar essa postura nos filhos é recompensando-os por agir assim. Se cometerem um erro, diga que foi uma boa tentativa, mas não deu certo, e que isso não quer dizer muito sobre o que são como pessoa. O que também ajuda é falar que você os respeita quando assumem a responsabilidade pelos próprios atos. Quando você recompensa o acerto e pune o erro, acaba instigando a desonestidade, a vergonha e a culpa, em vez da responsabilidade. Em lugar dessa postura, comemore o esforço que fizeram, ainda que lamente o fracasso, e isso vai melhorar a capacidade deles de se recompor depois de um fracasso na vida adulta, seguindo em frente com integridade.

CAPÍTULO 13

Como Reduzir o Próprio Narcisismo

A realidade é que muita gente tem dificuldade com alguns aspectos do narcisismo. Mesmo não estando preocupados com um diagnóstico clínico de transtorno de personalidade narcisista, podemos nos dar conta de que nossa necessidade de atenção nos mete em apuros, e que o sentimento de termos direitos nos leva à raiva quando essa emoção não é útil. Reparo no meu sentimento de que me dou direitos quando viajo e, como acontece tantas vezes, as coisas saem errado. Posso ficar preso em um aeroporto com literalmente milhares de pessoas, e ainda dou um jeito de ficar zangado como se fosse o único a sofrer com esse inconveniente. Também luto para conseguir desligar minha ambição e priorizar minha família. Gostaria de ter um interruptor de ego que eu pudesse controlar, mas infelizmente mudanças positivas me custaram muitos anos de prática.

Há cem anos, quando nasceu a ciência da personalidade, os pesquisadores pensavam que a personalidade adulta não mudasse. Freud pensava que a personalidade se consolidava nos seis primeiros anos de vida e que, a partir dessa idade, a maneira como a pessoa enfrentava os desafios é que fazia diferença na vida dela. Se você, por exemplo, resistiu a aprender a usar o banheiro quando criança, ao se tornar adulto teria virado alguém do tipo "anal retentivo": inflexível, ambicioso e tenso. Se gostava muito de mamar no peito, teria "fixação oral" na idade adulta, mostrando-se viciado e em contínua busca do prazer, sempre pondo alguma coisa na boca, seja um cigarro ou um lápis. Se teve muito interesse pelos próprios genitais quando pequeno, se tornaria um adulto "fálico": agressivo, competitivo e dominador. Embora esses traços de personalidade persistam e ainda chamemos alguém de "anal", "oral" ou "fálico" (já que "falocêntrico" não é um termo popular), Freud estava enganado quanto à raiz e à flexibilidade desses traços.

O grande psicólogo norte-americano William James era mais otimista acerca de mudanças na personalidade. Porém, até ele pensava que a personalidade poderia mudar quando a pessoa fosse jovem, mas que se transformava e se tornava inflexível com o tempo. Segundo ele: "na maioria das pessoas, por volta dos 30 anos o caráter já se consolidou como gesso e nunca mais amolecerá".[1] Essa declaração está mais próxima do que sabemos hoje em dia, mas continua incorreta.

Mudar o que Podemos

A personalidade pode e costuma mudar durante a vida. Nas pesquisas sobre os Cinco Traços Principais, a extroversão e a abertura em geral diminuem com o tempo, enquanto a amabilidade aumenta. Conforme vamos envelhecendo, o padrão é nos tornarmos menos curiosos, menos impetuosos e menos sociáveis, mas também mais gentis. Esse padrão sugere que o narcisismo (alta extroversão e pouca amabilidade) deve diminuir com a idade. Embora haja menos pesquisas sobre narcisismo do que sobre a personalidade como um todo, a melhor hipótese é que, na média, o narcisismo diminui quanto mais aumenta a idade, o que não quer dizer que entre em declínio em todos os casos. Com pessoas de idade avançada, o narcisismo pode vir a ser um problema maior se elas tiverem certo nível de comprometimento cognitivo e de perda de autocontrole emocional. Essas pessoas perdem parte da capacidade de regular seu narcisismo e podem se tornar ainda mais zangadas e intolerantes com o passar do tempo.

Ainda assim, se a personalidade é capaz de mudar quando ficamos mais velhos, resta a questão de saber se é possível acelerar intencionalmente essas mudanças, colocando-nos em algumas situações de forma estratégica, passando por certas experiências e tomando determinados remédios. Uma resposta possível aqui é estudarmos as pesquisas que mensuram mudanças de personalidade após intervenções como psicoterapia e uso de psicodélicos. Felizmente, Brent Roberts e seus colegas fizeram esse levantamento de modo sistemático, publicando uma revisão em 2017,[2] na qual analisaram mais de duzentos estudos que acompanhavam traços de personalidade durante intervenções.

Em primeiro lugar, a maior parte do que sabemos sobre mudanças de personalidade resulta de pesquisas em psicoterapia, e a maioria dos pacientes em psicoterapia apresenta traços de neuroticismo. Nesse sentido, sabemos muito mais sobre mudanças no neuroticismo do que nos outros traços. Isso posto, de fato parece haver uma mudança confiável na personalidade após intervenções propositais, que podem consistir em uso de drogas como psilocibina ou certos antidepressivos, terapia psicodinâmica ou cognitivo-comportamental, ou ainda intervenções experimentais. Os resultados dessas opções de tratamento são relativamente similares quanto a mudanças de personalidade. Quando se trata dos Cinco Traços Principais em si, Roberts e seus colegas comprovaram que a maior área de mudança é no neuroticismo, o que significa que as pessoas se tornam menos neuróticas, ou mais estáveis emocionalmente com o passar do tempo, ao usar esses tratamentos. Os pesquisadores também reuniram evidências de mudanças menores nos outros traços. As pessoas mostram um discreto aumento em extroversão, amabilidade, abertura a experiências e escrupulosidade.

A próxima questão a ser testada é se as pessoas, intencionalmente ou por vontade própria, podem mudar traços de sua personalidade. Em 2015, os pesquisadores Chris Fraley e Nathan Hudson testaram esse ponto perguntando às pessoas no início de um experimento de dezesseis semanas qual dentre os Cinco Traços Principais eles queriam mudar.[3] A seguir, elaboravam um plano para implantar essa mudança. Fraley e Hudson constataram que elas mudaram na direção que queriam, embora apenas ligeiramente. O traço mais fácil de mudar, o que é ótimo em geral, mas não tão bom para o narcisismo, tem relação com o aumento da extroversão.

Essa é uma área nova de pesquisa, mas promete. Por exemplo, outro estudo publicado em 2018[4] seguiu um programa de *coaching* de dez semanas de duração, elaborado para incentivar mudanças voluntárias de personalidade. Os resultados indicam que o programa resultou em um aumento da escrupulosidade e da extroversão, e em diminuições significativas do neuroticismo; essas mudanças se mantiveram três meses depois do término do programa, em especial quanto ao neuroticismo e à extroversão.

Ao mesmo tempo, a mudança pode surtir um efeito de ricochete. Um dos exemplos mais interessantes diz respeito a intenções de autoestima. Em um estudo de 2011, no qual colegas de quarto da Universidade Estadual de Ohio foram instruídos a melhorar ou sua autoestima ou suas conexões, os que deram prioridade à vida social arranjaram ótimas conexões, mas os que preferiram a autoestima acabaram mais desconfiados e isolados.[5] O que observo com naturalidade, e foge do âmbito de dados científicos, mas me parece verdadeiro, é que os narcisistas querem mudar conforme vão amadurecendo e observam mudanças no mundo social que os rodeia. Muitos jovens, logo no início de sua jornada, são ambiciosos e não dão muito valor para a convivência em família, a qual consideram sem graça e que ocupa muito tempo de seu estilo de vida. O que acontece com alguns desses jovens mais focados em si mesmos, quando crescem e veem os amigos começando a própria família, é que se dão conta de estarem perdendo experiências de vida. No começo, isso é difícil de entender, porque ser narcisista é, no fundo, não ter, de forma deliberada, um equilíbrio entre si mesmo e os outros, priorizando a si mesmo. Contudo, quando alguém compreende a ideia fundamental de que construir uma vida em cima de algo tão passageiro quanto *status* social é um mau investimento, essa pessoa passa a querer algo mais significativo ou substancial.

Estão sendo divulgados novos dados sobre esse aspecto das mudanças. Um estudo publicado em 2019 versou sobre o narcisismo no decorrer do tempo.[6] O artigo que o discutia trazia como título "You're Still So Vain" [Você Ainda é Tão Vaidoso] e abordava como o narcisismo tende a declinar com a idade, entre os 20 e os 40 anos, em particular as facetas narcisistas de liderança, vaidade e dar-se direitos. O narcisismo diminuía com o tempo, mas de maneira complexa. Por exemplo, os participantes do estudo que tinham cargo de supervisão no trabalho sofriam perdas menores de liderança, o que fazia sentido. Além disso, os que viviam em relacionamentos instáveis ou eram fisicamente saudáveis tiveram diminuições menores da vaidade. Esses dados fizeram sentido porque os jovens adultos com níveis de liderança mais altos eram mais propensos a ocupar cargos de supervisão na meia-idade, e os que tinham níveis de vaidade mais altos tinham menos filhos e eram mais propensos a estar divorciados na meia-idade. No geral, as pessoas se inclinam a se tornar menos narcisistas quando ficam mais velhas, mas isso depende da carreira profissional que adotaram e de seu estilo de vida familiar.

As sugestões específicas que apresentamos a seguir têm o propósito mais amplo de reduzir o narcisismo, ampliando a capacidade de amar em um nível pessoal. Para alcançar esse objetivo de maior escala, você precisa usar o Modelo Tríplice.

Mudando o Narcisismo

A primeira pergunta a se fazer é: Quais aspectos do narcisismo deveriam mudar? Podemos subdividi-los em extroversão ativa, antagonismo e neuroticismo, como fizemos no Capítulo 12, pensando neles como os estudos de intervenção que mencionamos naquela oportunidade. De preferência, é como seria feito em um estudo científico. Porém, diante das limitações do que sabemos, quero me aprofundar nas questões específicas que, com frequência, vejo que podem estar associadas a respostas práticas. Precisamos descobrir o que nos dá mais trabalho na vida e depois implantar a prática correspondente. Vou falar dessas questões em um espectro, dos problemas clássicos do narcisismo grandioso, como correr riscos, aos do narcisismo vulnerável, como autoestima frágil.

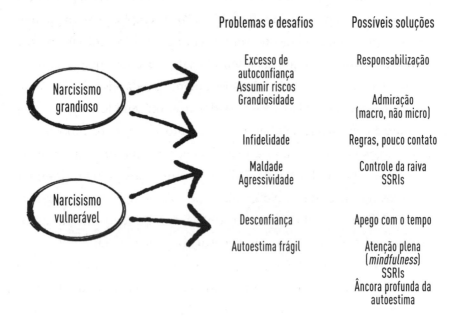

Excesso de confiança

Excesso de confiança e correr riscos são benefícios do narcisismo grandioso em muitos casos, mas também podem trazer consequências catastróficas. Na vergonhosa falência do Barings Bank, em 1995, um dos bancos de maior prestígio do Reino Unido, em atuação desde 1700, um corretor de 28 anos chamado Nick Leeson fraudou sozinho a instituição em cerca de 1,3 bilhão de dólares, o dobro do capital disponível no banco para suas operações comerciais. Os riscos geraram um colapso gigantesco. Na realidade, embora um único corretor tenha se tornado a imagem da falência, em geral há um CEO propenso a riscos também envolvido nesse tipo de operação. Em um estudo de 2016 sobre as crises financeiras de 2007 a 2009, por exemplo, CEOs com excesso de confiança tinham mais probabilidade de desrespeitar protocolos de empréstimo e elevar a alavancagem financeira.[7] Em última análise, essa política tornava a companhia mais vulnerável a quedas na economia e, durante a crise, ela sofreu mais calotes nos empréstimos, quedas maiores nas operações e no valor de lucro das ações, maior crescimento da probabilidade de calotes e maiores chances de troca de CEOs.

Nesses casos, o problema de correr riscos é que as pessoas acreditam que conseguem seguir adiante com a situação e dar um jeito de compensar algum dano se as coisas derem errado, até correndo um risco maior para encobrir o anterior. Em geral, o narcisista corre riscos, observa o *feedback* (ou a falta dele), não aprende com esses riscos e corre outros mais. Quando jogos de azar se tornam um problema, por exemplo, as pessoas pegam dinheiro de gente próxima, entram em dívida e destroem a própria vida na tentativa de compensar o azar que tiveram antes. O tempo todo continuam convencidas de que têm o esquema, o truque ou uma vantagem sigilosa para ganhar.

Como se explica esse nível de confiança excessiva? Um dos meus princípios de vida é: a realidade sempre ganha. Isso quer dizer que, seja o que for aquilo em que acreditamos ou a nossa fantasia, a realidade acertará todas as contas. Para enfrentar esse excesso de confiança, a realidade precisa intervir. Pesquisas indicam que isso deve ser alcançado por meio da responsabilização e da transparência, com a ajuda de um supervisor, uma máquina ou um colega. Então, a pessoa tem menos chance de exagerar no relato de suas atividades ou de valorizar seu desempenho.

Não estou defendendo um sistema de espionagem corporativa executado pela própria empresa, por qualquer meio que seja, mas, em termos da própria vida, contar com algum mecanismo de responsabilização ajudará a reduzir o narcisismo.

Quanto a mim, meu mecanismo favorito para criar responsabilidade são as consequências naturais. O exemplo mais simples é o da criança que queima a mão no forno. Ela queima a mão uma vez, entende que não deve mais fazer isso e depois não tenta de novo. Essa é a magia de aprender sem que ninguém ensine. Em muitas atividades na natureza, essas consequências acontecem de modo espontâneo. Se você pratica algum esporte, inclusive os que podem machucar fisicamente, como futebol, surfe ou esqui, é provável que já tenha batido a cabeça, sido derrubado ou caído. O que não quer dizer que deva desistir; significa apenas que vai tomar mais cuidado enquanto aprimora suas habilidades.

Grandiosidade

Depois do excesso de confiança vem a grandiosidade ou, em termos gerais, pensar que você é o maioral. Quase todo mundo exagera ao falar sobre como está levando a vida e como se sente, o que não é necessariamente problemático. Mas, quando isso interfere no trabalho ou nos relacionamentos, está na hora de mudar. Uma maneira de reduzir a autoimagem valorizada é fazer perguntas específicas sobre tais qualidades. Se você acha que é "ótimo" aluno, qual é a sua média acadêmica? Se é um "ótimo" líder, que papéis específicos de liderança já assumiu e como motivou ou instruiu outras pessoas? Quando pensa em elementos específicos, talvez perceba que é mais difícil chegar às respostas. Isso demarca o limite entre falar de um bom jogo e realizar um bom jogo.

Por outro lado, há a possibilidade de lidar com a grandiosidade mostrando a si mesmo como o mundo é grande, o que pode ser chamado de experiência de admiração. Quando o mundo é vasto, o ego é pequeno. Essa pode ser uma experiência desconfortável, mas também poderosa. Algumas pesquisas sugerem que experiências de admiração, como a pessoa ficar diante de uma floresta magnífica, podem reduzir o sentimento de se dar direitos e aumentar a humildade. Em ambientes virtuais, fazer uma simulação da Terra como um pequeno pontinho azul no universo se baseia na mesma ideia para despertar o sentimento de admiração.

Infelizmente, o que não parece funcionar é o que tenho chamado de "microadmiração" na vida cotidiana. Na Universidade da Califórnia em Irvine, Paul Piff e seus colegas pesquisaram esse tópico dando aos participantes instruções para reparar em momentos de grandeza, como um lindo pôr do sol na praia.[8] Pode-se imaginar que uma cena dessas mude a pessoa e, em termos do trabalho que estamos fazendo, de fato estimula um comportamento pró-social, mas o efeito não dura. As pessoas apreciam a vista, mas depois seguem em frente com os afazeres do dia, sem nenhum efeito duradouro da experiência.

Infidelidade

Outra variável associada ao narcisismo grandioso é a infidelidade. Quando a maioria das pessoas acha que alguém está sendo infiel em um relacionamento, elas pensam que essa é uma atitude prejudicial, e é mesmo, mas as pesquisas indicam que a motivação vem da extroversão do narcisismo. Trata-se de um comportamento de busca de atenção e gratificação. A melhor maneira de interromper essa espécie de conduta é evitando a gratificação, e até mesmo a tentação dela. As pessoas acham que têm força de vontade, mas a regra geral em relação ao autocontrole é que, se não quiser, fique longe. Se não quero sorvete na minha alimentação, não tenho pote de sorvete no congelador. Se não quero beber álcool, não vou ao bar. Se não quero trair minha esposa, não fico com uma mulher que não é a minha esposa, tarde da noite, quando estou tomando um drinque em um bar. Se seguir essas regras, vai reduzir em grande medida a possibilidade de ser infiel.

O público caiu com tudo em cima de Mike Pence quando ele estava em campanha para a vice-presidência, porque ele disse que não passava tempo com mulheres que não fossem sua esposa. Isso pode causar toda sorte de questões e desafios políticos e sociais, mas o que de fato faz é proteger Pence da possibilidade de uma traição, de ser flagrado traindo alguém ou mesmo de ser acusado de trair alguém.

Agressividade

Maldade e agressividade são evidentemente problemas graves do narcisismo. Em nosso trabalho, constatei que os narcisistas podem ter consciência de que sua agressividade é prejudicial, afasta os outros e pode resultar em assédio e violência física. Na maior revisão que encontrei sobre enfrentamento da raiva, que é uma meta-análise publicada pela Associação Americana de Psicologia, não existe quase nenhuma diferença, em termos de eficácia, entre os diversos tratamentos.[9] Terapia em grupo para o enfrentamento da raiva, tratamentos de autoajuda e alguns outros tipos de tratamento funcionam, mas o método que não funciona é a catarse. Aqui se trata da antiga ideia de que a agressividade é uma energia reprimida que precisa ser liberada. Antigamente, diziam para as pessoas socar um travesseiro ou atirar dardos na foto da pessoa odiada. O que isso parece fazer de fato é reforçar ainda mais a agressividade, tornando-a gratificante.

Além disso, a depressão pode parecer agressividade, em particular nos homens. Quando certos homens estão deprimidos, tornam-se hostis, o que parece indiferença, mas, na realidade, é neuroticismo ou sofrimento. Quando a depressão é externalizada, em vez de internalizada, as pessoas explodem, criticam tudo e ficam irritadas à toa; em geral, são incompreendidas e diagnosticadas de modo equivocado.

Desconfiança

A desconfiança aparece tanto nos narcisistas grandiosos como nos vulneráveis, mas é mais pronunciada nos vulneráveis. Ela está relacionada a um apego básico, em particular o apego aos pais. De acordo com a teoria do apego, crianças criadas em lares menos estáveis ou menos seguros, com pais que não estão presentes, são mais propensas a ter transtornos mentais ou sofrer com abuso de drogas. Como essas crianças cresceram nessa espécie de ambiente, aprendem a confiar menos nos outros e a serem mais defensivas na relação com os demais. Essa é uma reação racional e adaptativa das crianças, mas não tanto no futuro.

O problema surge quando essa criança cresce e quer entrar em um ambiente saudável, em que a confiança funciona, mas sua tendência a desconfiar das pessoas atrapalha as relações de proximidade. Alguns pesquisadores vêm estudando os estilos de relacionamentos de apego, em particular em crianças, e há indícios de que podem ocorrer mudanças na desconfiança, transformando-a em confiança. Em certos casos, o tratamento da desconfiança consiste em apenas encará-la de frente, o que significa criar um relacionamento com alguém em quem quer confiar e aceitar a desconfiança residual até aprender a superá-la com o tempo. Não é fácil, mas a terapia pode ajudar nesse processo, e esta parece ser a abordagem mais eficiente.

Fragilidade

Por fim, temos a questão da fragilidade da autoestima, ou seja, a ideia de que, se alguém diz algo negativo ou pouco lisonjeiro sobre você, isso o coloca na defensiva ou o desestabiliza. Para dar um exemplo, depois que um vídeo da minha palestra TEDx de 2017 sobre narcisismo foi postado *on-line*, cometi o erro de ler os comentários. As pessoas disseram que eu parecia gordo. Aqueles indivíduos poderiam ter feito vários comentários negativos sobre mim que não me incomodariam em nada, mas, por algum motivo, ler que eu parecia gordo causou uma ferida narcísica. A fragilidade que senti me causou sofrimento. Esse tipo de sofrimento costuma desencadear uma reação. Nesses casos, a tendência natural é partir para uma postura ofensiva de revidar o ataque, ou então entrar na defensiva e dizer que não estou gordo. Em geral, tento não alimentar essas trolagens, mas, no curto prazo, tais *feedbacks* não me trazem nenhuma satisfação.

A saída mais fácil é não dar atenção a *nenhum feedback*, porque todo mundo é idiota. Claro que essa reação não é eficiente, porque você nunca aprenderia nada sobre si mesmo. Em vez disso, é preciso ter um sistema com o qual possa aprender com o que vem de fora, acolhendo tanto informações positivas como negativas, não se deixar desregular por isso e seguir em frente com o que ficou sabendo. O estado de atenção plena (*mindfulness*) pode ajudar nesse caso.

Uma atitude mais específica, contudo, é a autocompaixão, definida como a capacidade de se tratar como um amigo querido o faria. Isso significa olhar para si mesmo como um integrante comum da humanidade, que está presente no agora e não se castiga por erros do passado. O exercício da autocompaixão, pensando sobretudo como um amigo se comportaria, pode ser bastante benéfico. É bem provável que um amigo nos aconselharia a relaxar, respirar fundo, esquecer os comentários negativos e seguir em frente, sendo um ser humano como qualquer outro.

A voz interior da autocompaixão imuniza contra a dor da picada de um *feedback* negativo. Com o tempo, você pode desenvolver essa capacidade de receber um *feedback* negativo e avaliar se ele é relevante ou não. Pessoas importantes para nós podem fazer comentários relevantes, aos quais damos ouvidos, e queremos assimilar o recado. Outros *feedbacks* vêm de trolagens da internet, e esses você de fato não precisa guardar. Em suma, tire o ego de cena nesses casos.

Grandes Soluções

Vamos encerrar com uma visão de amplo alcance de como dar conta do próprio narcisismo em termos de sociedade. Nas pesquisas sobre personalidade, a teoria do investimento social se baseia na ideia de que a sociedade é uma unidade integrada que combina trabalho, voluntariado, religião e comunidade. Nela estão inclusos os cuidados dispensados aos mais velhos e aos mais jovens, no âmbito de um sistema dinâmico. A fim de investir em uma comunidade, sua personalidade deve ser estruturada de determinada maneira, constituindo o eixo de estabilidade dos Cinco Traços Principais.

Para ser um membro estável de uma comunidade, é preciso ser amável, cuidadoso, calmo, emocionalmente estável, bondoso e dedicado no trabalho. Na mesma medida em que estiver disposto a investir na comunidade, você vai seguir com naturalidade em direção a ser mais disciplinado, cuidadoso, amável e cooperativo. Também criará mais amizades e conexões sociais, e se sentirá melhor a respeito de si mesmo, mais estável e menos só. Quando se comprometer psicologicamente com esses papéis em uma comunidade, é mais provável que siga esse rumo positivo, de acordo com uma meta-análise sobre investimento social, levada a cabo por Jennifer Lodi-Smith e Brent Roberts na Universidade de Illinois em Urbana-Champaign.[10]

É exatamente o mesmo princípio no caso dos exercícios físicos. Como pratico yoga todos os dias, meu corpo se ajustou de maneira a poder praticá-la diariamente. Se eu treinasse corrida de longa distância, meu corpo se adaptaria para realizar essa atividade. Acontece a mesma coisa com o modo como você trata sua vida social. Se investir pessoalmente na comunidade, vai se tornar alguém focado na comunidade, com os traços de personalidade que correspondem a alguém com esse foco. No nível individual, transformar o narcisismo tem a ver com se abrir para o amor. No nível social, tem a ver com estabelecer uma conexão de âmbito mais amplo com a comunidade.

CAPÍTULO 14

Psicoterapia para o Narcisismo

Tenho uma notícia boa e uma notícia ruim. A boa é que, apesar do que você possa ter lido, o transtorno de personalidade narcisista, o TPN, *pode* ser tratado com psicoterapia. A ruim é que não existe um tratamento padrão-ouro. Nenhum estudo clínico se concentrou no TPN, nem comparou os diferentes tipos de tratamento. Pelo contrário, os profissionais de saúde mental que obtiveram algum sucesso tratando o narcisismo apresentaram relatos clínicos, e o TPN tem sido incluído de forma secundária em ensaios clínicos dedicados a outros transtornos.

Por exemplo, o projeto Research Domain Criteria (RDoC) ou Critérios de Pesquisa por Domínios é uma iniciativa do Instituto Nacional de Saúde Mental que, em 2010, começou a encontrar novas abordagens para investigar transtornos mentais. Integrando biologia, comportamento e contexto, tem o objetivo de estudar os processos básicos do comportamento humano por meio do arco do normal ao anormal. Em essência, o objetivo da perspectiva médica científica moderna é subdividir os distúrbios de saúde, como o TPN, em seus processos neuroquímicos mais elementares, estudá-los em laboratório e depois testar mensurações em roedores, antes de passar para o uso em seres humanos. Como se pode imaginar, essa é uma abordagem útil em nível básico: há modelos para depressão, demência e outros transtornos mentais em roedores, mas eles não servem para processos psicológicos humanos complexos que não são comuns aos roedores, entre os quais, os transtornos de personalidade. Mesmo que pudéssemos construir um modelo de narcisismo com roedores, como dominação e acasalamento entre camundongos, testando tratamentos, seria improvável chegar a algum resultado produtivo ou útil.

Além disso, o governo dos Estados Unidos não considera o TPN um grande problema de saúde. São destinados recursos financeiros muito maiores ao estudo do transtorno da personalidade *borderline*, diante de seu potencial para prevenção e do risco de a pessoa causar danos a si mesma. O mal causado pelo TPN, por exemplo, recai entre o sistema de saúde mental e o da justiça criminal, de modo que as pesquisas sobre TPN assumem, de modo presumível, um papel secundário na ordem de prioridades. Muitas vezes, um estudo de tratamentos para o transtorno da personalidade *borderline* também pode avaliar e captar dados sobre o narcisismo vulnerável. Nesse sentido, um estudo de terapia em grupo poderia incluir o narcisismo como um dos vários transtornos diagnosticados nos participantes.

Como não existe um padrão-ouro de tratamento, nem algum estudo específico para recomendar, não posso dizer em definitivo como tratar o TPN, mas posso tentar fazer o melhor possível, oferecendo um apanhado geral do que é sinalizado pelas pesquisas e tapar os buracos com hipóteses sobre o que poderia dar certo.

Possíveis Barreiras ao Tratamento do TPN

Antes de explicar as três vias que podem funcionar – a psicodinâmica, a cognitivo-comportamental e a psiquiátrica –, é importante salientar as barreiras que podem atrapalhar o tratamento do TPN e ajudar a definir a opção mais eficiente. Na psicoterapia, naturalmente, a motivação é o fator principal. Para que tenha êxito, a pessoa que opta por esse tratamento deve querer estar ali, para início de conversa, e ser capaz de ficar. É comum entre narcisistas, em particular os do tipo grandioso, ter pouca motivação para buscar tratamento. Os vulneráveis buscam tratamento porque estão sofrendo, mas a esposa de um narcisista grandioso é quem tem mais probabilidade de procurar ajuda. Isso é o que também verifico como especialista. Com muita frequência, me perguntam como lidar com um ente querido que é narcisista, ou como compreendê-lo, e não tanto como enfrentar o próprio narcisismo.

Os narcisistas também têm um alto índice de desistência da terapia. Em um estudo de 2008 sobre narcisismo e atritos, John Ogrodniczuk e seus colegas na Columbia Britânica analisaram 240 pacientes inscritos em um programa formal de tratamento para internados, com um dia de duração, esboçado para torná-los mais felizes, diminuir seus problemas interpessoais e reduzir o sofrimento psiquiátrico de modo geral.[1] O índice de desistência ficou em 63% para pacientes narcisistas e 32% para os demais. Os narcisistas que ficaram no programa melhoraram da mesma maneira que todos os outros participantes do estudo. Os pesquisadores concluíram que ainda apresentavam condutas invasivas, como atitudes dominadoras e vingativas, mas tiveram menos dificuldades interpessoais.

O elemento positivo nesse cenário é que o psicólogo experiente no tratamento do transtorno de personalidade narcisista saberá disso e poderá usar técnicas para manter a pessoa em terapia. Em geral, isso significa negociar com o narcisismo do paciente, dizendo algo como "Você tem muitos talentos que poderiam fazer bem aos outros. Precisamos controlar seu TPN para você causar o impacto que merece". Wendy Behary, assistente social clínica com carreira no tratamento de TPN, escreveu *Disarming the Narcissist: Surviving and Thriving with the Self-Absorbed*, em que descreve o processo como uma dança. O terapeuta precisa mudar de atitude, às vezes ajudando o narcisista a se reerguer e, às vezes, ajudando-o a encarar uma realidade menos gloriosa.[2]

Psicoterapeutas com bastante experiência também usam *entrevistas motivacionais* para envolver o cliente narcisista. Essa opção tem origem em pesquisas com tratamentos para viciados. Assim como o uso da cocaína, o narcisismo é bom e ruim ao mesmo tempo, de modo que o objetivo da entrevista motivacional é encorajar o cliente a perceber com clareza as desvantagens do narcisismo e chegar à conclusão de que é preciso mudar. A fim de chegar a esse resultado, o psicoterapeuta se solidariza com as batalhas do narcisista e elogia seus dotes, ao mesmo tempo que os vincula ao desejo recém-fortalecido de mudar. Do mesmo modo como quando damos apoio a um amigo que está vivendo uma relação romântica destrutiva, é importante mostrar que estamos do lado dele para que não se sinta rejeitado, mas que também aprovamos sua decisão de sair do relacionamento.

Quatro Visões Psicoterapêuticas do Tratamento do TPN

Embora não exista um padrão definitivo, os psicoterapeutas concordam com alguns aspectos do tratamento do TPN. Em um estudo de 2015 sobre o narcisismo patológico, um grupo de pesquisadores de universidades canadenses pediu a 34 psicoterapeutas que lhe explicassem como classificaria algumas descrições de transtornos.[3] Entre elas, havia uma versão grandiosa do TPN, uma versão vulnerável do mesmo problema e um transtorno de pânico. No geral, a equipe de pesquisa queria verificar se os terapeutas abordavam os transtornos narcisistas de modo diferente de como lidavam com os casos de pânico. Os pesquisadores constataram que os psicoterapeutas descreviam quatro maneiras de tratar o TPN.

Em primeiro lugar, falavam da abordagem introspectiva e da abordagem relacional no tratamento do TPN. Nesses casos, esperavam que o paciente estivesse disposto a olhar para dentro de si a fim de enfrentar as questões fundamentais de sua infância que poderiam afetar os relacionamentos atuais, inclusive com o terapeuta, a chamada *transferência*. À medida que a pessoa se desenvolve e descobre como se relacionar com os outros na vida, ela pode transferir alguns sentimentos do início da vida para esses relacionamentos. Nesse caso, a terapia investiga a própria ideia da transferência e a análise desse processo como método para chegar à raiz dos problemas.

O segundo tema foi relativo à terapia cognitivo-comportamental. Embora várias vertentes desse tipo de tratamento possam ajudar nos casos de narcisismo, o grupo pesquisado deu preferência a uma terapia baseada em tarefas de casa dirigidas e a serem realizadas manualmente. Em geral, esse tipo de terapia é adotado em transtornos de pânico, não no narcisismo. Em casos de pânico, o terapeuta encoraja o paciente a desencadear uma crise, inspirando e expirando dentro de um saquinho de papel para treiná-lo para esse momento e descondicionar a reação. Essa abordagem dá certo em situações específicas, como um ataque de pânico, mas todos os terapeutas da pesquisa chegaram à conclusão de que provavelmente não é aplicável aos aspectos mais amplos da personalidade narcisista.

Depois, o grupo foi dividido quanto a suas recomendações de tratamento para o tipo grandioso e para o tipo vulnerável de narcisismo. No caso de pacientes vulneráveis, os terapeutas disseram que eram mais inclinados a dar apoio durante a terapia, já que esse tipo de paciente costuma ser mais carente, triste ou tímido. Também adotariam a mesma postura de apoio com aqueles que falassem sobre a própria falta de valor pessoal, sentir vergonha ou se sentir inferior. Para contrabalançar a frágil autoestima do paciente vulnerável, poderiam dizer algo como "Você é uma boa pessoa".

O quarto tema da pesquisa, que representa de fato um problema na terapia, é sobre "pacientes zangados e provocadores", ou seja, os narcisistas grandiosos que culpam os outros por seus problemas. Esses pacientes testam os limites da terapia, costumam ser abusivos e não é nada agradável tratá-los. Os terapeutas disseram que o melhor seria ser consistente na análise do comportamento deles, mostrando repetidas vezes como seus padrões de conduta afetavam a vida que levavam. Nesses casos, observaram a necessidade de serem escrupulosos na definição de limites e serem diretos com o cliente.

No geral, como a pesquisa indica, os psicoterapeutas podem tratar o narcisismo conversando sobre o passado, trabalhando com a autoestima e a autodepreciação bem como associando os padrões ou comportamentos negativos a problemas correntes, por exemplo, de relacionamento.

Três Terapias Básicas para o Narcisismo

A seguir, vou listar três grandes tipos de terapia populares no tratamento do TPN: a psicodinâmica, a cognitivo-comportamental e a medicamentosa psiquiátrica (ver Tabela 14.1). Todos contêm subcategorias, e novos tratamentos estão sendo constantemente desenvolvidos, mas esta é uma opção razoável para notar as semelhanças e as diferenças entre eles.

Tabela 14.1: Terapias básicas para o narcisismo

	EXEMPLO	PRINCÍPIOS
PSICODINÂMICA	Psicoterapia focada na transferência	Foco nas relações de infância e nas defesas do ego
COGNITIVO--COMPORTAMENTAL	Terapia esquemática Terapia comportamental dialética Aceitação e terapia de compromisso	Foco em esquemas e representações de relacionamento Foco na regulação de impulsos e afetos Aceitação budista/estoica da vida e da renúncia
MEDICAMENTOSA	SSRIs Cetamina	Estabilização de níveis elevados Ativação da serotonina

Psicodinâmica

Várias abordagens terapêuticas têm se mostrado úteis no tratamento do narcisismo. A primeira delas – e ainda comum – é o tratamento psicodinâmico, que pode assumir várias formas. Cada uma delas demonstra interesse por entender processos inconscientes, discutir as raízes do transtorno na infância e trabalhar para que o cliente compreenda como é o seu processo. Essa é uma maneira elegante de dizer que o cliente "entende o que se passa com ele". A terapia psicodinâmica no TPN costuma dar prioridade a identificar sentimentos mascarados de rejeição e raiva, a revelar a origem desses sentimentos na infância, e a ajudar o paciente a compreender como os traumas da infância se traduziram no adulto narcisista em que se tornou.

Como mencionamos no início do livro, as terapias psicodinâmicas surgiram da terapia psicanalítica apresentada originalmente por Freud. Nos anos 1960 e 1970, foram expandidas pelos psicanalistas austríacos Otto Kernberg e Heinz Kohut. Conhecidos por suas teorias da personalidade *borderline* e da patologia narcisista, os dois se dedicaram de maneiras diferentes ao estudo das causas, da organização psíquica e do tratamento desses transtornos. Kernberg deu mais atenção à teoria freudiana sobre os conflitos humanos entre amor e agressividade, enquanto Kohut se distanciou das ideias de Freud, falando da necessidade das pessoas de conseguir se organizar e se expressar. Kernberg insistia em manter a neutralidade durante a terapia, em vez de demonstrar apoio, sempre desafiando a tendência do narcisista de buscar controle, o que combina com a teoria freudiana. Kohut, por outro lado, entendia as ilusões narcisistas como um modo de focar a introspecção e a si mesmo, e incentivava a transferência para ajudar o paciente em seu processo de autocura.

A ciência avançou bem além dessas primeiras abordagens e as terapias psicodinâmicas modernas integram as duas conceituações. A terapia focada na transferência, por exemplo, prioriza as interações que envolvem o paciente e o terapeuta a fim de entender como o terapeuta reage. Se, por exemplo, ele sente raiva ou atração, isso poderia indicar como o paciente vê o mundo e interage com ele. As terapias psicodinâmicas modernas são breves, não mais com cinco sessões por semana em um divã, durante anos. Apesar de esses tratamentos tradicionais ainda existirem, não são necessariamente considerados os mais eficientes, tanto em termos de tempo como de dinheiro. Nos Estados Unidos, nos dias atuais, essa espécie de terapia psicodinâmica é mais popular em torno da cidade de Nova York, e novas pesquisas estão sendo feitas na Universidade Columbia. Ao mesmo tempo, vários grupos em diferentes locais elaboraram outras terapias baseadas nas conceituações psicodinâmicas, mas costumam ter menor duração.

Terapia cognitivo-comportamental

A maioria das abordagens contemporâneas usa a terapia cognitivo-comportamental, a TCC, que considera os pensamentos e os atos que causam desafios pessoais no presente. A abordagem da TCC é racional e tem como objetivo mudar as ideias e as condutas destrutivas. Por exemplo, o cliente pode estar tendo dificuldades no trabalho porque age como um tirano e cria um ambiente destrutivo. Ele sabe que é um vendedor habilidoso, mas a empresa quer dispensá-lo. O psicólogo pode identificar a explicação do narcisista para comentários do tipo "O pessoal da equipe é muito idiota e me atrapalha", e depois comparar com o objetivo do cliente, que é ser o vendedor número um da companhia. Em seguida, o processo de terapia analisa como o comportamento destrutivo prejudica o cliente no alcance de seu objetivo, e investiga os detalhes que fazem os membros da equipe serem "idiotas". O psicólogo vai incentivar o cliente a tentar novos pensamentos, por exemplo: "A equipe não está treinada e precisa de mim para ajudá-la a me ajudar". A TCC é esboçada para ser um tratamento de curto prazo, voltado a resolver problemas específicos, e não tanto a recompor o narcisista.

A TCC é o modelo-padrão ensinado em centros acadêmicos de treinamento voltados para pesquisa, como o que temos na Universidade da Geórgia. Iniciada pelo psiquiatra norte-americano Aaron Beck nos anos 1970, a terapia cognitiva investiga condutas, pensamentos e representações de si mesmo, dos outros, das relações e do passado. Tem sido mais usada em casos de depressão, para os quais se tornou o modelo predileto ao transformar a noção de uma visão negativa do futuro em como enfrentar essa visão e tornar possível mudar algumas dessas noções. Costuma ser um processo específico, dirigido e eficiente, em especial em casos de depressão.

Desde o começo do trabalho de Beck, surgiram novas terapias cognitivas, desenvolvidas para lidar em particular com transtornos de personalidade, entre elas, a terapia esquemática de Jeffrey Young, destinada a pacientes em recaída ou que não responderam a outras terapias, como a TCC tradicional. A terapia esquemática enfoca as ideias que a pessoa faz de si mesma e como se vinculam a relacionamentos atuais e passados. Na área clínica, os analistas observam que clientes narcisistas têm uma autoimagem extremamente positiva e também ideias bastante negativas sobre si mesmos, desencadeadas por contextos diversos. A terapia esquemática identifica com precisão esses momentos-gatilho, traz à tona o padrão de comportamento ou o pensamento concomitante e, em seguida, tenta modificá-lo para que se torne menos prejudicial e mais positivo. Essa abordagem tem sido testada com êxito em grupos grandes, com pessoas que sofrem de vários transtornos de personalidade, mas não com o narcisismo em específico.

Outra terapia popular e bastante estudada é a terapia comportamental dialética, a TCD, voltada em geral a casos de transtorno da personalidade *borderline*. Criada pela psicóloga Marsha Linehan, na Universidade de Washington, integra recursos da terapia comportamental com a atenção plena (*mindfulness*) para enfrentar pensamentos, sem se entregar a ações impulsivas inspiradas por tais ideias. Linehan desenvolveu sua TCD a princípio para combater condutas suicidas que se estendiam a outros transtornos mentais, em particular os relacionados à desregulação das emoções. Em minha experiência pessoal, quando ficava zangado com um superior na universidade, o grupo de TCD do meu departamento me aconselhava a colocar uma compressa fria no rosto para interromper o ciclo de *feedback* do sangue que inundava minhas bochechas. Outra tática da TCD é usar a "mente sábia" para tomar decisões, em vez da mente invadida pelas emoções, que pode fazer escolhas impulsivas no calor do momento. Aquilo me ajudou na ocasião. Não fui demitido. Embora alguns estudos tenham verificado o efeito dessa terapia no narcisismo, um estudo de caso realizado por Sarah Fischer na Universidade da Geórgia (agora ela está na Universidade George Mason, na Virgínia) mostrou que os índices do Inventário de Personalidade Narcisista caíram depois da TCD. Ao que parece, os narcisistas vulneráveis, em especial, puderam se beneficiar.

Uma terceira terapia cognitiva, que vem ganhando popularidade, é a terapia de aceitação e compromisso, ou TAC, da qual faz parte o ideal budista da aceitação. Mais do que uma prática de atenção plena (*mindfulness*), a TAC se baseia na aceitação de situações, para o bem ou para o mal. Em resumo, o sofrimento faz parte da vida e é importante aceitá-lo. Do ponto de vista histórico, essa terapia faz sentido e é o que Buda ensinou com a parábola do grão de mostarda. Uma mulher que estava sofrendo porque tinha perdido um ente querido pede ajuda a Buda e ele concorda em lhe entregar uma poção mágica se ela recolher um grão de mostarda de todas as pessoas que não perderam um ente querido. Claro que ela procura as sementes e não consegue encontrar ninguém que não tenha sofrido uma perda assim. Ela compreende isso e regressa para seguir os ensinamentos de Buda. Nesse caso, o ponto não é a aceitação niilista, mas sim que todos lidam com situações difíceis e que isso faz parte da vida do ser humano. Que eu saiba, nenhum trabalho associou ainda a TCD ao narcisismo, mas suspeito que possa funcionar melhor com a forma mais neurótica do TPN. Ao mesmo tempo, uma verdade brutal no contexto certo poderia ser terapêutica para o tipo mais grandioso e insensível do TPN.

Medicamentos

Sempre se levantam dúvidas sobre as terapias que usam psicofármacos – medicamentos – para o narcisismo e o TPN. Não temos recomendações de verdade à nossa disposição. No entanto, alguns antidepressivos e inibidores seletivos da recaptação de serotonina (SSRIs) são recomendados para o transtorno da personalidade *borderline*. Relacionado a isso, se baixa autoestima, alto teor de neuroticismo e um autoconceito instável fazem parte do TPN de um paciente, um SSRI pode ser uma abordagem razoável.

Os pesquisadores estão investigando a possibilidade de novos medicamentos para depressão, em especial quando o quadro resiste a tratamento. No momento, a substância mais estudada – além das drogas psicodélicas clássicas – é a cetamina, uma droga dissociativa, usada para começar e manter uma anestesia. A cetamina induz um estado semelhante ao transe, que fornece alívio da dor, sedação e perda de memória. Também conhecida como "K" (de *ketamine*, em inglês) ou "K especial", a cetamina tem sido usada ilegalmente nas baladas como droga social ou estímulo alucinógeno. Os psiquiatras da Universidade Yale são pioneiros da pesquisa atual sobre essa substância. Em maio de 2019, a FDA (Food and Drug Administration) aprovou um *spray* nasal que continha escetamina para tratar casos de depressão grave. Esse cloridato ativa o sistema da serotonina, o que parece funcionar na depressão, conforme os estudos que Yale divulgou.[4] Só para esclarecer, é improvável que essa substância afete os aspectos grandiosos do narcisismo. No futuro, talvez possa ajudar na irritabilidade que é percebida como antagonismo, basicamente dando um pouco mais de tempo para a pessoa se acalmar, mas precisamos de mais pesquisas para saber ao certo.

Como Encontrar o Terapeuta Certo

Se você acha que tem TPN ou está tentando aconselhar alguém que tem esse transtorno, é importante encontrar o tratamento e o terapeuta que possam lidar melhor com a situação. Embora muitas vezes tenham me pedido conselhos sobre como escolher o melhor terapeuta para o TPN, não tenho uma resposta certa para dar. Cada tipo de terapeuta proporciona um tipo diferente de tratamento, e pode ser difícil distinguir uns dos outros no começo. Os tipos de tratamento e onde estão disponíveis também variam de uma localidade a outra. Nessas situações, costumo dar algumas ideias para encaminhar a busca.

Em geral, recomendo que o interessado encontre um psicólogo clínico ou psiquiatra experiente, formado em um grande centro universitário de pesquisa, como a Universidade de Georgia, a Universidade de Minnesota ou a Universidade da California em Los Angeles. Qualquer grande universidade em qualquer estado contará com um programa clínico de referência, em particular se tiver a acreditação da Associação Americana de Psicologia (AAP) e do Sistema de Acreditação da Ciência da Psicologia Clínica (SACPC). Os profissionais formados nesses programas e com esse treinamento serão os mais capacitados. Não quer dizer, porém, que serão os melhores terapeutas, mas, pelo menos, você pode contar com um controle básico de qualidade se resolver trabalhar com alguém com essa formação. Também é provável que tenham sido treinados para aplicar as terapias mais recentes, sejam versados nas técnicas cognitivo-comportamentais e tenham experiência na resolução de problemas.

Nos Estados Unidos, os terapeutas da linha psicodinâmica e os psicanalistas são encontrados com mais facilidade na cidade de Nova York, na Costa Leste e em certos pontos da Costa Oeste. Se você for muito inteligente e introspectivo, a terapia psicanalítica poderá ser útil, porque lhe dá a opção de olhar para dentro, aprender e crescer, o que pode ser motivador. Costuma ser um trabalho mais dispendioso e, dependendo de onde mora, você vai contar com menos opções.

Além disso, você pode procurar psicoterapeutas especialistas em transtornos de personalidade. Essa alternativa também depende da sua localização, mas, se você mora em uma cidade grande, deverá conseguir achar clínicas e profissionais nessa especialidade. Muitos trabalham principalmente com o transtorno da personalidade *borderline* e a TCD e outras terapias correlatas, mas estará em um bom caminho já que o treinamento para usar esses tratamentos é específico e dirigido a um alvo bem demarcado. Como essas terapias exigem que o profissional passe por um processo de aprendizagem, em geral são consistentes e confiáveis, seja qual for o local onde sejam praticadas.

Para finalizar, vamos lembrar que o psicoterapeuta é como um investimento. Você pode falar o dia inteiro sobre o melhor investimento, sobre porcentagens de patrimônio líquido, imóveis ou ouro, mas tem de investir para ter algum retorno. Alguns investimentos dão errado, outros são um desastre e alguns são vitoriosos. A ação de investir é a que mais importa e os diversos métodos apenas provêm do modelo de guardar um pouco de dinheiro para obter um eventual lucro futuro. É o mesmo processo para a psicoterapia do narcisismo. No fim das contas, o maior desafio será se comprometer com a terapia; assim, se conseguir achar uma que funcione e com a qual sinta seu progresso (ou as pessoas próximas reparam nele), essa é a terapia para você. E, se não der certo, tente outra. Por último, quero dizer que não é o caso de falar com todos os terapeutas da cidade até achar algum que concorde com você, com o fato de existir alguém para culpar além de si mesmo. Em vez disso, se investir em si fazendo psicoterapia, há uma chance considerável de melhora, apesar de tudo o que costumávamos pensar sobre o TPN.

Onde Encontrar Refúgio dos Efeitos do Narcisismo

A observação final deste capítulo diz respeito à necessidade de falar das pessoas que querem ajuda porque estão às voltas com narcisistas em casa ou no trabalho, e querem se tornar menos vulneráveis aos problemas que sofrem por causa disso, o que é difícil. A chave está em buscar ajuda, mas não existe uma terapia "antinarcisismo". Quando o narcisista se comporta de um modo que fere as leis, por exemplo, sendo violento, atacando e difamando alguém, podem ser usadas medidas legais. Se estiver sofrendo com os efeitos clínicos do TPN, como depressão, um tratamento clínico pode ser mais benéfico. Existem blogs *on-line*, como o *One Mom's Battle*, que fala sobretudo a respeito de se divorciar de um narcisista, mas, como profissional, não conheço nenhuma abordagem terapêutica ideal.

Em termos gerais, quem lida com um narcisista precisa de uma comprovação da sanidade de sua opinião, que entendo como um teste de realidade. A ideia aqui é que você precisa de alguém em quem confie – um terapeuta, um pastor, um familiar, um amigo, seu cônjuge – e que possa endossar sua visão da realidade, em vez da declarada pelo narcisista. Se quiser ajuda para sair do relacionamento, muitas pessoas podem ser convocadas para serem aliadas, sejam elas do círculo de amizades, da família ou profissionais de saúde. O apoio social ajuda. Gostaria que existisse um corpo de pesquisas científicas sobre esse tema, mas realmente não existe.

Bando de *Nerds*: Psicoterapia e Localização

As pessoas costumam me perguntar por que os modelos psicodinâmicos são vistos na cidade de Nova York e em certas cidades dos dois lados do país. A psicologia e suas variantes se difundiram nos Estados Unidos em épocas diferentes e por meios diferentes. A psicanálise foi e ainda é uma forma de terapia dispendiosa e de elite. Quando veio da Europa, fincou raízes nas cidades maiores, especialmente Nova York. Ali as ideias de Freud eram soberanas. Na Nova Inglaterra, William James entendeu que a teoria freudiana era um pouco sombria e priorizou a força de vontade e o caráter bondoso. Com base nisso, elaborou uma abordagem à saúde mental que prosperou nessa região e dava menos importância a diagnósticos, apoiando a vida comunitária, a Igreja e o trabalho. A Costa Oeste é outra história. Ali progrediram abordagens mais humanistas e a psicologia da Gestalt. A Califórnia se tornou o centro do movimento do potencial humano e da autoestima. O Meio-Oeste foi onde nasceu a psicologia organizacional. O Sul tem ótimos laboratórios de psicologia, mas em geral mostra um interesse menor pela psicoterapia e dá mais ênfase à religião.

Informação Privilegiada: Para Quem Busca Ajuda

Em parte, a motivação para escrever este livro foi o desejo de divulgar o máximo de informações que eu pudesse. Recebo uma grande quantidade de e-mails de pessoas desesperadas por uma solução para enfrentar o narcisismo. Estão tão desesperadas que escrevem para um desconhecido, que deu uma palestra no TEDx Talkland e escreveu um roteiro para uma aula do TED-Ed. Entre esses que entraram em contato comigo, alguns estão lutando pessoalmente com seu TPN. A maioria, porém, tem problemas no casamento, com o chefe ou um filho por causa do narcisismo deles.

Quem me escreve busca a melhor resposta possível, mas acaba me mandando um e-mail porque não existem respostas fáceis nem óbvias por aí. Vamos pensar deste jeito: se existe uma pessoa com fortes evidências de narcisismo em sua vida, ela magoou ou afastou muita gente. Há quem a tenha deixado de lado ou processado legalmente; pode ter havido alguém que tenha tentado acalmá-la e inclusive quem a admire. Não existe um efeito específico do narcisismo a ser tratado. Por isso, acho que o melhor ponto de vista é o aconselhamento ou a terapia. Entenda o que está se passando com você e depois siga o caminho que lhe dê mais bem-estar.

CAPÍTULO 15

O Futuro da Ciência do Narcisismo

A ciência sempre avança com novas teorias, novos recursos e novos métodos de pesquisa. Com isso, o estudo científico do narcisismo é muito interessante. Quando os primeiros psicólogos, psiquiatras e psicanalistas começaram a tentar entender o narcisismo, só contavam com suas observações e as próprias ideias. Esses primeiros passos foram importantes, mas eram propensos a erros e vieses. É muito comum vermos o que queremos ver. A ciência continua propensa a vieses e erros, mas estamos progredindo.

Neste capítulo final, quero refletir sobre o futuro: a ciência e tratamentos correlatos vão mudar o modo como vemos e tratamos o narcisismo, assim como a personalidade em termos gerais. Algumas dessas concepções hão de evoluir por si mesmas, enquanto outras serão monetizadas e impostas às pessoas à força. Algumas continuarão sendo ilegais e encobertas. Além dessas ideias, quero lembrar a onda gigantesca que é a genética. O nascimento de bebês geneticamente modificados de pacientes cuidadas por He Jiankuiin, pesquisador chinês em biofísica, significa que eu talvez ainda possa estar vivo para acompanhar esse procedimento se tornar a tendência oficial, embora a decisão do governo chinês de manter o doutor He preso por três anos retarde o andamento de seu trabalho.

A tecnologia e a evolução da estatística estão possibilitando o estudo das pessoas em tempo real, em contextos com a maior riqueza possível de informações. Em certo sentido, estamos avançando do nível de imagens estáticas para um filme. Por exemplo, *smartphones* podem ser usados para uma "avaliação ambulatorial", da qual fazem parte diversos métodos de avaliação usados para estudar as pessoas em seu ambiente natural, abrangendo dados de observação, informação relatadas pela própria pessoa e números biológicos, comportamentais e fisiológicos. A análise de dados obtidos com palavras e imagens é realizada por computadores, e temos instrumentos de laboratório capazes de ler emoções faciais e através de palavras faladas. Além disso, o rastreamento de dados pode captar informações de nossos cartões de crédito, *cookies* e pulseiras digitais. Por fim, neuroimagens obtidas de um RMI funcional nos permitem ver os circuitos neuronais da personalidade em situações específicas.

Primeiro Ponto: Progresso da Genética

Em geral, a fase mais atual da genética molecular evoluirá no sentido de aumentar o conhecimento que temos das nuances da personalidade. Já há algumas décadas que os cientistas sabem que a personalidade pode ser herdada e que, em parte, vem de nossos pais biológicos. Os pesquisadores chegaram a esse dado estudando gêmeos. Como os gêmeos idênticos são mais similares em termos genéticos do que os não idênticos, foi possível presumir que, pelo menos, algumas similaridades seriam herdadas. Depois, os estudiosos puderam aprofundar esse conhecimento, estudando gêmeos criados por famílias diferentes a fim de entender até que ponto as diferenças entre eles eram decorrentes de como tinham sido criados. Agora, os conhecimentos mais recentes podem trazer à luz os genes associados com a inteligência, com os Cinco Traços Principais e com a personalidade, incluindo o narcisismo.

Os pesquisadores sabem que a personalidade não é o resultado de um ou dois genes, mas de uma enorme quantidade deles, cada um ligado a um pedacinho da personalidade. Como não conhecemos o gene do "narcisismo" ou da "extroversão" (nem nenhum aglomerado genético nesse sentido), precisamos estudar o genoma de centenas de milhares de pessoas que fizeram teste de personalidade. Essa pesquisa de larga escala é chamada de estudo de associação genômica ampla (EAGA, ou GWAS, na sigla em inglês). Hoje em dia, por um valor aproximado de mil dólares, há testes que podem mapear um genoma. Isso é impressionante, sabendo que o primeiro mapa genômico custou mais de 2,5 bilhões de dólares. Esse custo acabará chegando a 100 dólares no futuro. Hoje em dia, os cientistas têm uma boa ideia dos muitos genes que ditam a altura de uma pessoa. Em mais dez ou vinte anos, talvez tenhamos a mesma informação a respeito do narcisismo. É apenas uma questão de custo e interesse em usar dados para detectar um padrão no ruído.

Com base nessas informações, os psicólogos clínicos vão querer saber como mudar esses genes e os traços de personalidade. Isso poderia significar achar um modo de evitar que esses genes se expressem. Por exemplo, a paciente que fica sabendo que tem predisposição genética para uma doença do coração provavelmente será aconselhada a adotar medidas preventivas, corrigindo sua alimentação, praticando exercícios físicos e diminuindo o estresse. No caso da personalidade, isso poderia ser diferente. Um novo e incrível procedimento chamado CRISPR (na sigla em inglês), que consiste em repetições palindrômicas curtas agrupadas e regularmente espaçadas (RPCARE, na sigla em português), foi desenvolvido para direcionar a edição genética direta em animais vivos com o uso de fragmentos de DNA para destruir um DNA específico. Os cientistas já usaram o RPCARE para editar o DNA de bebês com o gene CCR5 defeituoso, responsável por dois tipos de resistência ao HIV. Em teoria, editar o gene deveria proteger esses bebês de contrair o HIV. O trabalho inicial foi feito na China, mas agora uma equipe russa parece estar pesquisando esse método.

Minha hipótese é que alguma variação do RPCARE vai virar moda como prática preventiva nas clínicas de fertilidade. Em termos da personalidade, o mais provável é que os alvos iniciais sejam esboçados em termos gerais para a redução da ansiedade. Ao mesmo tempo, não sei se uma intervenção genética chegará ao ponto de ser capaz de mudar a personalidade de maneira confiável e desejável. Isso significaria traçar um mapa confiável entre genes complexos no nascimento e a personalidade mais adiante na vida, o que pode não ser previsível com alta precisão. O processo exigiria um alto volume de dados, conhecimentos complexos e modelos matemáticos intrincados. Além disso, também demandaria muita tecnologia da informação. A ciência da psicologia de ponta hoje depende em grande medida de cientistas da computação, estatísticos e médicos para captar e modelar dados.

Os Próximos Passos: A Nova Ciência

As enormes mudanças tecnológicas das últimas décadas chegaram à ciência psicológica. Levou algum tempo para ser possível aproveitar o potencial desses recursos, mas esse esforço está começando a dar frutos e é nesse campo que as inovações mais espetaculares vão ocorrer na próxima década. Como a sobreposição e o entrelace desses avanços estão em andamento, o futuro da pesquisa do narcisismo ganhará uma nova aparência e se tornará mais complexo. A Tabela 15.1 traz uma visão geral de alguns métodos mais novos e promissores.

Tabela 15.1: A nova ciência dos estudos da personalidade

	EXEMPLO	PROBLEMAS
AVALIAÇÃO AMBULATORIAL	Rede sem fio de áreas corporais conectada a um *smartphone* para verificar a pulsação	Dados, baterias, sensores
ANÁLISE DE DADOS DE VÍDEO E FALA	Linguística computacional Programas de reconhecimento facial	Extrair significado de textos e vídeos
NEUROIMAGENS	fMRI/MEG/EEG	Tamanho da amostra, custo, construção de modelos humanos mais complexos
RASTREAMENTO DE DADOS	Mídias sociais	Privacidade, validade

Avaliação ambulatorial

Como descrevemos no início deste capítulo, são intermináveis as possibilidades da avaliação ambulatorial em termos de amostragem eletrônica, métodos de amostragem de experiências e avaliações eletrônicas momentâneas. Antigamente, os pesquisadores realizavam estudos com base em diários, em que os participantes deviam fazer anotações em um diário de papel. Em seguida, os pesquisadores ligavam as pessoas a *pagers* (lembra-se deles?) e mandavam mensagens cinco vezes por dia, perguntando como estavam se sentindo, para terem uma ideia de como os participantes estavam com o passar do tempo. Agora, a avaliação ambulatorial é capaz de reunir uma grande quantidade de informações sobre as pessoas, de maneira passiva e não invasiva, sem interferir com as ações cotidianas dos participantes. Timothy Trull, da Universidade do Missouri, discutiu as possibilidades de usar *smartphones*, diários eletrônicos e monitoramento fisiológico na avaliação de sintomas, para prognosticar ocorrências futuras, monitorar tratamentos e prevenir recaídas, além de compreender novas intervenções. Um dos exemplos mais incríveis é uma rede sem fio de áreas corporais (RSFAC), usando o *smartphone* que serve de eixo central de reunião e a mensuração de dados. Pense no que podemos coletar agora: elevação, movimento, localização espacial, até a voz, e não somente palavras, mas a entonação e a velocidade da fala. Os *smartphones* também podem se conectar com outros dispositivos, como pulseiras digitais, que medem a pulsação ou os passos dados.

Além disso, a movimentação quantificada, ou automonitorada, ganhou popularidade entre os adeptos da aferição das próprias estatísticas ou de seus movimentos, em dado intervalo de tempo. Nos últimos anos, Ryne Sherman tem instalado câmeras de vídeo em pessoas para registrar cada minuto do dia delas com o objetivo de entender as situações pelas quais passam e como as enfrentam. Esse método permite uma mensuração bastante razoável da vida de alguém, em especial ao captar as mudanças em sua voz, as palavras que usa e o que enxerga em determinados intervalos. Os dados também podem mapear a localização e o tempo. Naturalmente, o desafio é que isso gera tantos dados que fica difícil saber como analisar todos e entendê-los a princípio.

Entre outras questões muitas vezes levantadas por engenheiros estão os sensores e as baterias confiáveis. Estas continuam evoluindo, mas ainda não duram o suficiente. Os sensores estão ficando menores, mas poderiam diminuir ainda mais. Algumas inovações em áreas como o estudo do sono, porém, em que pulseiras de dormir podem medir alguns dados, indicam que a ciência pode avançar. Esses recursos mudarão por completo o modo de realizar pesquisas.

Análise de dados de vídeo e fala

Ao lado das questões de ordem física, os pesquisadores em psicologia deparam com questões relativas à ciência da fala e da visão, ou o estudo de dados de vídeos. Anteriormente, os cientistas analisavam as emoções com base em vídeos, usando médias de classificação ou impressões de um grupo de seres humanos. Esse método dá muito trabalho e consome bastante tempo. Agora, podemos entender melhor os dados de vídeo e fala utilizando apenas computadores. Na Universidade do Texas em Austin, o psicólogo James Pennebaker criou a Contagem de Palavras e Inquérito Linguístico (CPIL), um programa de análise de texto que, a princípio, apenas registrava a presença de palavras, mas que, depois, constatou que certas palavras "ocorriam juntas", por exemplo, pronomes ou palavras de tom agressivo. Em maio de 2019, um grupo de pesquisadores de várias partes do país, liderado por Nicholas Holtzman, da Universidade do Sul da Geórgia, divulgou uma análise CPIL de termos narcisistas. O grupo verificou que as correlações mais fortes do narcisismo eram com xingamentos, com pronomes de segunda pessoa (você, tu e correlatos) e palavras relativas a esportes.[1] As correlações negativas incluíam palavras de hesitação, termos relativos a medo/ansiedade e palavras relacionadas a processos sensoriais ou perceptivos. Embora tudo isso seja fascinante, esses programas não captam o contexto ou o tom, como o uso do sarcasmo, por exemplo. A nova etapa das pesquisas abordará o contexto e extrairá significados, estudando redes de palavras.

Ao lado da análise de textos, os pesquisadores estão analisando o reconhecimento por vídeo e o aprendizado de máquina para detectar a expressão facial de emoções segundo a perspectiva da ciência psicológica. Um exemplo simples desse método é o sorriso genuíno (sorriso Duchenne) *versus* o sorriso social (não Duchenne). De vez em quando, as pessoas sorriem com a boca, mas não com os olhos. Esse sorriso parece forçado e às vezes dá a impressão de ser agressivo porque parece ter a intenção de enganar. Por outro lado, um sorriso sincero implica a participação da boca e dos olhos, o chamado "sorriso Duchenne". Alguns programas de computador conseguem reconhecer isso. Assim que esses programas forem confiáveis o suficiente para corresponder a vídeos em tempo real e a códigos de fala, os pesquisadores poderão constatar a existência de dados interessantes para o entendimento do narcisismo.

Considerado quase o inverso da avaliação ambulatorial, o rastreamento de dados proporciona observações baseadas em dados agregados do mundo conectado. Por exemplo, os *smartphones* armazenam ingressos para shows, passagens aéreas, compras *on-line*, mapas de GPS, além de *selfies*. As pessoas deixam essas migalhas que formam pistas – os dados rastreáveis – para empresas de banco de dados do mundo todo. Em uma universidade, por exemplo, os alunos usam o cartão de identificação para retirar livros da biblioteca, frequentar a academia, entrar no prédio do alojamento, fazer consultas no centro médico, comer no refeitório. Se a administração puxar esses dados e comparar com as notas daquele estudante, pode identificar quando ele começará a ter dificuldades no *campus*, quer signifique que ele fica no quarto o tempo todo ou não cumpre o programa de exercícios físicos. No futuro, a análise de dados vai se tornar ainda mais sofisticada, e esses dados rastreáveis poderão ser usados pela ciência psicológica para estudar vícios como o de jogadores de azar que vão para Las Vegas.

Com relação a isso, a pesquisa dos "Grandes Dados" está avançando a passos largos na ciência da psicologia, assim como em muitos outros campos. Em 2018, pesquisadores da Universidade do Noroeste usaram modelos quantitativos complexos para definir novos categorias de personalidade e chegaram a quatro tipos: reservado, modelos de papel, médio e autocentrado.[2] Seus dados parecem seguir na mesma linha do modelo dos Cinco Traços Principais. Os integrantes do grupo de "modelos de papel" apresentaram índices elevados em todos os traços, exceto neuroticismo; os do grupo "autocentrado" eram mais extrovertidos, mas abaixo da média em amabilidade, escrupulosidade e abertura. Este pode ser um novo modelo para o estudo do narcisismo.

Muitas outras áreas de pesquisa vão se desenvolver na próxima década, entre elas, a de análises de redes sociais, que mapeiam as redes sociais dos narcisistas e como elas mudam com o tempo. Os dados que mapeiam o ego também poderiam rastrear o narcisismo em determinado ambiente, inclusive identificando que área de uma cidade tem a mais alta densidade de narcisistas e em que momento. Muitas técnicas ainda a ser desenvolvidas nos ajudarão a entender e reduzir o narcisismo.

Neuroimagens

Embora seja mais difícil enxergar a curva de custos desta área do que no caso da genética ou da genética comportamental, as neuroimagens serão outro foco importante do futuro da pesquisa. Em especial, as neuroimagens funcionais permitem que a pessoa se movimente e interaja, apesar de algumas limitações, o que dá uma ideia de como o oxigênio ou o sangue oxigenado transita no cérebro durante a tomada das imagens. Os cientistas usam ferramentas sofisticadas para analisar as imagens e criar histórias interessantes, mas o desafio maior ainda é obter amostras suficientes para se chegar a mensurações confiáveis e ao entendimento dos dados.

A ressonância magnética estrutural (como a que se faz no joelho, por exemplo) e a ressonância magnética funcional (fMRI) ajudam a pesquisa em psicologia a analisar processos estruturais, assim como o formato do cérebro e sua morfologia, além dos fluxos de oxigênio e ferro no cérebro. Até o momento, os pesquisadores realizam esses estudos mostrando certas imagens aos participantes do estudo e pedindo que completem algumas tarefas; depois, medem as diferenças nas áreas ativadas do cérebro nessas ocasiões. Foram realizados apenas poucos estudos do narcisismo com neuroimagens, mas existe potencial para se medir as diferenças narcisistas, em especial quando os cientistas forem capazes de usar amostras maiores e aplicar técnicas de aprendizado de máquina.

Como o fMRI mede o fluxo de sangue e oxigênio, ele é lento e não capta as mudanças no cérebro, sempre rápidas. Para tanto, os pesquisadores usam o eletroencefalograma (EEG), que mede as ondas cerebrais até milissegundos. O desafio no uso do EEG, porém, é que não situa com exatidão onde a atividade acontece no cérebro. Embora a velocidade possa ser bem medida, a localização não é precisa.

O magnetoencefalograma (MEG) mede o campo magnético em torno do cérebro com tanta sensibilidade que capta de imediato nuances no campo em resposta a estímulos. É menos comum e muito caro. Não localiza tão bem quanto um fMRI, mas pode situar com precisão melhor do que a de um EEG. Quando são combinados, esses dispositivos podem fornecer resultados interessantes. O método de obter neuroimagens do narcisismo está apenas engatinhando. Os estudos são modestos e não numerosos por causa do custo, mas a esperança é que, à medida que essa tecnologia avança e o custo diminui, os cientistas novamente terão uma ideia melhor do narcisismo e dos circuitos neuronais ativados em certas situações-chave, como correr riscos, autovalorização e agressões.

Darei um exemplo do que a ciência pode vir a se tornar. Uma equipe de pesquisa na China enviou-me há pouco tempo um estudo que usa técnicas de aprendizado de máquina para prognosticar o narcisismo individual, com base em imagens escaneadas de fMRI. Imagine obter essa espécie de imagem em uma amostra de duzentas pessoas e depois utilizar esses dados para prognosticar o escore de narcisismo de cada pessoa. Em vez de sugerir teorias sobre quais são as diferenças de um cérebro narcisista, a própria capacidade do computador pôde analisar milhares de correlações e identificar os aspectos das imagens escaneadas do cérebro que prognosticam o narcisismo. Usar essa abordagem de aprendizado de máquina em uma única amostra pequena não funciona tão bem, mas, assim que os pesquisadores conseguirem treinar esses modelos com vários bancos grandes de dados, farão um trabalho bastante confiável de previsão do narcisismo. Esse processo tem funcionado para empresas como a Netflix, que usa meus dados de visualização, com os dados de milhares de outros assinantes, para prever o que eu gostaria de assistir em seguida. Onde está a sede da personalidade nos circuitos neuronais é uma questão mais complexa do que saber que fatores fazem uma pessoa gostar de certo filme, mas a matemática envolvida é basicamente a mesma.

A Fronteira Final: Novos Tratamentos

Quanto a novos tratamentos, há quatro atualmente sendo usados em vários níveis e alguns nos estágios iniciais de aplicação, mas ainda não foram adotados em larga escala; outros estão nas etapas finais de testes clínicos ou na fase de transição para se tornarem o próximo tratamento de escolha. A Tabela 15.2 apresenta algumas dessas novas terapias para dar uma ideia do que vem por aí, incluindo os possíveis obstáculos ou problemas que podem atrapalhar sua evolução.

Tabela 15.2: Novos tratamentos

	EXEMPLO	PROBLEMAS
ESTIMULAÇÃO CEREBRAL	Estimulação magnética transcraniana (TEC muito baixa)	Eficácia, lesões, mais ansiedade
PSICODÉLICOS	MDMA Psilocibina	Ilegal nos Estados Unidos, não testados no narcisismo, psicolíticos vs. psicodélicos vs. drogas xamanistas
REALIDADE VIRTUAL	Aquisição virtual Efeito Proteus	Virtual em vez de presencial Eficácia

Estimulação cerebral

As terapias com estimulação cerebral, que estão entre as mais interessantes, são voltadas para atuar diretamente em algumas áreas do cérebro. O exemplo mais comum é a estimulação magnética transcraniana, às vezes chamada de terapia de eletrochoque de baixa intensidade, ou terapia eletroconvulsiva (TEC). Essa técnica terapêutica parece desorganizar os neurônios e, quando eles retomam uma organização e começam a transmitir estímulos de novo, as pessoas se sentem melhor. Realizada com o paciente sob anestesia geral, a TEC é usada mais comumente em casos de depressão grave ou de transtorno bipolar. Neste momento, a TEC não é usada no narcisismo porque os cientistas não conseguem associá-la com esses traços específicos. Em seu livro *The Psychopath Test*, Jon Ronson fala de técnicas transcranianas sendo usadas para desativar certas áreas do córtex frontal que fazem a pessoa agir como alguém impulsivo e psicopata.[3] Neste caso, o tratamento com TEC muda a pessoa no sentido de ser mais psicopata do que narcisista, mas essa técnica também teria a possibilidade de servir para os sintomas neuróticos associados ao narcisismo vulnerável.

O trabalho mais inovador, no entanto, envolve anestesiar feixes neuronais profundos para interromper os efeitos da ansiedade, o que tem relevância especial para casos extremos de transtorno de estresse pós-traumático (TEPT). Em junho de 2019, Dakota Meyer, fuzileiro naval veterano de guerra e homenageado com a Medalha de Honra, submeteu-se a esse tratamento e disse que sentia como se "um peso imenso tivesse saído de suas costas"[4]. Esse tratamento, chamado de bloqueio de gânglios estelares (BGE), consiste em uma injeção que adormece os nervos da base da nuca, entorpecendo a área associada com a reação de luta ou fuga. Criada por Eugene Lipov, que trabalha no programa Pequenos Negócios de Veteranos Mutilados de Guerra, em colaboração com o Ministério da Defesa e Serviço aos Veteranos, essa injeção foi usada a princípio para tratar mulheres que sofriam com os fogachos da menopausa e, atualmente, ajuda a diminuir sintomas do transtorno de estresse pós-traumático, como depressão, ansiedade e insônia.

Meyer comparou sua experiência com esse tratamento a estar no centro da cidade em Nova York, preso no carro em horário de pico do trânsito e, de repente, estar dirigindo por uma tranquila estradinha do interior. Meyer servia na linha de frente em 2009, na Província de Kunar, no Afeganistão, quando seu pelotão sofreu uma emboscada, enfrentando mais de cinquenta combatentes inimigos. Durante seis horas, fez cinco incursões na zona da emboscada para salvar o máximo de pessoas que pôde. Desde então, "não conseguiu mais tirar a guerra da cabeça". Um estudo de 2014 constatou que, uma semana após a primeira injeção de BGE, cerca de 70% dos 166 veteranos que participaram da pesquisa relataram alívio, e que, para muitos deles, esse alívio durou vários meses.[5] O Ministério da Defesa concedeu ao Exército uma verba de 2 milhões de dólares para realizar um estudo randômico de três anos de duração sobre os efeitos do tratamento em 240 veteranos com TEPT. Esse estudo foi concluído em 2019, de modo que logo teremos mais informações sobre os resultados, assim que forem divulgados. Esse é um tratamento promissor para casos de ansiedade, depressão e hostilidade, mas não necessariamente narcisismo ou antagonismo em geral.

Psicodélicos

O interesse pelos psicodélicos e a pesquisa com eles também são áreas de grande movimentação atualmente. Por meio da ativação da serotonina, as substâncias psicodélicas criam um estado alterado da consciência, com diferenças no pensamento, na visão e na audição. A natureza desses efeitos depende em grande medida do conjunto da experiência e do local onde ocorre, mas não existe um efeito psicodélico específico. As principais drogas psicodélicas são mescalina, LSD, psilocibina (cogumelos), *ecstasy* (MDMA ou *molly*) e DMT. Esta última tem chamado muita atenção nos últimos tempos, em particular em plantas medicinais como a *ayahuasca*, ministradas por um xamã ou curador experiente.

Embora tenha havido relatos de visões profundas por pessoas sob o efeito de DMT, as pesquisas com essas plantas medicinais são recentes demais para serem conclusivas neste momento. A planta *ayahuasca* não é em si ilegal nos Estados Unidos, mas sua substância ativa – DMT – é proibida, classificada como droga Tipo I. Pode ser usada como planta medicinal cerimonial, segundo a Primeira Emenda, mas é ilegal em locais de pesquisa fora de ambientes religiosos. Além disso, o DMT ainda não foi testado no narcisismo, embora os psicodélicos costumem provocar neuroticismo de baixa intensidade, maior abertura e uma mudança ampla no ego.

Nos anos 1950, o tratamento com psicodélicos era testado no contexto da terapia psicolítica, na qual o paciente estava em psicanálise, falando de sua infância, seus medos e sonhos, e tomava uma dose de LSD ou outro psicodélico. Tomar essa espécie de droga ajudava o paciente a se soltar, ter recordações e fazer associações que lhe escapariam de outro modo. Alguns estudos modernos envolvem testes clínicos continuados para verificar a ação de MDMA como tratamento de TEPT em veteranos de guerra, ao lado de recursos cognitivo-comportamentais.

Os primeiros pesquisadores de psicologia também faziam experimentos em si mesmos. Havelock Ellis, o primeiro a adotar cientificamente o conceito de narcisismo, foi o primeiro acadêmico a introduzir na Inglaterra o peiote, extraído de cactos, e a escrever sobre suas experiências. Assim como a *ayahuasca*, o peiote é usado em cerimônias xamânicas psicodélicas que criam um local seguro onde o xamã pode entoar sons para afastar energias negativas, convidar os espíritos participantes e dissolver bloqueios e traumas. Diferentemente da prática psicanalítica ou psicoterapêutica, a cerimônia ocorre em um plano místico ou espiritual, o que dificulta uma análise pelo ponto de vista científico.

Como um todo, as terapias psicodélicas podem ser os medicamentos de maior potencial à disposição. A maioria delas é segura, em especial quando as pessoas são avaliadas de modo adequado no contexto de transtornos mentais, e os experimentos são realizados em ambiente controlado; no entanto, questões legais dificultam bastante a realização desses testes. Como essas terapias provocam uma "dissociação" do eu, algo que não costuma ser possível em um estado normal de consciência, podem representar uma oportunidade mais rara de mudança psicológica. São uma ferramenta poderosa, mas os pesquisadores não sabem como aproveitar essa força nem como usá-la no momento. Espero que, na época em que este livro for publicado, tenhamos dados de personalidade de grupos que utilizem *ayahuasca* em cerimônias tradicionais.

Realidade virtual

A última área científica a chamar atenção, que ainda não teve o efeito que achei que teria, mas espero que tenha em breve, é a realidade virtual. Você já pode ter brincado com algum dos modelos mais novos de *video game* à venda, e alguns são ótimos, mas os modelos de pesquisa à disposição dos cientistas são radicais. Na Universidade da Geórgia, o prédio de Psicologia fica ao lado do prédio de Jornalismo, onde a doutora Sun Joo "Grace" Ahn iniciou um laboratório de realidade virtual para realizar pesquisas em Comunicação e também pesquisas colaborativas com outros departamentos do *campus*.

Quando visitei o laboratório em 2014, uma das alunas pôs um capacete na minha cabeça e me disse para atravessar uma ponte escura à minha frente. Na realidade, tratava-se de uma tábua no chão, mas eu não podia ver essa tábua e a sensação era de que realmente estava em uma ponte. Senti tanto medo que quase baixei a mão para agarrar a tábua. Foi uma das experiências de imersão mais espantosas da minha vida.

Enquanto saía dali, me ocorreu a ideia de que essa nova tecnologia mudaria o mundo e que seu poder seria algo no patamar das vivências psicodélicas que transformam o ego.

Seguindo rapidamente rumo ao futuro, a doutora Ahn e minha aluna Jessica McCain elaboraram um projeto com uma Kim Kardashian virtual, que permitia à usuária se ver como a Kim e escolher entre itens materiais mais atraentes e menos atraentes. O que pensávamos, com base na teoria psicológica, era que as participantes vivenciariam o Efeito Proteus, ou seja, a tendência que a pessoa tem de adotar as características de seu avatar ou de sua representação digital. Por exemplo, se jogo uma partida de basquete *on-line* como Michael Jordan, deveria me sair um pouco melhor na partida – e talvez fora dela – porque internalizo ideias sobre as habilidades dele (e, portanto, as minhas). Nesse caso, o interessante foi que não verificamos tal fato. As participantes pareciam se sentir um tanto avessas a serem vistas como narcisistas e reagiam a isso sendo menos narcisistas.

De novo, essa é uma aproximação bastante preliminar de como a realidade virtual pode mudar o modo como entendemos e estudamos o ego. Neste momento, porém, a verba da realidade virtual está sendo direcionada para o futebol americano. Durante um encontro acadêmico há alguns anos, visitei um ambiente de realidade virtual em Michigan e o foco ali era ensinar as pessoas a jogarem melhor, o que provavelmente abrirá caminho para o desenvolvimento dessa ciência. Minha esperança é que a realidade virtual dê às pessoas a oportunidade de vivenciar pontos de vista diferentes, e esse pode ser um mecanismo para mudar o narcisismo, ao permitir que o narcisista enxergue os efeitos negativos que o narcisismo provoca nos outros, tanto quanto os valores positivos que os outros podem lhe proporcionar quando não se mostra narcisista. Além disso, a realidade virtual deverá ser capaz de nos oferecer experiências de admiração que nos farão ver como somos pequenos em comparação ao mundo, constatando que nossa vida pessoal não importa tanto quanto achamos que importa.

Novas Tendências de Pesquisa

Embora possa parecer contrário ao esperado, as novas pesquisas estão começando a indicar uma queda no narcisismo da população. Na verdade, nossa sociedade está atravessando uma fase complicada de mudanças culturais. Ao mesmo tempo que vemos um aumento do número de líderes populistas narcisistas no mundo todo, também estamos ficando cansados da imagem narcisista que as pessoas criam de si mesmas *on-line*. O público começa a denunciar os influenciadores e as postagens falsas de ninjas *on-line* do marketing, que posam ao lado de jatinhos particulares que alugam por hora para parecer ricos e famosos. Não sei o que ainda vai acontecer no futuro, mas o que desconfio é de que as crianças de agora, crescendo com as mídias sociais que existem hoje, já conseguem perceber o lado negativo de ser narcisista, da mesma maneira como alguns de nós viram o lado negativo das discotecas e da cocaína e desistiram dessa moda. Em vez de comemorar o eu narcisista, estão preferindo um ego mais discreto.

Já podemos ver esse movimento em plataformas como o TikTok, em que jovens usuários postam vídeos diários de piadinhas inocentes e trechos de dança. Em vez dos vídeos antes virais do YouTube, em que as pessoas mostravam imagens grandiosas de sua "captura do dia" ou de coisas caras e incomuns, quem posta no TikTok tem mais interesse no que é vulnerável, em conversas "reais" sobre a vida, ou formas simples de entretenimento que tornam o dia divertido ou agradável. Quando fico com as minhas filhas adolescentes e vejo como riem do que postaram no TikTok, percebo um mundo novo, menos focado em *status* e mais focado em criatividade. Isso não passa de pura especulação, mas tenho esperança. Está na hora de direcionar nossas pesquisas para essa nova geração.

Epílogo

O FUTURO VISTO COM ESPERANÇA

Nesta altura do livro, você agora sabe mais sobre narcisismo do que qualquer pesquisador da década de 1990 e inclusive do início dos anos 2000. Você viu que o narcisismo se baseia em uma personalidade básica e desempenha seu papel nas mídias sociais, nos relacionamentos e no exercício da liderança. Sabe que ele pode ser usado e minimizado, e que, se é um transtorno de personalidade, pode ser tratado. É importante que também tenha se inteirado do que ainda não sabemos, mas temos esperança de saber em breve.

O leitor deve se lembrar de que o conhecimento científico está sempre mudando e se transformando. Algumas ideias deste livro podem vir a se mostrar incorretas. Com esse alerta em mente, de fato acredito que, nas últimas duas décadas, a pesquisa sobre narcisismo de fato avançou. Também espero que você tenha assimilado esses conhecimentos e encontre modos proveitosos de aplicá-los em sua vida pessoal.

Um dos benefícios de entender o narcisismo é que ele se torna menos assustador. Quando ligo a televisão ou abro aplicativos de notícias e vejo matérias sobre corrupção na política ou novos casos do movimento #MeToo, sinto o impulso de livrar o mundo do narcisismo. Essa reação instintiva é compreensível diante do que vem acontecendo hoje em dia.

Há quem pense em jogar a toalha, acreditando que essa é a realidade atual e, portanto, o que precisamos encarar. Para mim, contudo, existe outro jeito de ir em frente: criar (ou recriar) sistemas que garantam a transparência e a confiabilidade de quem ocupa cargos de confiança pública. Entre esses estão políticos e também profissionais, como acadêmicos e os que comandam corporações públicas. Não estou falando de espiões ao estilo *Black Mirror*, mas sim de revigorar a confiabilidade. Na ciência, isso é representado pelo movimento da ciência aberta, responsável por tirar de cena várias carreiras que eram verdadeiros castelos de areia.

Em outras áreas, precisamos apoiar o jornalismo investigativo e ativo, e que relata notícias – e no qual as pessoas podem confiar. O narcisismo prospera no mundo pós-verdade que surgiu com o desenvolvimento das mídias sociais, com as *fake news* e com uma nova indústria de notícias cujos noticiários locais estão fechando as portas. Todo ano aparecem novas organizações de mídia para ocupar esses espaços, e podemos combater os aspectos negativos do narcisismo em nosso mundo dando apoio a essas iniciativas.

Além disso, acredito com firmeza nas consequências naturais do princípio de realidade, em que o narcisismo cresce no curto prazo, mas fracassa no longo. Em nossa versão atual do "sonho americano", em que muitas pessoas se sentem forçadas a construir uma marca pessoal para sobreviver, criamos um sistema que praticamente exige certos aspectos do narcisismo para que possamos prosperar. As pessoas baseiam seu sucesso em um brilho inicial e no carisma, o que funciona bem se você é uma criança tentando se exibir e salta da beirada do penhasco no lago lá embaixo. Mas, se você é quem guarda os códigos nucleares, a sociedade não se beneficia do seu narcisismo. Felizmente, acredito que estamos começando a transição no sentido de um tempo em que líderes narcisistas não são capazes de se valer de sua desonestidade e índole manipuladora porque, como um todo, a sociedade está passando a enxergar a verdade por trás da fachada.

A título de exemplo, o conteúdo das mídias sociais já está migrando da promoção e da construção de uma marca para o entretenimento e o compartilhamento de informações. Os negócios mais bem-sucedidos e os empreendedores solo estão ensinando outros e criando um valor genuíno por meio da aprendizagem; a marca tem se tornado secundária. Além disso, estamos vendo a expansão de *podcasts* e da postagem de conteúdos longos. Embora alguns estudos continuem constatando que nosso tempo de concentração vem encolhendo, estamos gastando mais tempo em vídeos, áudios e artigos mais extensos, que achamos que valem esse tempo.

No fundo, aposto no otimismo e em uma perspectiva de longo prazo. Acabei de adotar um filhotinho de cachorro, tenho dinheiro investido em ações e acompanho com muito interesse o crescimento das minhas filhas e o início da vida profissional delas. Tenho uma sensação positiva sobre o mundo e os próximos dez a quinze anos. Mais e mais pessoas vêm se afastando do materialismo e do consumismo, e se voltando para meditação, yoga, atenção plena (*mindfulness*) e os benefícios mais profundos da espiritualidade, questionando o ego cada vez mais.

O crescimento do interesse pela pesquisa do narcisismo alimenta esse otimismo, em vez de diminuí-lo. Quando comecei a estudar o assunto, era relativamente pequeno o número de pessoas que entendia esse tema ou sabia do que se tratava. Aliás, era comum a dificuldade de pronunciar o termo. Hoje em dia, no entanto, pense em quantos artigos já foram escritos sobre narcisismo e quantas conversas já tivemos a respeito. No geral, fazemos frente a marcas globais, e microcelebridades estão reduzindo o foco em megacelebridades que, na maioria das vezes, apoiam ideias mais grandiosas de fama, riqueza e *status* associadas a narcisismo. Agora que sabemos como falar disso, podemos reconhecer os aspectos positivos e também os negativos em nossa vida e dar-lhes uma explicação.

Ao longo dos próximos dez anos, vejo o pêndulo balançando de volta. O narcisismo prolífico dos anos 2000 se dissolverá à medida que um número maior de pessoas reconhecer e rejeitar a falsidade dos líderes narcisistas que subiram ao poder e fracassaram como líderes. A fama hoje é mais passageira do que nunca e as pessoas vêm tomando consciência desse fato.

Estamos retomando comunidades menores, construídas à base de comunicação pessoal, renovação e autocuidado. Estamos em busca da felicidade, e a verdadeira felicidade é, em essência, construída com amor e relações genuínas. O fato de estarmos procurando o novo, o diferente e o autêntico significa que temos capacidade para descartar comportamentos e estilos de vida prejudiciais. Embora essa transição possa levar tempo, está indo na direção certa.

Sem dúvida, é um processo complicado, mas com o tempo penso que as coisas que agregam valor ao mundo ganharão espaço e as que não agregam, não. Se nosso foco estiver no que de fato traz valor para nós e nossa comunidade – apenas amor e um trabalho significativo –, e evitarmos nos distrair com a cobiça ou o medo em descontrole, tudo vai dar certo.

Breve Glossário

Autorregulação: capacidade de se controlar a fim de alcançar objetivos de longo prazo.

Cinco Traços Principais: os principais traços de personalidade, conforme o acrônimo AEEAN (abertura, escrupulosidade, extroversão, amabilidade, neuroticismo) ou AENEA (abertura, escrupulosidade, neuroticismo, extroversão, amabilidade). Em geral, as pessoas têm pontuação mais alta em quatro deles e mais baixa em neuroticismo.

Confiabilidade: consistência da mensuração de um aspecto da personalidade. A medida confiável atua da mesma maneira ao longo do tempo e para vários traços.

Correlação: associação ou correlação entre duas variáveis. As correlações podem ir de 1 (relacionamento completamente positivo) a -1 (relacionamento completamente negativo). A maior parte da pesquisa em personalidade diz respeito a correlações em torno de .2 ou .3.

Estudo controlado randomizado: quando testamos um tratamento, um grupo é escolhido ao acaso para receber o procedimento e outro grupo é escolhido como controle (por exemplo, recebe placebo).

Modelo Tríplice de Narcisismo: novo modelo de narcisismo do qual fazem parte tanto a vertente grandiosa como a vulnerável. Os dois tipos são igualmente desagradáveis e marcados pelo sentimento de autoimportância e de se sentir no direito a ter certas regalias.

Narcisismo: expressa os traços fundamentais de autoimportância, antagonismo e se dar o direito a certas regalias.

Narcisistas grandiosos: pessoas ambiciosas, impetuosas e encantadoras que têm autoestima elevada e em geral se sentem bem a seu próprio respeito. Esses são os narcisistas que você mais verá em sua vida. Muitas vezes, somos atraídos pela audácia deles, mas depois nos afastamos diante de sua falta de empatia e egocentrismo.

Narcisistas vulneráveis: são pessoas introvertidas, deprimidas, que se magoam com facilidade quando criticadas. Declaram que têm baixa autoestima, mas, apesar disso, sentem-se merecedoras de um tratamento especial.

Traços de personalidade: são descrições de pessoas que se mantêm estáveis ao longo do tempo e em diferentes situações.

Transtorno de Personalidade Narcisista (TPN): variante extrema e inflexível do narcisismo que leva a prejuízos de relevância clínica no amor e no trabalho.

Transtornos de personalidade: transtornos psicológicos baseados em características de personalidade extremas e inflexíveis, que levam a prejuízos significativos na vida.

Validade: fidelidade com que um teste de personalidade mede aquilo que se propõe a medir (por exemplo: um teste de extroversão mede de fato a extroversão e não outro traço?).

Notas

Capítulo 1

1. Ben Candea. "Santa Barbara Killer Claimed He Was Victim in 'Twisted Life' Memoir." ABC News, 24 de maio de 2014, abcnews.go.com/US/santa-barbara-killer-claimed-victim-twisted-life-memoir/story?id=23861753.

Capítulo 2

1. Seth Rosenthal *et al.* "The Narcissistic Grandiosity Scale: A Measure to Distinguish Narcissistic Grandiosity from High Self-Esteem" (publicado *on-line* antes de ter uma via impressa, 3 de julho de 2019), *Assessment* (2019), www.ncbi.nlm.nih.gov/pubmed/31267782.

Capítulo 3

1. Lewis Goldberg. "The Structure of Phenotypic Personality Traits." *American Psychologist* 48, nº 1 (1993): 26-34, psych.colorado.edu/~carey/Courses/PSYC5112/Readings/psnStructure_Goldberg.pdf.
2. Paul Meehl. "Why Summaries of Research on Psychological Theories Are Often Uninterpretable." *Psychological Reports* 66 (1990): 195-244, citeseerx.ist.psu.edu/viewdoc/download?doi=10.1.1.392.6447&rep=rep1&type=pd.
3. Jochen Gebauer *et al.* "Agency and Communion in Grandiose Narcissism." Capítulo 8 de *Agency and Communion in Social Psychology*, org. Andrea Abele e

Bogdan Wojciszke (Abingdon, Reino Unido: Routledge, 2017), doi.org/10.4324/9780203703663-8.

4. Michael Ashton *et al.* "Honesty-Humility, the Big Five, and the Five-Factor-Model." *Journal of Personality* 73, nº 5 (outubro de 2005): 1321-1354, doi.org/10.1111/j.1467-6494.2005.00351.x.

5. Angela Book *et al.* "Unpacking Evil: Claiming the Core of the Dark Triad." *Personality and Individual Differences* 101 (outubro de 2016): 468, doi.org/ 10.1016/j.paid.2016.05.094.

Capítulo 4

1. Mandy Cantron. "To Fall in Love with Anyone, Do This." Modern Love, *New York Times*, 9 de janeiro de 2015, nytimes.com/2015/01/11/style/modern-love-to-fall-in-lovewith-anyone- do- this.html.

Capítulo 5

1. Associação Americana de Psiquiatria. *Diagnostic and Statistical Manual of Mental Disorders (DSM-5)* (Washington, DC: APA Publishing, 2013), xxx.

Capítulo 6

1. Erin Buckels *et al.* "Behavioral Confirmation of Everyday Sadism." *Psychological Science* 24, nº 11 (2013): 2201-2209, doi.org/10.1177/0956797613490749.

2. Erich Fromm. *The Heart of Man: Its Genius for Good and Evil* (Nova York: Lantern Books, 1964).

3. Mila Goldner-Vukov *et al.* "Malignant Narcissism: From Fairy Tales to Harsh Reality." *Psychiatria Danubina* 22, nº 3 (2010): 392-405.

4. Delroy Paulhus. "Toward a Taxonomy of Dark Personalities." *Current Directions in Psychological Science* 23, nº 6 (2014): 421-426, doi.org/10.1177/0963721414547737.

5. Linda Rodriguez McRobbie. "Why a Little Evil Is Good –And a Lot of Empathy Is Bad." *Boston Globe*, 27 de outubro de 2018, bostonglobe.com/ideas/2018/10/27/why-little-evil-good-and-lot-empathy-bad/lsJyWqUrkHWrYLcTtnTQyI/story.html.

6. Josh Miller *et al.* "A Critical Appraisal of the Dark Triad Literature and Suggestions for Moving Forward." PsyArXiv Preprints, Universidade Cornell, 14 de fevereiro de 2019, psyarxiv.com/mbkr8/.
7. H. Unterrainer *et al.* "Vulnerable Dark Triad Personality Facets Are Associated with Religious Fundamentalist Tendencies." *Psychopathology* 49, nº 1 (2016): 47-52, doi.org/10.1159/000443901.
8. B. Edwards *et al.* "Dark and Vulnerable Personality Trait Correlates of Dimensions of Criminal Behavior Among Adult Offenders." *Journal of Abnormal Psychology* 126, nº 7 (2017): 921-927, doi.org/10.1037/abn0000281.
9. Scott Kaufman *et al.* "The Light vs. Dark Triad of Personality: Contrasting Two Very Different Profiles of Human Nature." *Frontiers in Psychology* 10 (12 de março de 2019), doi.org/10.3389/fpsyg.2019.00467.
10. Lane Siedor. "Narcissism and Hypomania Revisited: A Test of the Similarities and Differences in Their Empirical Networks." *Current Psychology: A Journal for Diverse Perspectives on Diverse Psychological Issues* 35 (2016): 244-254.

Capítulo 7

1. Keith Campbell. "Narcissism and Romantic Attraction." *Journal of Personality and Social Psychology* 77, nº 6 (1999): 1254-1270, doi.org/10.1037/0022-3514.77.6.1254.
2. C. S. Hyatt *et al.* "The Relation Between Narcissism and Laboratory Aggression Is Not Contingent on Environmental Cues of Competition." *Personality Disorders: Theory, Research, and Treatment* 9, nº 6 (2018): 543-552, doi.org/ 10.1037/per0000284.
3. Brad J. Bushman *et al.* "Narcissism, Sexual Refusal, and Aggression: Testing a Narcissistic Reactance Model of Sexual Coercion." *Journal of Personality and Social Psychology* 84, nº 5 (2003): 1027-1040, doi.org/10.1037/0022-3514.84.5.1027.
4. Kelly Dickinson *et al.* "Interpersonal Analysis of Grandiose and Vulnerable Narcissism." *Journal of Personality Disorders* 17, nº 3 (2003): 188-207, pdfs.semanticscholar.org/8db5/d181e5ec85fd61de162d3c43e70611eaf4a4.pdf.
5. Avi Besser *et al.* "Grandiose Narcissism Versus Vulnerable Narcissism in Threatening Situations: Emotional Reactions to Achievement Failure and Interpersonal Rejection." *Journal of Social and Clinical Psychology* 29, nº 8

(2010): 874-902, college.sapir.ac.il/sapir/dept/hrm/katedra/Besser_Priel_(2010b).pdf.

6. Linda Jackson *et al.* "Narcissism and Body Image." *Journal of Research in Personality* 26, nº 4 (1992): 357-370, doi.org/10.1016/0092-6566(92)90065-C.

7. Marsha Gabriel *et al.* "Narcissistic Illusions in Self- Evaluations of Intelligence and Attractiveness." *Journal of Personality* 62, nº 1 (1994): 143-155, doi.org/10.1111/j.1467-6494.1994.tb00798.x.

8. Richard Robins *et al.* "Effects of Visual Perspective and Narcissism on Self-Perception: Is Seeing Believing?" *Psychological Science* 8, nº 1 (1997): 37-42, simine.com/240/readings/Robins_and_John_(10).pdf.

9. Nicholas Holtzman *et al.* "Narcissism and Attractiveness." *Journal of Research in Personality* 44, nº 1 (2010): 133-136, doi.org/10.1016/j.jrp.2009.10.004.

10. Nicholas Holtzman e Michael Strube. "People with Dark Personalities Tend to Create a Physically Attractive Veneer." *Social Psychological and Personality Science* 4, nº 4 (2013): 461-467, doi.org/10.1177/1948550612461284.

11. Mitja Back *et al.* "Why Are Narcissists So Charming at First Sight? Decoding -Narcissism-Popularity Link at Zero Acquaintance." *Journal of Personality and Social Psychology* 98, nº 1 (2010): 132-145, doi.org/10.1037/a0016338.

12. Marius Leckelt *et al.* "Behavioral Processes Underlying the Decline of Narcissists' Popularity Over Time." *Journal of Personality and Social Psychology* 109, nº 5 (2015): 856-871, doi.org/10.1037/pspp0000057.

13. Joanna Lamkin *et al.* "An Exploration of the Correlates of Grandiose and Vulnerable Narcissism in Romantic Relationships: Homophily, Partner Characteristics, and Dyadic Adjustment." *Personality and Individual Differences* 79 (2015): 166-171, doi.org/10.1016/j.paid.2015.01.029.

14. Michael Grosz *et al.* "Who Is Open to a Narcissistic Romantic Partner?" *Journal of Research in Personality* 58 (2015): 84-94, doi.org/10.1016/j.jrp.2015.05.007.

15. E. A. Krusemark *et al.* "Comparing Self- Report Measures of Grandiose Narcissism, Vulnerable Narcissism, and Narcissistic Personality Disorder in a Male Offender Sample." *Psychological Assessment* 30, nº 7 (2018): 984-990, doi.org/10.1037/pas0000579.

16. Anna Czarna *et al.* "Do Narcissism and Emotional Intelligence Win Us Friends? Modeling Dynamics of Peer Popularity Using Inferential Network Analysis." *Personality and Social Psychology Bulletin* 42, nº 11 (2016): 1588-1599, doi.org/10.1177/0146167216666265.

17. W. K. Campbell *et al*. "Narcissism and Commitment in Romantic Relationships: An Investment Model Analysis." *Personality and Social Psychology Bulletin* 28, nº 4 (2002): 484-495, doi.org/10.1177/0146167202287006.
18. Mitja Back *et al*. "Narcissistic Admiration and Rivalry: Disentangling the Bright and Dark Sides of Narcissism." *Journal of Personality and Social Psychology* 105, nº 6 (2014): 1013-1037, doi.org/10.1037/a0034431.
19. E. H. O'Boyle *et al*. "A Meta-Analytic Review of the Dark Triad–Intelligence-Connection." *Journal of Research in Personality* 47, nº 6 (2013): 789-794, doi.org/10.1016/j.jrp.2013.08.001.
20. E. Grijalva *et al*. "Narcissism: An Integrative Synthesis and Dominance Complementarity Model." *Academy of Management Perspectives* 28, nº 2 (2014): 108-127, doi.org/10.5465/amp.2012.0048.

Capítulo 8

1. Bandy Lee. *The Dangerous Case of Donald Trump: 37 Psychiatrists and Mental Health Experts Assess a President* (Nova York: Thomas Dunne Books, 2017).
2. Keith Campbell. "Trump, Narcissism and Removal from Office per the 25th Amendment." Medium, 19 de maio de 2017, medium.com/@wkcampbell/trump-narcissism-and-removal-from-office-per-the-25th-amendment-cd30036a799.
3. Timothy Judge *et al*. "Personality and Leadership: A Qualitative and Quantitative Review." *Journal of Applied Psychology* 87, nº 4 (2002): 765-780, doi.org/10.1037//0021-9010.87.4.765.
4. Susan Cain. *Quiet: The Power of Introverts in a World That Can't Stop Talking* (Nova York: Broadway Books, 2012).
5. Glenn Ball. "Clergy and Narcissism in the Presbyterian Church in Canada" (tese de doutorado em Ministério Cristão, Seminário Teológico da Trindade, 2014), academia.edu/8945796/clergy_and_narcissism_in_the_presbyterian_church_in_canada.
6. J. T. Cheng *et al*. "Pride, Personality, and the Evolutionary Foundations of Human Social Status." *Evolution and Human Behavior* 31 (2010): 334-347.
7. Ashley Watts. "The Double-Edged Sword of Grandiose Narcissism: Implications for Successful and Unsuccessful Leadership Among US Presidents." *Psychological Science* 24, nº 12 (2013): 2379-2389, doi.org/10.1177/0956797613491970.

8. Scott Lilienfeld *et al.* "The Goldwater Rule: Perspective from, and Implications for Psychological Science." PsyArXiv Preprints, Universidade Cornell, última atualização: 2 de julho de 2018, psyarxiv.com/j3gmf/.

Capítulo 9

1. "Selfie Is Oxford Dictionaries' Word of the Year." *Guardian*, 19 de novembro de 2013, theguardian.com/books/2013/nov/19/selfie-word-of-the-year-oed-olinguito-twerk.
2. Jung-Ah Lee *et al.* "Hide- and- Seek: Narcissism and 'Selfie'-Related Behavior." *Cyberpsychology, Behavior, and Social Networking* 19, nº 5 (2016): 347-351, doi.org/10.1089/cyber.2015.0486.
3. Jessica McCain *et al.* "Narcissism and Social Media Use: A Meta-Analytic Review." *Psychology of Popular Media Culture* 7, nº 3 (2016): 308-327, doi.org/10.1037/ppm0000137.
4. Samuel Taylor. "An Experimental Test of How Selfies Change Social Judgments on Facebook." *Cyberpsychology, Behavior, and Social Networking* 20, nº 10 (2017): 610-614, doi.org/10.1089/cyber.2016.0759.
5. N. Ferenczi *et al.* "Are Sex Differences in Antisocial and Prosocial Facebook Use Explained by Narcissism and Relational Self-Construal?" *Computers in Human Behavior* 77 (2017): 25-31, doi.org/10.1016/j.chb.2017.08.033.
6. Jessica McCain *et al.* "Narcissism and Social Media Use: A Meta-Analytic Review." *Psychology of Popular Media Culture* 7, nº 3 (2018): 308-327, doi.org/10.1037/ppm0000137.
7. Brittany Gentile *et al.* "The Effect of Social Networking Websites on Positive Self-Views: An Experimental Investigation." *Computers in Human Behavior* 28, nº 5 (2012): 1929-1933, doi.org/10.1016/j.chb.2012.05.012.
8. Megan McCluskey. "Instagram Star Essena O'Neill Breaks Her Silence on Quitting Social Media." *Time*, 5 de janeiro de 2016, time.com/4167856/essena-oneill-breaks-silence-on-quitting-social-media/.
9. Chadwick Moore. "The Instahunks: Inside the Swelling Selfie-Industrial Complex." *Out*, 17 de agosto de 2016, out.com/out-exclusives/2016/8/17/insta-hunks-inside-swelling-selfie-industrial-complex.
10. Brittany Ward *et al.* "Nasal Distortion in Short- Distance Photographs: The Selfie Effect." *JAMA Facial Plastic Surgery* 20, nº 4 (2018): 333-335, doi.org/10.1001/jamafacial.2018.0009.

11. Jesse Fox *et al.* "The Dark Triad and Trait Self-Objectification as Predictors of Men's Use and Self-Presentation Behaviors on Social Networking Sites." *Personality and Individual Differences* 76 (2015): 161-165, doi.org/10.1016/j.paid.2014.12.017.

Capítulo 10

1. Jessica McCain *et al.* "A Psychological Exploration of Engagement in Geek Culture." *PLOS One* 10, nº 11 (2015): e0142200.
2. Vladislav Iouchkov. "'The Hero with a Thousand Graces': A Socio-Criminological Examination of the 'Real-Life Superhero' Phenomenon" (tese de doutorado, Universidade do Oeste de Sydney, 2017), researchdirect.westernsydney.edu.au/islandora/object/uws:46253/datastream/PDF/view.
3. Jakob W. Maase, "Keeping the Magic: Fursona Identity and Performance in the Furry Fandom" (dissertação de mestrado, Universidade do Oeste de Kentucky, 2015), digitalcommons.wku.edu/theses/1512.
4. Stephen Reysen *et al.* "A Social Identity Perspective of Personality Differences Between Fan and Non-fan Identities." *World Journal of Social Science Research* 2, nº 1 (2015), doi.org/10.22158/wjssr.v2n1p91.
5. Catherine Schroy *et al.* "Different Motivations as Predictors of Psychological-Connection to Fan Interest and Fan Groups in Anime, Furry, and Fantasy Sport Fandoms." *The Phoenix Papers* 2, nº 2 (2016): 148-167.
6. E. Diener *et al.* "Effects of Deindividuation Variables on Stealing Among Halloween Trick-or-Treaters." *Journal of Personality and Social Psychology* 33, nº 2 (1976):178-183, doi.org/10.1037/0022-3514.33.2.178.

Capítulo 11

1. Harry Wallace *et al.* "The Performance of Narcissists Rises and Falls with Perceived Opportunity for Glory." *Journal of Personality and Social Psychology* 82, nº 5 (2012):819-834, doi.org/10.1037/0022-3514.82.5.819.
2. Ellen Nyhus *et al.* "The Effects of Personality on Earnings", *Journal of Economic Psychology* 26, nº 3 (2004): 363-384, doi.org/10.1016/j.joep.2004.07.001.
3. Timothy Judge *et al.* "Do Nice Guys – and Gals – Really Finish Last? The Joint Effects of Sex and Agreeableness on Income." *Journal of Personality and SocialPsychology* 102, nº 2 (2012): 390-407, doi.org/10.1037/a0026021.

4. Brenda Major. "From Social Inequality to Personal Entitlement: The Role of Social Comparisons, Legitimacy Appraisals, and Group Membership." *Advances in Experimental Social Psychology* 26 (1994): 293-355, doi.org/10.1016/S0065-2601(08)60156-2.
5. Robert Axelrod. *The Evolution of Cooperation* (Nova York: Basic Books, 1984).

Capítulo 12

1. J. D. Miller *et al.* "Personality Disorder Traits: Perceptions of Likability, Impairment, and Ability to Change as Correlates and Moderators of Desired Level." *Personality Disorders: Theory, Research, and Treatment* 9, nº 5 (2018): 478-483, doi.org/10.1037/per0000263.
2. Eli Finkel *et al.* "The Metamorphosis of Narcissus: Communal Activation Promotes Relationship Commitment Among Narcissists." *Personality and Social Psychology Bulletin* 35, nº 10 (2009): 1271-1284, doi.org/10.1177/0146167209340904.
3. Erica Hepper *et al.* "Moving Narcissus: Can Narcissists Be Empathic?" *Personality and Social Psychology Bulletin* 40, nº 9 (2014): 1079-1091, doi.org/10.1177/0146167214535812.

Capítulo 13

1. William James. *The Principles of Psychology* (Nova York: Henry Holt, 1890), 121, gutenberg.org/ebooks/57628.
2. Brent Roberts *et al.* "A Systematic Review of Personality Trait Change Through Intervention." *Psychological Bulletin* 143, nº 2 (2017): 117-141, doi.org/10.1037/bul0000088.
3. N. W. Hudson *et al.* "Volitional Personality Trait Change: Can People Choose to Change Their Personality Traits?" *Journal of Personality and Social Psychology* 109, nº 3 (2015): 490-507, doi.org/10.1037/pspp0000021.
4. Jonathan Allan *et al.* "Application of a 10-Week Coaching Program Designed to Facilitate Volitional Personality Change: Overall Effects on Personality and the Impact of Targeting." *International Journal of Evidence Based Coaching and Mentoring* 16, nº 1 (2018): 80-94, doi.org/10.24384/000470.

5. Amy Canevello *et al.* "Interpersonal Goals, Others' Regard for the Self, and Self-Esteem: The Paradoxical Consequences of Self-Image and Compassionate Goals." *European Journal of Social Psychology* 41, nº 4 (2011): 422-434, doi.org/10.1002/ejsp.808.
6. E. Wetzel *et al.* "You're Still So Vain: Changes in Narcissism from Young Adulthood to Middle Age." *Journal of Personality and Social Psychology* (publicação prévia *on-line*; 2019), doi.org/10.1037/pspp0000266.
7. Po-Hsin Ho *et al.* "CEO Overconfidence and Financial Crisis: Evidence from Bank Lending and Leverage." *Journal of Financial Economics* 120, nº 1 (2016): 194-209.
8. Paul Piff *et al.* "Awe, the Small Self, and Prosocial Behavior", *Journal of Personality and Social Psychology* 108, nº 6 (2015): 883-899, doi.org/10.1037/pspi0000018.
9. Michael Saini. "A Meta-Analysis of the Psychological Treatment of Anger: Developing Guidelines for Evidence-Based Practice." *Journal of the American Academy of Psychiatry and the Law* 37, nº 4 (2009): 473-88.
10. Jennifer Lodi-Smith *et al.* "Social Investment and Personality: A Meta-Analysis of the Relationship of Personality Traits to Investment in Work, Family, Religion, and Volunteerism." *Personality and Social Psychology Review* 11, nº 1 (2007): 68-86, doi.org/10.1177/1088868306294590.

Capítulo 14

1. John Ogrodniczuk *et al.* "Interpersonal Problems Associated with Narcissism Among Psychiatric Outpatients." *Journal of Psychiatric Research* 43, nº 9 (2009): 837-842, doi.org/10.1016/j.jpsychires.2008.12.005.
2. Wendy Behary. *Disarming the Narcissist: Surviving and Thriving with the Self-Absorbed* (Oakland, CA: New Harbinger Publications, 2013).
3. David Kealy *et al.* "Therapists' Perspectives on Optimal Treatment for Pathological Narcissism." *Personality Disorders: Theory, Research, and Treatment* 8, nº 1 (2015): 35-45, dx.doi.org/10.1037/per0000164.
4. John Krystal *et al.* "Ketamine: A Paradigm Shift for Depression Research and Treatment." *Neuron* 101, nº 5 (2019): 774-778, doi.org/10.1016/j.neuron.2019.02.005.

Capítulo 15

1. Nicholas Holtzman *et al.* "Linguistic Markers of Grandiose Narcissism: A LIWC Analysis of 15 Samples." *Journal of Language and Social Psychology* 38, nº 5-6 (2019): 773-786, doi.org/10.1177/0261927X19871084.
2. Martin Gerlach *et al.* "A Robust Data-Driven Approach Identifies Four Personality Types Across Four Large Data Sets." *Nature Human Behavior* 2 (2018): 735-742, doi.org/10.1038/s41562-018-0419-z.
3. Jon Ronson. *The Psychopath Test: A Journey Through the Madness Industry* (Nova York: Riverhead Books, 2011).
4. J. D. Simkins. "Medal of Honor Recipient Praises Revolutionary Neck Injection Treatment for PTSD." *Military Culture, Military Times*, 18 de junho de 2019, militarytimes.com/off-duty/military-culture/2019/06/18/medal-of-honor-recipient-praises- revolutionary-neck-injection-treatment-for-ptsd/.
5. Sean Mulvaney *et al.* "Stellate Ganglion Block Used to Treat Symptoms Associated with Combat-Related Post-Traumatic Stress Disorder: A Case Series of 166 Patients." *Military Medicine* 179, nº 10 (2014): 1133-1140, doi.org/10.7205/milmed-d-14-00151.

Leituras Recomendadas

O objetivo deste livro é fornecer as informações e os recursos de que o leitor necessita para entender o narcisismo do ponto de vista científico. Para tanto, apresento uma lista com as leituras mais importantes, que contêm revisões abrangentes de artigos conceituais sobre os tópicos centrais. Também incluí alguns textos clássicos da área.

As pesquisas acadêmicas foram publicadas em periódicos acadêmicos. Para buscar um artigo nesses periódicos, é preciso acessá-los em uma biblioteca, caso contrário será cobrada uma taxa dispendiosa, e esse dinheiro não vai para os autores. Quando quero navegar na literatura acadêmica, faço o seguinte: se estou buscando trabalhos sobre narcisismo e esportes radicais, por exemplo, uso a ferramenta de busca Google Acadêmico e digito "narcisismo esportes radicais". Aparece uma longa lista de artigos, escolhidos por relevância, que podem ser filtrados.

E depois? O ideal é que um desses artigos seja uma revisão ou meta-análise, quer dizer, uma revisão estatística de vários estudos em um único documento. No caso deste exemplo, porém, não deu certo. Outra opção é procurar o artigo mais citado (por exemplo, "citado por 120") e começar por aí. As citações querem dizer que o artigo é usado como referência por outros pesquisadores; então, um artigo muito citado é importante porque "importa" em termos acadêmicos. A seguir, você pode buscar artigos que citaram esse artigo para encontrar mais pesquisas recentes. Basicamente, você pode seguir por vários caminhos dentro da rede acadêmica até ficar satisfeito com o que tiver encontrado.

Outra opção – que é como se faz em muitos campos acadêmicos – é pesquisar um determinado laboratório de pesquisa. Alguns pesquisadores do narcisismo são mencionados com frequência, portanto pode-se buscar esses nomes no Google Acadêmico e ver tudo o que já escreveram. Ou ainda seguir esses estudiosos no X, no qual é possível acompanhar os trabalhos mais recentes que estão sendo divulgados. A ciência é incrivelmente social e tribal, e você vai notar que qualquer tópico interessante tem campos opostos.

Assim que achar um artigo no Google Acadêmico, se houver um PDF ou *link*, ele vai aparecer ao lado do título. Uma boa parte das pesquisas acadêmicas é postada *on-line* gratuitamente. Se o artigo não houver sido postado, costuma existir uma versão prévia, ainda não impressa, em algum servidor, especialmente no caso de novos artigos. A título de exemplo, vamos imaginar que um aluno meu escreve um artigo e posta *on-line* no Open Science Framework (OSF). Se o artigo for publicado em algum periódico oficial, ele pode fazer o *upload* desse material como uma versão *on-line* não revisada. Esse "mercado paralelo" da literatura está se expandindo com rapidez. Como meu aluno também tem muitas habilidades tecnológicas, talvez consiga até fazer o *upload* do código e dos dados da amostra.

Se um artigo não está *on-line*, os acadêmicos podem usar um site paralelo, criado por uma mulher no Cazaquistão, para abrir o acesso à ciência. Não vou dar nomes aos bois aqui porque não sei quais seriam as repercussões legais, mas investiguem essa informação. Quando ela ganhar o Prêmio Nobel, vou festejar.

Quando você lê artigos de psicologia, há um resumo inicial que, em cem ou duzentas palavras, diz do que trata aquele estudo. Isso acelera o processo de obter informações gerais, mas não substitui a leitura completa.

Além desse resumo de abertura, os artigos em periódicos têm quatro partes principais: uma introdução com a hipótese que está sendo testada, a descrição do método de pesquisa, os resultados e a discussão dos dados obtidos. Em geral, a parte que mais facilita chegar ao ponto central do artigo é o início da discussão, ao lado de figuras e tabelas. Enquanto olha as imagens, você vai lendo a recapitulação do estudo que o pesquisador fez em um ou dois parágrafos. Como os artigos de pesquisa recorrem à mesma estrutura, é possível ler com rapidez o que se quer, mas também chegar a uma noção geral, se preferir.

Depois de todas essas considerações, segue uma lista com as principais leituras sobre narcisismo. Há centenas de artigos disponíveis, mas estes são um bom ponto de partida.

Modelos de traços de narcisismo

Como vários grupos de estudiosos convergiram para um modelo de narcisismo com três fatores, por vias relativamente diferentes, sinto confiança de estarmos chegando a algo consistente com o Modelo Tríplice.

Krizan, Z. e A. D. Herlache. "The Narcissism Spectrum Model: A Synthetic View of Narcissistic Personality". *Personality and Social Psychology Review* 22, nº 1 (2018): 3-31.

Rogoza, R., M. Żemojtel-Piotrowska, M. M. Kwiatkowska e K. Kwiatkowska. "The Bright, the Dark, and the Blue Face of Narcissism: The Spectrum of Narcissism in Its Relations to the Metatraits of Personality, Self-Esteem, and the Nomological Network of Shyness, Loneliness, and Empathy." *Frontiers in Psychology* 9 (2018): 343.

Weiss, B., W. K. Campbell, D. R. Lynam e J. D. Miller. "A Trifurcated Model of Narcissism: On the Pivotal Role of Trait Antagonism". In *The Handbook of Antagonism: Conceptualizations, Assessment, Consequences, and Treatment of the Low End of Agreeableness*, org. Joshua Miller e Donald Lynam, 221-235. San Diego, CA:Elsevier, 2019.

As pessoas também gostam muito das pesquisas sobre a Tríade Obscura, então citamos o estudo clássico de Paulhus. Uma revisão recente de meta-análise desse artigo, feita por Vize, não achou grandes diferenças entre os psicopatas e os maquiavélicos. Esse debate continua em andamento.

Paulhus, D. L. e K. M. Williams. "The Dark Triad of Personality: Narcissism, Machiavellianism, and Psychopathy." *Journal of Research in Personality* 36, nº 6 (2002): 556-563.

Vize, C. E., D. R. Lynam, K. L. Collison e J. D. Miller. "Differences Among Dark Triad Components: A Meta-Analytic Investigation". *Personality Disorders: Theory, Research, and Treatment* 9, nº 2 (2018): 101-111.

O artigo a seguir foi o primeiro trabalho da nossa equipe para analisar sistematicamente as redes nomológicas do narcisismo grandioso e do narcisismo vulnerável. O leitor perceberá que descobrimos uma grande quantidade de dados.

Miller, J. D., B. J. Hoffman, E. T. Gaughan, B. Gentile, J. Maples e W. K. Campbell. "Grandiose and Vulnerable Narcissism: A Nomological Network Analysis." *Journal of Personality* 79, nº 5 (2011): 1013-1042.

Modelos dinâmicos do narcisismo

O artigo de Morf foi o que teve mais influência na elaboração de um modelo dinâmico no trabalho da psicologia social sobre narcisismo. É um clássico.

Morf, C. C. e F. Rhodewalt. "Unraveling the Paradoxes of Narcissism: A Dynamic Self-Regulatory Processing Model." *Psychological Inquiry* 12, nº 4 (2001): 177-196.

Back e seus colegas apresentam uma abordagem dinâmica mais recente ao narcisismo. Há muitos trabalhos em execução nessa área.

Back, M. D., A. C. Küfner, M. Dufner, T. M. Gerlach, J. F. Rauthmann e J. J. Denissen. "Narcissistic Admiration and Rivalry: Disentangling the Bright and Dark Sides of Narcissism." *Journal of Personality and Social Psychology* 105, nº 6 (2013): 1013-1037.

Esta é a minha tese, que descreve um modelo de autorregulação da atração.

Campbell, W. K. "Narcissism and Romantic Attraction." *Journal of Personality and Social Psychology* 77, nº 6 (1999): 1254.

Foster publicou vários artigos que consideram o papel da orientação da abordagem no narcisismo. Um bom começo é este:

Foster, J. D. e R. F. Trimm IV. "On Being Eager and Uninhibited: Narcissism and Approach-Avoidance Motivation." *Personality and Social Psychology Bulletin* 34, nº 7 (2008): 1004-1017.

Este é o modelo dinâmico mais recente desenvolvido por nossa equipe para estudar a liderança organizacional narcisista.

Sedikides, C. e W. K. Campbell. "Narcissistic Force Meets Systemic Resistance: The Energy Clash Model." *Perspectives on Psychological Science* 12, nº 3 (2017): 400-421.

Discussões clínicas

Alguns artigos tratam de discussões sobre narcisismo, abordando o transtorno clínico e os traços, e o grandioso e o vulnerável.

Cain, N. M., A. L. Pincus e E. B. Ansell. "Narcissism at the Crossroads: Phenotypic Description of Pathological Narcissism Across Clinical Theory, Social/Personality Psychology, and Psychiatric Diagnosis." *Clinical Psychology Review* 28, nº 4 (2008): 638-656.

Miller, J. D. D. R. Lynam, C. S. Hyatt, e W. K. Campbell. "Controversies in Narcissism." *Annual Review of Clinical Psychology* 13 (2017): 291-315.

Wright, A. G. e E. A. Edershile. "Issues Resolved and Unresolved in Pathological Narcissism." *Current Opinion in Psychology* 21 (2018): 74-79.

Estudos "legais"

O título dos trabalhos a seguir é tão "legal" quanto o conteúdo que oferecem.

Back, M. D., S. C. Schmukle e B. Egloff. "Why Are Narcissists So Charming at First Sight? Decoding the Narcissism–Popularity Link at Zero Acquaintance." *Journal of Personality and Social Psychology* 98, nº 1 (2010): 132-145.

Brummelman, E., S. Thomaes, S. A. Nelemans, B. O. De Castro, G. Overbeek e B. J. Bushman. "Origins of Narcissism in Children." *Proceedings of the National Academy of Sciences* 112, nº 12 (2015): 3659-3662.

Campbell, W. K., C. P. Bush, A. B. Brunell e J. Shelton. "Understanding the Social Costs of Narcissism: The Case of the Tragedy of the Commons." *Personality and Social Psychology Bulletin* 31, nº 10 (2005): 1358-1368.

Gebauer, J. E., C. Sedikides, B. Verplanken e G. R. Maio. "Communal Narcissism." *Journal of Personality and Social Psychology* 103, nº 5 (2012): 854.

Hyatt, C., W. K. Campbell, D. R. Lynam e J. D. Miller. "Dr. Jekyll or Mr. Hyde? President Donald Trump's Personality Profile as Perceived from Different Political Viewpoints." *Collabra: Psychology* 4, nº 1 (2018): xx.

McCain, J., B. Gentile, e W. K. Campbell. "A Psychological Exploration of Engagement in Geek Culture." *PLOS One* 10, nº 11 (2015): e0142200.

Tracy, J. L., J. T. Cheng, R. W. Robins e K. H. Trzesniewski. "Authentic and Hubristic Pride: The Affective Core of Self-Esteem and Narcissism." *Self and Identity* 8, nº 2-3 (2009): 196-213.

Vazire, S., L. P. Naumann, P. J. Rentfrow e S. D. Gosling. "Portrait of a Narcissist: Manifestations of Narcissism in Physical Appearance." *Journal of Research in Personality* 42, nº 6 (2008): 1439-1447.

Watts, A. L., S. O. Lilienfeld, S. F. Smith, J. D. Miller, W. K. Campbell, I. D. Waldman e T. J. Faschingbauer. "The Double-Edged Sword of Grandiose Narcissism: Implications for Successful and Unsuccessful Leadership Among US Presidents." *Psychological Science* 24, nº 12 (2013): 2379-2389.

Young, S. M. e D. Pinsky. "Narcissism and Celebrity." *Journal of Research in Personality* 40, nº 5 (2006): 463-471.

Revisões

Segue uma lista com as revisões mais abrangentes disponíveis.

Bosson, J. K., C. E. Lakey, W. K. Campbell, V. Zeigler-Hill, C. H. Jordan e M. H. Kernis. "Untangling the Links Between Narcissism and Self-Esteem: A Theoretical and Empirical Review." *Social and Personality Psychology Compass* 2, nº 3 (2008): 1415-1439.

Campbell, W. K., B. J. Hoffman, S. M. Campbell e G. Marchisio. "Narcissism in Organizational Contexts." *Human Resource Management Review* 21, nº 4 (2011): 268-284.

Gnambs, T. e M. Appel. "Narcissism and Social Networking Behavior: A Meta-Analysis." *Journal of Personality* 86, nº 2 (2018): 200-212.

Grijalva, E. e D. A. Newman. "Narcissism and Counterproductive Work Behavior (CWB): Meta-Analysis and Consideration of Collectivist Culture, Big Five Personality, and Narcissism's Facet Structure." *Applied Psychology* 64, nº 1 (2015): 93-126.

Grijalva, E., D. A. Newman, L. Tay, M. B. Donnellan, P. D. Harms, R. W. Robins e T. Yan. "Gender Differences in Narcissism: A Meta-Analytic Review." *Psychological Bulletin* 141, nº 2 (2015): 261-310.

Holtzman, N. S. e M. J. Strube. "Narcissism and Attractiveness." *Journal of Research in Personality* 44, nº 1 (2010): 133-136.

Liu, D. e R. F. Baumeister. "Social Networking Online and Personality of Self-Worth: A Meta-Analysis." *Journal of Research in Personality* 64 (2016): 79-89.

McCain, J. L. e W. K. Campbell. "Narcissism and Social Media Use: A Meta-Analytic Review." *Psychology of Popular Media Culture* 7, nº 3 (2018): 308-327.

O'Boyle, E. H., D. Forsyth, G. C. Banks e P. A. Story. "A Meta-Analytic Review of the Dark Triad–Intelligence Connection." *Journal of Research in Personality* 47, nº 6 (2013): 789-794.

Samuel, D. B. e T. A. Widiger. "A Meta-Analytic Review of the Relationships Between the Five-Factor Model and DSM-IV-TR Personality Disorders: A Facet Level Analysis." *Clinical Psychology Review* 28, nº 8 (2008): 1326-1342.

Algumas escalas mais comuns

Citamos a seguir algumas escalas de narcisismo de uso mais difundido.

INVENTÁRIO DA PERSONALIDADE NARCISISTA (IPN)

Gentile, B., J. D. Miller, B. J. Hoffman, D. E. Reidy, A. Zeichner e W. K. Campbell. "A Test of Two Brief Measures of Grandiose Narcissism: The Narcissistic Personality Inventory-13 and the Narcissistic Personality Inventory-16." *Psychological Assessment* 25, nº 4 (2013): 1120-1136.

Raskin, R. e H. Terry. "A Principal-Components Analysis of the Narcissistic Personality Inventory and Further Evidence of Its Construct Validity." *Journal of Personality and Social Psychology* 54, nº 5 (1988): 890-902.

INVENTÁRIO DE NARCISISMO PATOLÓGICO (INP)

Pincus, A. L., E. B. Ansell, C. A. Pimentel, N. M. Cain, A. G. Wright e K. N. Levy. "Initial Construction and Validation of the Pathological Narcissism Inventory." *Psychological Assessment* 21, nº 3 (2009): 365.

ESCALA DE NARCISISMO HIPERSENSÍVEL (ENHS)
[na sigla em inglês: HYPERSENSITIVE NARCISSISM SCALE (HSNS)]

Hendin, H. M. e J. M. Cheek. "Assessing Hypersensitive Narcissism: A Reexamination of Murray's Narcissism Scale." *Journal of Research in Personality* 31, nº 4 (1997): 588-599.

INVENTÁRIO PENTAFATORIAL DE NARCISISMO (IPFN)

Miller, J. D., L. R. Few, L. Wilson, B. Gentile, T. A. Widiger, J. MacKillop e K. W. Campbell. "The Five-Factor Narcissism Inventory (FFNI): A Test of the Convergent, Discriminant, and Incremental Validity of FFNI Scores in Clinical and Community Samples." *Psychological Assessment* 25, nº 3 (2013): 748-758.

Sherman, E. D., J. D. Miller, L. R. Few, W. K. Campbell, T. A. Widiger, C. Crego e D. R. Lynam. "Development of a Short Form of the Five-Factor Narcissism Inventory: The FFNI-SF." *Psychological Assessment* 27, nº 3 (2015): 1110-1116.

QUESTIONÁRIO DE ADMIRAÇÃO E RIVALIDADE NARCISISTA (QARN)

Back, M. D., A. C. Küfner, M. Dufner, T. M. Gerlach, J. F. Rauthmann e J. J. Denissen. "Narcissistic Admiration and Rivalry: Disentangling the Bright and Dark Sides of Narcissism." *Journal of Personality and Social Psychology* 105, nº 6 (2013): 1013-1037.

Leckelt, M., E. Wetzel, T. M. Gerlach, R. A. Ackerman, J. D. Miller, W. J. Chopik, e D. Richter. "Validation of the Narcissistic Admiration and Rivalry Questionnaire Short Scale (NARQ-S) in Convenience and Representative Samples." *Psychological Assessment* 30, nº 1 (2018): 86-96.

ESCALA DE GRANDIOSIDADE NARCÍSICA (EGN)

Crowe, M., N. T. Carter, W. K. Campbell e J. D. Miller. "Validation of the Narcissistic Grandiosity Scale and Creation of Reduced Item Variants." *Psychological Assessment* 28, nº 12 (2016): 1550-1560.

ESCALA DE VULNERABILIDADE NARCÍSICA (EVN)

Crowe, M. L., E. A. Edershile, A. G. Wright, W. K. Campbell, D. R. Lynam e J. D. Miller. "Development and Validation of the Narcissistic Vulnerability Scale: An Adjective Rating Scale." *Psychological Assessment* 30, nº 7 (2018): 978-983.

ESCALA DE REGALIAS PSICOLÓGICAS (ERP)

Campbell, W. K., A. M. Bonacci, J. Shelton, J. J. Exline, e B. J. Bushman. "Psychological Entitlement: Interpersonal Consequences and Validation of a Self-Report Measure." *Journal of Personality Assessment* 83, nº 1 (2004): 29-45.

Índice Remissivo

Os números de página em itálico indicam figuras e tabelas.

abertura, 70-3, 172
admiração, 260-61
agressão/agressividade, 149-50, 158-59,
   262-63
alfa. *Ver* estabilidade
amabilidade, 70-2, 77, 86, 99-100,
   120-21, 128-29
   liderança, 171-72
   renda, 233
amor, 97, 103, 143-44, 250, 266
   ver também relacionamentos e narcisistas
ansiolíticos, 92
antagonismo, 22, 71-2, 77, 128, 138, 145,
   149, 157-58, *240,* 242-44
aproximação e evitação, 91-3
assertividade, 74
audácia, 77, 137, 228-29
autoestima, 44-7, 51, *52,* 95-101, 256,
   263
autorregulação, 94-102
avaliação da vida diária, 287-88

beta. *Ver* plasticidade
Big Little Lies (seriado de TV), 237-38
bombardeio amoroso, 159
Bradley, Omar, 174-75
Brandon, Nathaniel, 46

Cain, Susan, 172
Cinco Traços Principais, 69-72, 74-5,
   85-6, 127
   abertura, 70-2, 172
   amabilidade, 69-72, 77, 86, 99-100,
      120, 128-29, 171-73, 233
   escrupulosidade, 70-3, 139
   extroversão, 70, 73, 75-8, 137-38, 172,
      240-41
   mudança, 255-56
   neuroticismo, 43, 70, 72-3, 107, 159,
      163, 171, 240, 244-45, 256-57, 262
cirurgia plástica, 39, 197, 204
Columbine, tiroteio, 12
compaixão, 249-50, 264

comprometimentos, 109
confiabilidade, 49-51
cooperação, 234-35
cultura *geek*, 207-18
   Escala de Engajamento na Cultura
     Geek, 210-12, 219
   furries, 217-18
   geek e *nerd*, significado, 208-09, 218-19
   Grande Migração da Fantasia, 213-16

dar-se direitos, 22-3, 71-2, 115, 233, 243, 253, 261
defender as próprias opiniões, 230-32
depressão, 25, 77, 105, 122, 245, 262, 275, 277, 294-95
desconfiança, 263
desempenho público, 228
dilema da tragédia dos serviços urbanos compartilhados, 224-26, 233-34
dominação, *147*, 149-50
drogas e abuso de drogas, 91-2, 114, 277, 295-97
ver também medicação
Duckworth, Angela, 139

Efeito Barnum, 42
empatia, 28, 110, 115, 243
entrevista motivacional, 238, 270
entusiasmo, 74
Escala de Autoestima de Rosenberg, 51-2
Escala de Grandiosidade Narcisista (EGN), 56-7, 62-3
Escala do Narcisismo Hipersensível (ENHS), 57-8
escalas. *Ver* testes e escalas de personalidade
escrupulosidade, 70-2, 139
especificadores, 117

estabilidade, 73-4
estimulação cerebral, 294-95
excesso de confiança, 258-60
extroversão, 70-1, 73, 74-7, 240-42
   entusiasmo e assertividade, 74
   extroversão hipomaníaca, 138
   liderança, 171-72
   respostas à, *240*
   Tríade Energizada, 136-38

Formulário Woodworth de Dados Pessoais, 42-3
fragilidade, 263-65
Freud, Sigmund, 28, 123, 253-54, 273
furries, 217-18

Galton, Francis, 68
gaslighting, 159
genética, 284-86
grandiosidade, 260-61
   como atributo do TPN, 110-11, 115, 117
   e extroversão hipomaníaca, 138
   Escala de Grandiosidade Narcísica (EGN), 56, 62
   Grande Migração da Fantasia, 213-16

hipomania, 113, 137-38, 140
hipótese léxica, 68
homofilia, 155-56

infidelidade, 261-62
introversão, 70-1, 125, 172
Inventário da Personalidade HEXACO, 86

James, William, 45, 254, 281
Jobs, Steve, 71, 166
Jung, Carl, 28, 123-25

Kaufman, Scott Barry, 134-35
Kernberg, Otto, 273
Kohut, Heinz, 273
Kraepelin, Emil, 122, 123

liderança e narcisismo, 168-85
  benefícios e custos, *227*
  competição e cooperação, 234-35
  defesa da própria opinião, 230-32
  desempenho público, 228
  dilema da tragédia dos serviços urbanos compartilhados, 224-27, 233-34
  eficiência, 169, 176-82
  extroversão e introversão, 172
  faca de dois gumes dos líderes narcisistas, *180*
  liderança a serviço, 223
  liderança em benefício próprio, 223
  mudança organizacional, 182-84
  presidentes dos Estados Unidos, 180-82
  redes, construção de, 229-30
  surgimento, 169-76; dominância *versus* prestígio, 173-76
  uso bem-sucedido, 226-31
  uso estratégico do narcisismo, 223-32
Likert, Rensis, 48

Manual Diagnóstico e Estatístico de Transtornos Mentais (DSM), 30, 61, 122
  debates sobre o conteúdo, 124-25
  transtorno de personalidade narcisista (TPN), 109-17
maquiavelismo, 129-30
Maslow, Abraham, 28, 45
McCain, Jessica, 208-09, 212-13, 219
medicação, 245, 255, *272*, 277-78
  psicodélicos, 295-97

SSRIs (inibidores de recaptação de serotonina), 122, 245, *272*, 277
  ver também terapia e tratamento
metas. *Ver* motivação
método CPR (compaixão, paixão, responsabilidade), 249-51
mídia social e redes, 190-204, 299
  autopromoção, 192, 196
  efeitos negativos, 199-201
  fama, 194-96, 199-201
  identificando o narcisismo com base em postagens em mídias sociais, 197-99
  insegurança, 197
  redes sociais, construção de, 202-03
  selfies, 187-90, 204-06
  trolagem, 194
Miller, Josh, 62, 131-32, 185
Modelo do Bolo de Chocolate, *161, 162*
Modelo do Choque de Energias, 182, *183*, 184
Modelo Tríplice de Narcisismo, 27, 47, 144, 162
modelos psicológicos da personalidade
  como mapas, 37-8
  evolutivo, 31-2, 33
  modelo autorregulador, 31-2, *33*
  modelo biopsicológico, 29-30
  modelo cultural, 32-3
  modelo humanista, 28-9
  modelo psicodinâmico, 28
  modelo psicológico padrão, 29
  rede nomológica, 31, *33*
  ver também personalidade
motivação, 91-4
mudança organizacional, 182-84
mudança. *Ver* redução do narcisismo nos outros; redução do próprio narcisismo
Murray, Henry, 53

narcisismo grandioso, 22, *23*, 88, 90, 99, 128, 145-46
   e narcisismo vulnerável, 24-7
   excesso de confiança, 258-59
   extroversão, 77, 163
   hipomania, 137-38
   infidelidade, 261-62
   medida do, 53-7
   selfies, 189
   ver também liderança e narcisismo
   vulnerabilidade, 118
narcisismo vulnerável, *23*, 24, 77, 89-90, *128*, 145-46, 150
   desconfiança, 263
   e narcisismo grandioso, 24-7
   liderança, 170-72
   mensuração, 56-9
   motivadores extrínsecos, 94
   neuroticismo, 244-45
   relacionamentos, 158-60, 244
   selfies, 189
   Tríade Obscura Vulnerável, 132-34
narcisismo
   agressão sexual, 150
   agressão/agressividade, 150, 158-59, 262-63
   analogia das bonecas russas, 38-9
   antagonismo, 22, 72, 77, 128, 138, 145, 149, 157-58, *240*, 242-44
   aproximação e evitação, 91-3
   assertividade, 74
   autoestima e autorregulação, 94-101, 256, 263
   autoteste, 63-6
   benefícios e custos, *227*
   busca *on-line*, 9
   comprometimentos, 109-10
   correr riscos, 258-59

   criminalidade, associação com, 132-34, 158
   cultura, 32
   decréscimo com a idade, 257
   definição, 9-10, 20-7
   desconfiança, 263
   desempenho público, 228
   diagnóstico do, 109-18; categorias de transtornos de personalidade, 118-21; critérios, 114-15; diferencial, 117;
   figuras públicas, 185-86
   escalas/testes, 53-9, *58*
   excesso de confiança, 258-60
   extroversão, 70-1, 73, 74-7, 240-42; Tríade Energizada, 136-38; entusiasmo e assertividade, 74; extroversão hipomaníaca, 138; liderança, 171-72; respostas à, *240*
   grandiosidade, 260-61; atributo do TPN, 111-12, 114, 117; e extroversão hipomaníaca, 138; Escada de Grandiosidade Narcísica (EGN), 56-7, 62-3
   ingredientes dos traços básicos do, *78*
   inteligência, associação com, 165
   mensuração. *Ver* testes e escalas de personalidade
   mídia social, 190-204
   Modelo Tríplice de Narcisismo, 27, 47, 144, 162
   motivação, 91-4
   narcisismo comunitário, 84-5
   narcisismo maligno, 130-31
   neuroquímica, 39-40
   neuroticismo, 43, 70, 72-3, 244-45, 255-56; e agressão/agressividade, 262; níveis extremamente baixos de, 107; liderança, 171; relacionamentos, 159, 163; respostas ao, *240*

problema do cúmplice voluntário, 99
problema do objetivo perdido, 98
problema do princípio de realidade, 100-01
receita, 76-9
redução do narcisismo nos outros, 237-51
redução do próprio narcisismo, 253-66
relacionamentos no trabalho, 166, 182-84, 234-35
"sexo, *status* e coisas", 93, 97-8, 147, 193
tipos, 21-7: associações positivas e negativas relacionadas aos tipos de narcisismo, *26*; combinação de tipos, 24; narcisismo grandioso, 22, *23*,24-7, 53-4, 76-9, 85-6, 88, 90, 99-100, 118, 128, 138, 145, 163-64, 189, 258, 261; narcisismo vulnerável, 23-4, *23*, 24-7, 56-9, 77, 89-90, 94, *128*, 132-33, 145, 150, 158-59, 171, 189, 244, 263
uso estratégico, 223-32
uso saudável do, 226-32
ver também liderança e narcisismo; Transtorno de Personalidade Narcisista (TPN); personalidade; testes e escalas de personalidade; relacionamentos e narcisistas; terapia e tratamento; traços
Narciso (mito grego), 143-44, 151
nerd e *geek*, significado, 208-09, 218-19
neuroimagens, 291-93
neuroquímica, 39-40
neuroticismo, 43, 70, 72-3, 244-45, 255-56
e agressão/agressividade, 262
liderança, 171
níveis extremamente baixos de, 107

relacionamentos, 158-59, 163
respostas ao, *240*
normal (ser "normal"), 106-08, 123

Patton, George, 173-74
Paulhus, Del, 128, 130-31
personalidade, 27-31
analogia das bonecas russas, 38-9
comprometimentos, 109
extrema/inflexível, 109
média/normal, 106-09, 123
modelo freudiano, 253-54
modelos: biopsicológico, 29-30; autorregulador, 31, *33*; como mapas, 37-8; cultural, 32; evolutivo, 31, *33*; humanista, 28-9; modelo psicológico padrão, 29 ; psicodinâmico, 28; rede nomológica, 31, *33*, 79-81
mudança, 253-57
níveis de análise, 38
nova ciência das pesquisas de personalidade, *287*
progressos científicos e pesquisa, 286-99
ver também transtornos de personalidade; testes e escalas de personalidade; traços
pesquisa. *Ver* testes e escalas de personalidade; progressos científicos e pesquisa
plasticidade, 73-5
presidentes dos Estados Unidos, 180-82
ver também Trump, Donald
problema da meta perdida, 98-9
problema do cúmplice voluntário, 99
problema do princípio de realidade, 100-01
problemas no trabalho, 165-66, 182-84
competição e cooperação, 234-35

dilema da tragédia dos serviços urbanos compartilhados, 224-27, 233-34
ver também liderança e narcisismo
progressos científicos e pesquisa, 286-87
   análise de dados de áudio e imagem, 289-91
   avaliação da vida diária, 287-88
   genética, 284-86
   neuroimagens, 291-93
   nova ciência de estudos da personalidade, *287*
   novas tendências, 299
   tratamentos, *293*; estimulação cerebral, 294-95; psicodélicos, 295-97; realidade virtual, 297-98
projeto Critérios de Pesquisa por Domínios, 267
psicodélicos, 295-97
psicologia da evolução, 31-2, *33*
psicopatia, 128-29, 131, 133, 137, 194

Quiet, 172

Raskin, Robert, 54, 61
realidade virtual, 297-98
redes nomológicas, 31, *33*, 79-81
redes
   construção de, 229-30
   mídia social, 190-204, 299
   pesquisa, 290-91
   redes organizacionais, 184
   ver também mídia social media e redes
redução do narcisismo nos outros, 237-51
   desejo de mudança do narcisista, 237-39
   entrevista motivacional, 238, 270
   falar, 247-48
   manipulação, 245-47

respostas a traços narcisistas, *240*
táticas para reduzir, 240-48; antagonismo, 242-44; extroversão operacional, 240-41; neuroticismo, 244-45
ter filhos, 248-49
redução do próprio narcisismo, 253-66
   agressão/agressividade, 262-63
   amor, 266
   comunidade, 265-66
   desafios e soluções, *258*
   desconfiança, 263
   excesso de confiança, 258-60
   fragilidade 263-65
   grandiosidade, 260-61
   infidelidade, 261-62
Regra Goldwater, 185
relacionamentos e narcisistas, 143-65
   adornos eficientes, 152, *154*
   atratividade de narcisistas, 151-56
   benefícios para o narcisista, 146-50; admiração, 149-50; associação, 148; consolo, 150; dominação, 149
   bombardeio de amor, 159
   efeitos colaterais, 163
   estratégias, *147*, 148-50, *154*
   gaslighting, 159
   homofilia, 155
   modelo do bolo de chocolate, 160, *161*, 162
   padrões, 160-65
   perdas/efeitos negativos, 156-60
   redução do narcisismo nos outros, 237-51
   relacionamentos no trabalho, 165-66, 182-84
Rodger, Elliot, 19-20, 27, 33-6
Rosenthal, Seth, 56, 62

sadismo, 130-31, 194
selfies, 187-90, 204-05
"sexo, status e coisas", 93, 97-8, 147, 193
Siedor, Lane, 140
SSRIs (inibidores de recaptação de serotonina), 122, 245, *272*, 277

teoria do apego, 263
ter filhos, 248-51
terapia e tratamento, 262-63, 267-81;
    abordagens de tratamento do TPN, 270-72; psicodinâmica, 273-74; terapia cognitivo-comportamental (TCC), 274-77; terapias básicas para o narcisismo, *272*, 273-77
    diferenças geográficas na popularidade de várias abordagens, 280-81
    encontrar o terapeuta certo, 278-81
    entrevista motivacional, 238, 270
    medicação, 245, 255, *272*, 277; psicodélicos, 295-97; SSRIs (inibidores seletivos de recaptação de serotonina), 122, 245, *272*, 277
    obstáculos ao tratamento, 268-70
    progressos científicos e pesquisa, 286-99
    ver também redução do narcisismo nos outros; redução do próprio narcisismo
testes e escalas de personalidade
    autotestes, 63-6
    comparações entre escala positiva e escala negativa, 50
    confiabilidade, 49-51
    criar novas escalas, 139
    definir traços a serem medidos, 44-7
    Efeito Barnum, 42
    Escala de Autoestima de Rosenberg, 51-2

Escala de Engajamento na Cultura *Geek*, 210-12, 219
Escala de Garra, 139
Escala Likert e tipo Likert, 48-9, 61
escalas com escolha forçada, 61
limites, 59-60
mensuração, desafios da, 47-52
tipos de escala, 53-58, *58-9*, 85-6
validade, 49-50
The Narcissism Epidemic (Campbell e Twenge), 32, 39
The Six Pillars of Self- Esteem (Brandon), 46
Thurstone, Louis Lean, 48
To Fall in Love with Anyone, Do This" (artigo do *New York Times*, "Modern Love"), 103
traços, 68
    antagonismo, 22, 71-2, 77, 128, 138, 145, 149, 157-58, *240*, 242-44
    aspectos, 74-5
    assertividade, 74
    audácia, 77, 137, 228-29
    Cinco Traços Principais, 69-73, 74-5, 85-6, 127; abertura, 70-3, 172; amabilidade, 70-2, 77, 86, 100, 120, 128, 171-73, 233; escrupulosidade, 70-3, 139; extroversão, 70-1, 73, 74-5, 138, 172-73, 240-42; mudança, 254-56; neuroticismo, 43, 70, 72-3, 107, 158-59, 163, 171, 240, 244-45, 255-56, 262
    como ingredientes, 68-9
    comprometimentos, 108-09
    definição, 44-7
    Dois Principais, 73-4
    entusiasmo, 74
    estabilidade, 73-4
    extremo/inflexível, 108

facetas, 75-6
fé na humanidade, 134-36
hierarquia, *75*
hipomania, 113, 137-38, 140
humanismo, 135-36
humildade, 86, 135
humildade-honestidade, 86
kantismo, 135-36
maquiavelismo, 129-30
mensuração, 47-52
níveis, 75-6
plasticidade, 73-4
Principal, O, 73
psicopatia, 128-29, 131, 133, 137, 194
rede nomológica, 31, *33*, 79-81
sadismo, 130-31, 194
Seis Principais, 86
traços primos, 127
tríades, 127; Tríade Energizada, 136-40; Tríade Clara, 134-36; Tríade Obscura, 127-34, 152
ver também narcisismo; personalidade
transtorno da personalidade *borderline*, 112-13, 120, 133, 268, 275, 277
transtorno de personalidade antissocial, 112-13, 119
transtorno de personalidade bipolar, 113-14, 294
transtorno de personalidade narcisista (TPN), 54-5, 61, 63-5, 105-25
  comprometimentos, 109
  diagnóstico, 109-18; conjuntos de transtorno de personalidade, 118-21; critérios, 114-15; figuras públicas, 185-86; especificador, 117-18
  distinto de narcisismo, 105-06
  distinto de outros transtornos de personalidade, 112-14
  evolução da classificação, 122
  extremo/inflexível, 108-09
  gênero, 111
  impulsividade, 112-13
  narcisismo maligno, 130-31
  prevalência na população em geral, 111-12
  ver também narcisismo
transtornos de personalidade
  antissocial, 112-13, 119
  bipolar, 113-14, 294
  borderline, 112-13, 120, 133, 268, 275, 277
  conjuntos, 118-21
  diagnóstico, dificuldade e subjetividade do, 121
  evolução da classificação, 121-2
  transtorno de personalidade narcisista (TPN), 105-25
  ver também transtorno de personalidade narcisista (TPN)
tratamento. *Ver* terapia e tratamento
tríades, 127
  Tríade Clara, 134-36
  Tríade Energizada, 136-40
  Tríade Obscura, 127-34, 152
trolagem, 194
Trump, Donald, 82-3, 167-68, 184, 246

validade aparente, 50
validade, 49-51
viés interesseiro, 102-04

When You Love a Man Who Loves Himself (Campbell), 143, 160